THE BODY ECONOMIC
WHY AUSTERITY KILLS
by David Stuckler and Sanjay Basu

経済政策で人は死ぬか？

公衆衛生学から見た不況対策

デヴィッド・スタックラー＆
サンジェイ・バス
橘明美・臼井美子［訳］

草思社

THE BODY ECONOMIC
by
David Stuckler and Sanjay Basu

Japanese translation published by arrangement with
David Stuckler and Sanjay Basu c/o Conville & Walsh Limited through
The English Agency (Japan) Ltd.

経済政策で人は死ぬか？　目次

まえがき　11
序文　21

第I部　過去の「自然実験」に学ぶ　29

第1章　ニューディールは人々の命を救ったか　30
イギリス政府に見捨てられたマカードル一家
大不況への対応——銀行救済のための福祉削減
一九三〇年代の大恐慌から学ぶべきこと
大恐慌の悪影響——労働者階級が苦境に
大恐慌の好影響——なぜか死亡率が低下
疫学転換による長期的な死亡率低下傾向
不況になると交通事故死者数は減る
大恐慌下での政策論争
禁酒法廃止をめぐる論争
財政政策をめぐる論争
ニューディール政策と公衆衛生

第2章　ソ連崩壊後の死亡率急上昇　57

男たちはどこへ消えたか
旧ソ連の経済はどのように崩壊したか
ロシアの統計データを精査すると……
飲酒がらみで死亡するロシア人男性の数
ブルーカラーや失業者は死亡率が著しく高い
死亡率上昇を避けることは不可能だったか
市場経済への移行方法の選択はどう行われたか
市場経済移行の速度差による自然実験
死亡率、貧困率に違いは大きく表れた
ロシアはまだ回復していない

第3章　アジア通貨危機を悪化させた政策　87

一六歳の少女を襲った悲劇
アジア通貨危機はどのように起きたか

IMFに従った国、従わなかった国
貧困率、自殺率、物価が急上昇
医療支出削減が招いた悲惨な結果
自然実験の結果には明確な差が

第2部 サブプライム問題による世界不況に学ぶ 109

第4章 アイスランドの危機克服の顛末 110
小国アイスランドの医療制度が直面した危機
公衆衛生の実験室となったアイスランド
アイスランドが隆盛から凋落へといたる過程
IMFへの支援要請とアイスセーブ問題
金融危機下での政策選択をめぐる論争
国民が投票で政策を選択した
不況のせいで健康になった?
社会保護維持のために行われたこと
アイスランドから学ぶべきこと

第5章　ギリシャの公衆衛生危機と緊縮財政

「不況下での緊縮財政」という実験
ギリシャの急成長とその崩壊
ギリシャを襲った三つのショック
IMFの課した緊縮策をそのまま実施
公衆衛生への影響は当初隠された
医療費はどのように削られたか
人々は病院に行けなくなり健康状態が悪化
対策予算削減による感染症の拡大
公衆衛生の危機に政府はどう対応したか
政府は状況の悪化を見て見ぬふりで通した
政策はさらに現実から乖離していった
IMFも緊縮策の失敗を認める羽目に

第3部　不況への抵抗力となる制度　171

第6章　医療制度改変の影響の大きさ　172
健康保険を失ったために起きた悲劇
オバマ医療改革以前のアメリカの医療事情
市場原理が医療を不効率にしていた
国民皆保険制度の国々との比較
イギリスの国民保健サービス（NHS）の優秀さ
イギリスの「医療および社会的ケア法」

第7章　失業対策は自殺やうつを減らせるか　191
徴税公社に追い詰められ自殺した人たち
失業者が増加すると自殺者も増えるか
失業増加でうつ病も増えた
再就職を促す積極的労働市場政策（ALMP）とは何か
フィンランドとスウェーデンのALMPの効果

ＡＬＭＰは福祉依存度と自殺率を下げる決定打
歴史に学ばず事態を悪化させたイギリス

第８章　家を失うと何が起こるか

突然現れた奇妙な病気
ウエストナイルウイルス蔓延の原因と大不況
フォークロージャー危機の健康への影響
家を失いそうになるだけで健康は悪化する
大不況でアメリカのホームレスが激増した背景
状況を改善させたアメリカの対応
状況を悪化させたイギリスの対応
ヨーロッパ諸国はどのように対応したか
予算削減へと舵を切ったその後のアメリカ

結　論　不況下で国民の健康を守るには　235

国民の命は経済政策に左右される
不況下での緊縮財政は景気にも健康にも有害
不況下での政策決定はどうあるべきか

謝辞　245
訳者あとがき　249
〔訳者あとがき資料〕日本の自殺率と国民医療費の推移　253
研究文献一覧　259
原注　317

政治とは大規模な医療にほかならない。

ルドルフ・ウィルヒョー

（ドイツの病理学者、政治家。細胞病理学の創始者。1821〜1902）

まえがき

まず皆さんにお礼を言いたい。「このたびは臨床試験にご参加いただき、ありがとうございます」。そんなものに参加した覚えはないと言われるかもしれないが、今回の世界的な大不況〔アメリカのサブプライムローン問題に端を発する世界金融危機とリーマンショック後の世界同時不況〕（以後、特に説明がないかぎり「大不況」は今回の世界的な大不況を意味する）が始まった時点で、皆さんはある臨床試験に自動的に参加されていた。だがこれはインフォームド・コンセントや安全管理とは無縁の試験であり、また治療に当たったのも医師や看護師ではなく、政治家や財務大臣、エコノミストたちだった。

この試験には世界数十億の人々が参加したが、主な治療薬は二種類あり、皆さんはそれぞれそのどちらかを投与されたことになる。二種類とはすなわち、財政緊縮策と財政刺激策である。ここで言う財政緊縮策とは、政府債務や財政赤字の増大といった症状の緩和と景気の落ち込みの治療を目指す薬のことで、具体的には健康保険、失業者支援、住宅補助等への政府支出の削減を意味する。試験開始時点では、この薬の副作用は十分理解されていなかった。

当時の状況は暗澹たるもので、アメリカの住宅バブルが崩壊し、それを機に国際的な金融危機が発生していた。そのなかで、イギリスのデヴィッド・キャメロン首相をはじめとする何人かの政治家は、財政赤字の削減のために財政緊縮策という薬の投与を決めた。また国際通貨基金（ＩＭＦ）と欧州中央銀行（ＥＣＢ）もこの薬を積極的に勧め、ギリシャ、スペイン、イタリアに対して社会保障予算の大幅削減を勧告した。あなたが処方されたのがこの薬であれば、その後あなたや周囲の人々の生活に何か深刻な変化が起きたかもしれない。

一方、財政刺激策という薬を選んだ政治家もいた。ここで言う財政刺激策とは、社会的セーフティネットに積極的に予算を配分することを意味する。たとえばスウェーデン、アイスランド、デンマークなどでは、大不況の深刻な影響を受けながらも緊縮政策はとられず、むしろセーフティネットの強化に予算が充てられた。あなたが処方されたのがこちらの薬なら、周囲の様子はあまり変わらなかったのではないだろうか。たとえば病院での待ち時間が極端に長くなったり、食料品価格が高騰したりはしなかっただろうし、ホームレスが急に増えたといったこともなかっただろう。

この二種類の薬の比較試験は、実は今回が初めてではない。過去に何度も行われていて、そのなかでも最大のものは八〇年ほど前の大恐慌〔一九二九年のウォール街大暴落に端を発し、世界に波及した金融恐慌〕とその後のアメリカで行われた。このときアメリカのルーズベルト大統領が打ち出した経済政策はニューディール政策として広く知られることになったが、これは雇用創出、セーフティネット強化を主軸に置いたものだった。しかし実際の実施状況は州により異なり、ニューディール政策を積極的に採用した州とそうではない州があった。その結果どうなったかというと、積極的だった州では州民の健康状態が改善したが、消極的だった州ではそうはならなかった。また、二〇年ほど前にはソ連崩壊後の旧東側諸国で、十数年前には通貨危機後の東アジアでも同じ試験が行われ、同じような結果が出た。

こうした試験結果を調べるうちに、わたしたち二人（デヴィッドとサンジェイ）はあまりにも基本的で今まで意識していなかったことに気づいた。それは、経済政策は経済成長や財政赤字のみならず、文字どおり国民の生死にかかわるものだということだ。そして、それこそがこの本のテーマである。

この本はデータとその裏に隠された物語をまとめたものである。わたしたち二人は一〇年以上にわたって経済危機の健康への影響を研究してきたが、それは単なる学術的興味からではなく、個人的な体験から生じた興味でもあった。

わたしたちはどちらも経済的困窮を経験していて、健康を損なうとはどういうことなのかもよく知っている。デヴィッドはバンド活動に熱を上げすぎて高校を中退した。だが音楽では食べていけないので（今から思えばたいしたバンドではなかった）、ウェイターや集合住宅のメンテナンスの仕事などをして食いつないだ。ところがある日、突然仕事を首になり、その月の家賃が払えなかった。するとたちまち追い出され、テントや車、友人の家のソファなど、毎晩寝るところを探さなければならないその日暮らしの生活に転落した。そして冬が来て、体調を崩した。デヴィッドはもともと呼吸器系が弱かったので、とうとう気管支炎をこじらせて肺炎になったが、失業中で健康保険も金もなく、家もないので体を休めることさえできなかった。どうにか死なずにすんだのは運がよかったからだとしか言いようがない。その後は家族に支えられて大学に行き、医療経済と統計学を学んだが、そこで自分の経験が例外でも何でもないことを知って驚いた。なんとアメリカには、一回給料をもらい損ねただけでホームレスになり、助けを必要としている人々が山ほどいたのだ。

サンジェイのほうは、子供のころから家族の病気と縁の切れない生活を送ってきた。母親は長くコクシジオイデス症（アメリカ南西部の風土病で渓谷熱とも呼ばれる）という肺感染症を患っていた。父親は生活費と治療費を稼ぐために仕事を求めて各地を転々とした。母親は入退院を繰り返し、家には定期的に酸素吸入器が届けられた。サンジェイは数学が得意だったので、苦学しながらもマサチューセッツ工科大学（ＭＩＴ）に進み、そこで健康問題にかかわる数学に出会った。人間の生死を分けるのは何かを見極めるための統計学である。

わたしたちはどちらも医学と公衆衛生をさらに学ぼうと大学院に進み、そこで出会った。それ以来ずっと、社会経済政策が健康に与える影響について一緒に研究している。なぜなら、結局のところ社会経済政策はどんな薬よりも、手術よりも、個々の医療保険よりも、人の生死に大きな影響を与えるからである。健康は病院や診療所が生み出すものではない。それは家庭、周囲の人々、日々の食事、空気、住環境などによって育まれる。現に、あなたの住所の郵便番号を見れば、ある程度平均余命がわかってしまうといっても過言ではなく、それほど健康と社会環境は密接な関係にある。[1]

本書はわたしたちの研究を中心に、他の分野の最新の研究成果も取り入れてまとめたものである。ここで紹介するわたしたちの研究内容は、いずれも専門家（一流の経済学者、疫学者、医師、統計学者など）の査読を受けて論文として発表してきたものである。発表の場は英ランセット誌、ブリティッシュ・メディカル・ジャーナル、米プロス・メディシン等の科学雑誌や医学雑誌が中心だが、そればかりではなく、経済や社会科学雑誌にも取り上げられてきた。

しかし学術誌は多くの人が手にとるものではないし、論文のままでは読みにくい。そこで、本書ではデータを平易な言葉に置き換えて説明するよう心がけた。なぜなら、誰もが自分たちの経済と健康について十分な情報を得た上で民主的選択に参加するべきで、そのための情報を提供することが本書の目的だからである。わたしたちは往々にしてイデオロギーに走りがちな経済政策論議にもっと事実を、確かな証拠を持ち込むべきだと考えている。

今回の大不況を機に多くの議論が闘わされてきた。自由市場主義者や緊縮策支持派は債務危機の克服ばかりを説いて人命の犠牲を無視している。その逆に、これに反対する人々は経済を犠牲にしてでも社会的セーフティネットを維持するべきだと主張している。しかしながら、この論争は昔ながらのもので、それぞれが基本論をぶつけるだけでは何の解決にもならない。実際、昨今の論争はヒステリックかつ攻撃的な色合いを増すばかりである。しかもどちらの陣営も、答えは二つに一つだと思い込んでいるところに大きな問題がある。

賢明な選択をすれば、人命を犠牲にすることなく経済を立て直すことができる。その場合、社会保護政策へ〔社会保護は社会保障とほぼ同義で、社会福祉と公衆衛生を含む。欧州では社会保護という言葉が使われることが多い〕の先行投資が必要になることもあるが、そうした政策は正しく運営されるかぎり決して損にはならず、短期的に経済を押し上げる助けになる上に、長期的には予算節約にもつながる。つまり健康維持と債務返済の両立は可能であり、それは過去のデータからも明らかである。ただし、この両立を可能にするには正しい政策に的確に予算を配分する必要がある。

医療の世界では、薬や治療の効果を評価するために大規模なランダム化比較試験〔対象をランダムに選び、治療などの施策を行うグループと行わないグループに分け、結果を比較する〕が行われている。だが社会経済政策となると、そのような実験を行うのは不可能とは言わないまでも、現実的ではない。そこでわたしたちはいわゆる「自然実験」(natural experiment)を利用した。これは研究対象にしたい状況に極めて似た状況を過去の歴史のなかから探してくる方法で、わたしたちの研究で言えば、同じ不況に巻き込まれた地域で、異なる為政者が異なる政策を実施した事例がこれに当たる。その選択がそれぞれどのような結果を生んだかについて、現実のデータを分析することで、社会経済政策の健康への影響を知ろうとする試みである。

金融危機や経済危機をきっかけに債務危機に直面した国には、医療や食料費補助、住宅補助といった社会保護政策に支出する余裕などないと思う人は少なくないだろう。ところが現実のデータを調べてみると、ある種の財政刺激策、すなわち特定の社会保護政策への予算投入は短期的に経済を刺激し、結果的に債務軽減にもつながることがわかる。そうした政策への一ドルの投資は三ドルの経済成長となって戻ってきて、債務返済にも充当できるようになる。逆に急激かつ大規模な財政緊縮策の結果を調べてみると、当初の意図に反して、景気低迷を長引かせる結果に終わっている。急激な予算削減で需要がさらに冷え込み、失業者が増え、負のスパイラルが起きる。同時にセーフティネットが働かなくなって感染症の拡大など健康問題が深刻化し、景気回復どころかかえって財政赤字が膨らんでしまう。

緊縮政策が経済に与える影響は、今回の大不況の自然実験の結果にも表れつつある。図P－1のように、二〇〇八年秋の金融崩壊によって、アメリカでもイギリスでもGDPが急落した。その後アメリカでは二〇〇九年にオバマ政権が誕生し、大胆な景気刺激策を打ち、そこからアメリカは景気回復

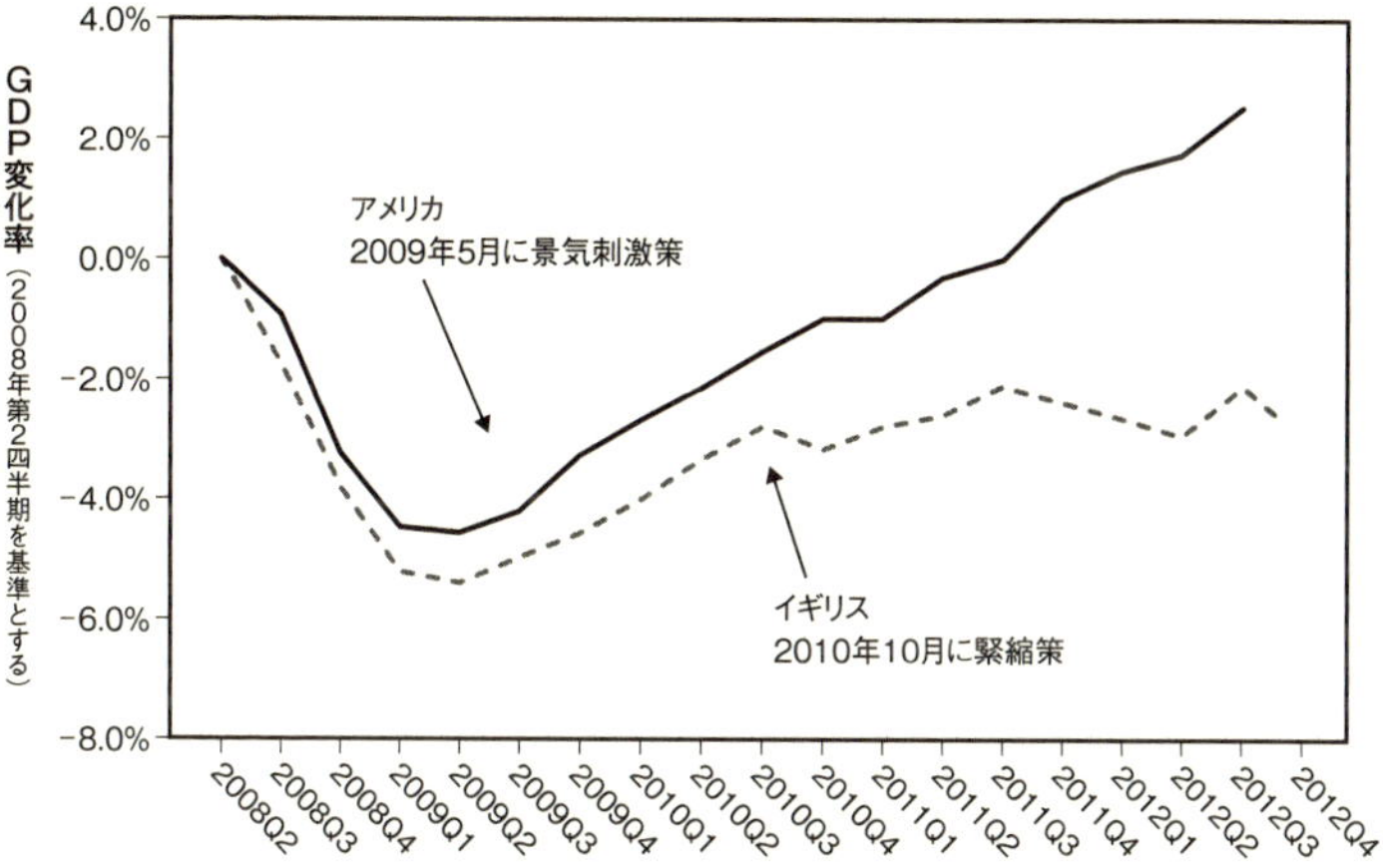

図P-1　金融崩壊後の英米の景気回復動向(2)

に向かい、GDPは金融危機以前のレベルを超えた。一方イギリスでは二〇一〇年にキャメロン政権が誕生し、大規模な緊縮政策を打ち出した。その結果イギリスの経済回復は失速し、いまだに回復にいたっておらず、景気が「三番底」に陥る懸念さえ出ている〔その後どうにか回避〕。

しかもこのような結果は今回が初めてではなく、過去一世紀の世界中のデータに繰り返し表れている。

一般的に、不況は健康に悪いと考えられている。不況によってうつ病、自殺、アルコール依存症、感染症など、数多くの健康問題が生じると思われている。だがこれも正しくない。実際には、不況は健康にとってマイナス要因にもなればプラス要因にもなる。不況によって前述のような問題が生じることもあれば、逆に健康状態が改善することもある。たとえば、スウェーデンは一九九〇年代初頭に今回の大不況以上の深刻な経済恐慌に見舞われたが、自殺は増えなかったし、ア

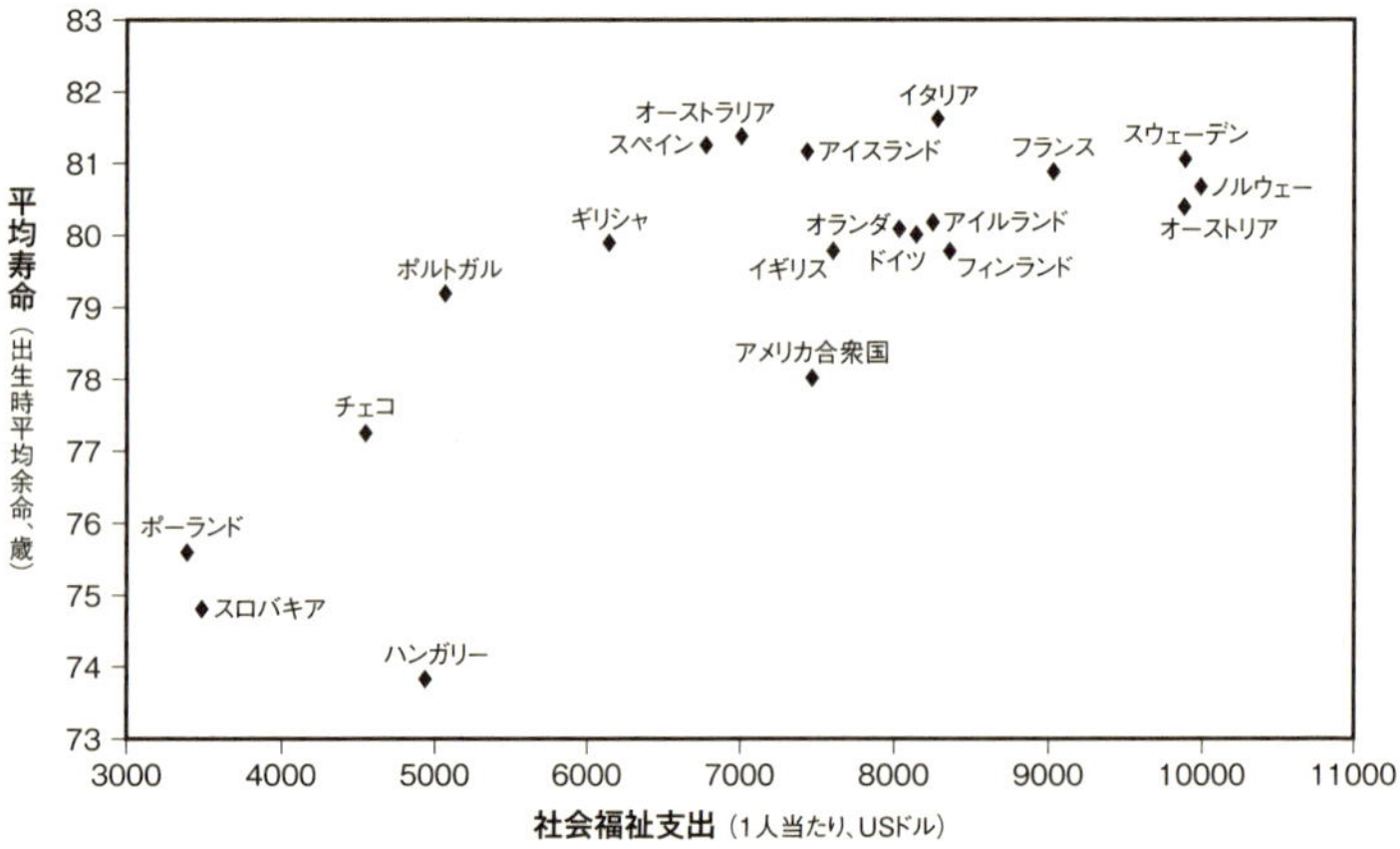

図P-2　社会福祉支出と平均寿命の関係（2008年）(3)

ルコール関連の死亡も増えなかった。同様に今回の大不況でもノルウェーやカナダでは国民の健康状態が改善した。金融危機の起点だったアメリカでさえ、一部の地域では住民が以前より健康になった(4)。

研究を重ねた結果わかってきたのは、健康にとって本当に危険なのは不況それ自体ではなく、無謀な緊縮政策だということである。セーフティネットの予算が削減されると、経済的打撃である失業や住宅差し押さえといった出来事が、何のクッションもなくそのまま健康への打撃につながってしまう。図P－2に端的に示されているように、セーフティネットはわたしたちの健康を左右する決定的な支えである。政府が社会福祉（住宅支援、失業対策、年金、医療など）に賢く投資すれば、本論で詳しく述べるように、国民の健康状態はよくなる。これまでの世界の事例から、この関係はもはや単なる相関ではなく、因果関係と言ってもいい。

史上最悪の経済危機に直面したアイスランドで死亡率が上昇しなかったのも、社会福祉が維持され、それどころかむしろ強化されたからだった。一方、第二次世界大戦以来という苛酷な緊縮策を強いられたギリシャでは、当初の不況はアイスランドほど深刻ではなかったにもかかわらず、緊縮策実施後にかえって悪化した。またエイズ感染者、自殺者、殺人事件が急増し、マラリアの四〇年ぶりの発生など、悲劇としか言いようのない人的被害が出た。これらはいずれも予算削減によって引き起こされたものである。

緊縮政策のこうした弊害は基本的なものなので、昔から同じような結果が繰り返し出ている。古いデータや過去数十年間のさまざまな研究を調べてみれば、そのような結果が死亡統計に表れていたことが確認できる。

不況をめぐる議論といえば、いつもGDP、財政赤字、政府債務といった言葉ばかりが飛び交い、人間の健康や幸福についてはあまり語られない。半世紀ほど前のことになるが、一九六八年三月の大統領選に向けたカンザス州での演説で、ロバート・ケネディ上院議員は経済成長をやみくもに崇拝する風潮を批判し、こんなことを言った。

わが国のGNPはすでに八〇〇〇億ドルを超えています。しかしこのGNPには——アメリカ合衆国をこのGNPで評価すると言うのなら——このGNPには、空気汚染や、たばこの広告や、高速道路で多発する事故の犠牲者を搬送する救急車といったものも含まれているわけです。治安悪化で必要になった特殊な鍵や、それをこじ開けようとする犯罪者を収監する刑務所の費用も含まれています。無計画な都市開発で伐採されたアメリカスギや失われた自然も含まれています。ナパーム弾も、核弾頭も、暴動鎮圧用の装甲車も含まれています。子供たちにおもちゃの銃を売るための、暴力シーンだらけのテレビ番組も含まれています。

ところがそのGNPは、子供たちの健全な発育を促したり、教育の質を高めたり、遊びの楽しさを教えたりすることには役立っていません。GNPには詩の美しさも、結婚の絆の深さも、討論会で披露される知性も、公務員の誠実さも含まれていません。わたしたちの機知も、勇気も、知恵も、学識も、思いやりも、国への忠誠心も勘定には入っていません。要するに、GNPという数字にはすべてが含まれているようでありながら、実は人生の価値を高めるものは含まれていないのです。この数字はアメリカのすべてを教えてくれるようでありながら、わたしたちがなぜアメリカを誇りに思うかについては何も教えてくれません。(5)

ロバート・ケネディのこの言葉を重く受け止め、政策について語る際にはその経済的効果だけではなく、人間への影響にもしっかり目を向けるべきである。どのような政策が人を死に追いやり、あるいは人を不幸にするのか。逆にどのような政策が人の命を救い、あるいは人を幸福にするのか。幸いなことに、すでにそれを見極めるのに十分な量のデータがそろっている。だとすれば一市民であっても、政府に正しい選択を迫ることができるのではないだろうか。それはもちろん、不況にあってもわたしたちの健康を守ってくれる選択のことである。

序文

オリヴィアは黒煙に包まれた恐怖をいまだに忘れられない。八歳のときのことだった。両親がいつものように口論を始め、台所で皿が割れる音がしたので怖くなって二階に上がった。そして枕の下に顔を突っ込み、泣きながら耳をふさいで騒ぎが収まるのを待っていたら、そのまま泣き疲れて眠ってしまった(1)。どれくらい眠っただろうか。ふいに右の頰に裂けるような痛みを感じて目を覚ました。すると部屋に黒い煙が充満し、シーツから炎が上がっていた。オリヴィアは悲鳴を上げ、部屋から飛び出した。そこへちょうど消防士が駆け上がってきて、オリヴィアを抱きとめ、毛布を巻きつけてくれた。

その火事は父親の放火によるものだった。酒をあおった挙句に腹を立て、家に火をつけたのだ。アメリカが大不況のただなかにあった二〇〇九年春のことで、建設作業員だった父親はその少し前に失業していた。当時アメリカには失業者が何百万人もいて、薬物に手を出したり、酒に溺れたりする例が少なくなかった(2)。

結局オリヴィアの父親は刑務所に入れられた。オリヴィアは重度のやけどを負い、体にも心にも傷を負った。炎と煙に包まれたあの恐怖を乗り越えるために、それから何年もセラピーを受けなければならなかった。それでも生き延びただけましだったと思うべきかもしれない。もっと運の悪い人も大勢いたのだから。

その三年後の二〇一二年四月四日、アメリカから遠く離れたギリシャで七七歳のディミトリス・クリストウラスが自殺した。ディミトリスにはほかに道がなかった。一九九四年に薬剤師を引退してから年金暮らしで、それなりに幸せにやってきたが、新政府に年金を奪われ、もはや薬代も払えないほど困窮していた。(3)

その日の朝、ディミトリスはアテネ中心部のシンタグマ広場に行き、国会議事堂の正面階段を上った。そして銃を頭に突きつけ、「自殺じゃない。政府に殺されるんだ」と叫んで引き金を引いた。

後日、ディミトリスのかばんに入っていた遺書が公開された。(4) そのなかでディミトリスは、新政府を第二次世界大戦中にナチスに協力したゲオルギウス・ツォラコグロウ政権になぞらえていた。

今の政府はツォラコグロウ政権と同じだ。わたしは三五年間年金を払いつづけたし、今まで政府の厄介になったこともない。ところが政府は、当然受け取れるはずの年金をわたしから奪い、生きる術を奪った。もっと思い切った行動をとりたいところだが、この歳ではそれもできない(とはいえ誰かがカラシニコフ銃を手にするなら、わたしもすぐあとに続きたいところだ)。もう自分で命を絶つ以外に方法がない。そうすれば、ゴミ箱をあさるような惨めな思いをせずにすむ。この国の未来のない若者たちは、いつの日か武器を手にとり、裏切り者たちをシンタグマ広場に吊すだろう。一九四五年にイタリア人がムッソリーニを吊したように。

ディミトリスの自殺については、後日「これは自殺ではなく殺人だ」という声も上がった。ディミトリスが死んだ場所の近くの木には、こんな抗議文が打ちつけられた。「もうたくさん。次は誰の番？」

アメリカとギリシャは八〇〇〇キロ以上離れている。しかしオリヴィアとディミトリスの運命は、どちらも世界大恐慌以来最悪といわれる金融・経済危機によって捻じ曲げられた。わたしたち二人は公衆衛生学者として（サンジェイはカリフォルニアのスタンフォード大学、デヴィッドはイギリスのオックスフォード大学で研究をしている）、今回の大不況が多くの人々の命と健康に害をもたらしつつあるのではないかと心配になった。実際、患者や友人、隣人の話を聞いてみると、失業で健康保険を失い、治療や投薬を受けられないという人が少なくなかった。しかも医療にとどまらず、生活全体に被害が及んでいた。きちんとした食事がとれない、強いストレスにさらされている、家を失って路頭に迷っているといった人が増えていたのである。こうした状況は心臓疾患やうつ病、自殺、さらには感染症の広がりにも影響を与えずにはおかない。その影響はどの程度のものだろうか？

わたしたちはその答えを求め、今回および過去の大不況に関するデータを世界中から集めた。そして丹念に調べていくと、いささか矛盾する結果が出ていることがわかった。

まず、経済危機が人々の健康にダメージを与える可能性があることが確認できた。これは予想どおりの結果である。不況で仕事を失い、あるいは家を失い、借金に追われるといった状況になれば、酒や薬物に溺れることもあるだろうし、場合によっては自殺も考えるだろう。そこまでいかなくても、手軽で安上がりなジャンクフードばかりを食べ、食生活に問題が出ることもある。

つまり、オリヴィアやディミトリスのケースは例外でも何でもない。たとえば、ギリシャは大不況以前にはヨーロッパで最も自殺率が低い国だったが、二〇〇七年以降そのギリシャで自殺が急増し、二〇一二年までに自殺率が倍になった。(5)ギリシャにかぎらず、他のEU諸国でも同じ傾向が見られ、大不況以前は自殺率が二〇年以上一貫して低下していたのに、大不況によって一気に上昇に転じた。

その一方で、逆の現象も起きていた。経済危機によって健康が改善した地域や国があったのだ。たとえばアイスランドは史上最悪の金融危機に見舞われたが、国民の健康状態は実質上よくなっていた。スウェーデンとカナダも今回の大不況で国民の健康状態が改善したし、ノルウェー人の平均寿命は史上最長を記録した。北方の国ばかりではない。日本も同様で、「失われた一〇年」いや「二〇年」と言われるほど不況が長期化して苦しんでいるが、健康統計では世界トップクラスの結果を出している。

こうした明るいデータを見て、安易に「不況は体にいい」という結論に飛びつくエコノミストもいる。彼らは不況で収入が減ると飲酒量や喫煙量が減るし、車に乗らずに歩くようになるなど、健康にいいことが増えるからだと説明する。そして多くの国や地域で不況と死亡率の低下に相関関係が見られると説く。なかにはまことしやかに、不況が終わったらアメリカでは六万人が死ぬことになると予言する人までいる。

だが、彼らはその逆を示す世界各国のデータを無視している。今回の大不況の間に、アメリカのいくつかの郡では四〇年ぶりに平均寿命が短くなった。ロンドンでは心臓麻痺が二〇〇〇件増えた。自殺も増えつづけているし、アルコール関連の死因による死亡例も増加している。(6)

つまり世界中のデータをきちんと見れば、不況でオリヴィアやディミトリスのような目にあう人々が大勢いることは否定のしようがない。だがその一方で、健康になる人々がいるのもこれまた確かである。これはどういうことなのだろうか？

その答えは、不況そのものではなく、不況に際して政府がとる政策にあるのではないかとわたしたちは考えた。奇しくも二〇一二年のアメリカ大統領選挙は、刺激策か緊縮策か、公共サービスか個人の収入かといった普遍的な問いを投げかけるものとなった。そして富裕層への増税と社会福祉への投資を訴えたバラク・オバマ大統領が再選され、緊縮策は退けられ、そこからアメリカはゆっくりと不況を脱した。一方イギリスでは二〇一〇年以来緊縮政策がとられているが、その結果、二〇一三年一月現在、不況に逆戻りしそうになっている。

この一〇年間、わたしたちは大量のデータや報告書と格闘しながら問いつづけてきた。緊縮策か刺激策か？ 富裕層への減税か増税か？ 貧困層への公共サービスを切るべきか拡充するべきか？ その答えを求めて極寒のシベリアの廃墟と化した町へ、あるいはバンコクの赤線地帯へと世界中を飛び回った。その結果、はっきりわかったことがある。経済危機で感染症が発生・拡大した地域が少なくないなか、それを未然に防ぐことができた地域もあるのだが、後者にほぼ共通して見られるのは、その社会に強いセーフティネット、強い社会保護制度があるということだった。

オリヴィアやディミトリスのような惨事は不況が必然的に引き起こすものではない。それはむしろ、銀行を救済して国民のセーフティネットを削るといった政治的選択によって引き起こされる。逆に言えば、政府の、あるいは国民の選択次第で、経済危機による疾病の蔓延を食い止めることもできる。

また、今回の研究でもう一つ明らかになったのは、ある種の緊縮政策が文字どおり致命的な結果を招くということである。確かに不況は難しい状況を作り出すので、そこで人が健康を損なうこともある。だがもっと恐ろしいのは政策で、ある種の緊縮政策は確実に人の命を奪う。

経済に関する世界最強のアドバイザーであるＩＭＦは、これまで財政難に陥った国々に対してセーフティネットまで削るような緊縮政策を強いてきた。だがそのＩＭＦも、最近の報告書でこの方針を変える姿勢を示している。緊縮政策は健康被害を生むばかりか、かえって経済を減速させ、失業率を上げ、投資家の信頼を下げるものだとようやく気づいたようだ。ヨーロッパでは、緊縮政策によって需要が枯渇するのを目の当たりにしたことから、民間企業の側からも緊縮策反対を叫ぶ声が上がるようになってきた。わたしたち二人は公衆衛生学の見地からセーフティネットの重要性を訴えているが、それもまた単に健康増進のためではない。今回の研究で、不況時においてもセーフティネットをしっかり維持することが、健康維持のみならず、人々の職場への復帰を助け、苦しいなかでも収入を維持する下支えとなり、ひいては経済を押し上げる力になるとわかったからである。(7)

わたしたち現代人はいつの間にか大事なことを忘れてしまっていないだろうか？　負債も財源も経済成長も重要である。だが「あなたにとって最も大切なものは？」と訊《き》かれて、ポケットから財布を取り出す人はいないし、自宅の増築だの高級車だのアップルの最新機器だのの話をする人もいないだろう。この問いのような調査は繰り返し行われているが、いつも結果は同じである。誰もが最も大切に思っているのは自分や家族の健康だ。

だとすれば、わたしたちの論点を「ボディ・エコノミック」という言葉でくくってもいいかもしれない。これはわたしたちの造語だが、要するに国の経済を体に見立てて、その健康を管理するという考え方である（もちろん国民一人一人の健康も含めて）。なにしろ経済政策の選択はわたしたちの健康に、ひいては命に、甚大な影響を与えるのだから。医薬品の審査はあれだけ厳しいのに、なぜ経済政策の人体への影響は審査しないのだろうか。同等の厳しい審査があってしかるべきではないだろうか。ある経済政策が人体にとって安全で効果的だとわかれば、それはすなわち、より安全で健康的な社会を作れるということである。だが現状ではそうした審査が行われていないため、安全な経済政策ではなく危険な経済政策が横行している。配慮の足りない緊縮政策を断行することは、危険な薬の臨床試験を堂々と行うようなものであり、そんなことを続ければただ意味もなく死者が増えるばかりである。

緊縮政策の代価は人命である。そのあとでめでたく株価が元に戻ろうとも、失われた命は二度と戻らない。

第Ⅰ部

過去の「自然実験」に学ぶ

第一章　ニューディールは人々の命を救ったか

イギリス政府に見捨てられたマカードル一家

一三歳のキーラン・マカードルは、スコットランドのグラスゴーに拠点を置く英デイリー・レコード紙にこう語った。「ぼくはどうしても許せません。あの人たちに罰が下らないかぎり、父さんの死を受け入れることはできません」[1]

キーランの父親のブライアン（五七歳）はグラスゴー近郊のラナークシャーで警備員をしていたが、二〇一一年のクリスマスの翌日に脳卒中の発作を起こし、左半身が麻痺し、左目が見えなくなり、はっきり話すこともできなくなった。これではとうてい働けず、家族を養っていくこともできないので、ブライアンはイギリス政府に障害者手当を申請し、受給することになった。

だが翌年のある日のこと、ブライアンのもとに、アトスという会社から就労能力審査を受けに来るようにとの通知があった。ブライアンは発作以来ほとんど歩けない状態だったので、行けるのだろうかと不安になった。アトスの審査会場のおよそ四分の一は車椅子でのアクセスが不可能だという。階段しかない場所だったら、電動車椅子でどうやって上がったらいいのだろう? 「父さんは心配のあまり、審査の数日前にもまた発作を起こしました。それでも審査に行きました。そして無理をしてどうにか歩き、どうにか話をしたんです。とても誇り高い人でしたから[2]」

ブライアンは苦労して会場にたどりつき、審査を終えて帰宅した。その数週間後、雇用年金局から障害者手当の支給を打ち切るとの通知が届いた。アトスはブライアンに就労能力があると判断し、イギリス政府はマカードル一家を見捨てたのだ。そして実際に支払いが打ち切られた日の翌日、ブライアンは心臓麻痺で死亡した。

公衆衛生の研究者として、わたしたち二人は政府のこうしたやり方に首をかしげざるをえない。イギリスでは二〇一〇年に保守党が自由民主党との連立という形で政権に復帰した。この政権を率いるデヴィッド・キャメロン首相は、公共サービス支出を数十億ポンド削減する方針を打ち出した。そのなかには障害者手当の削減も含まれていて、これについてキャメロン首相は何十万人もの人々が不正に受給しているという点を指摘していた。削減目標達成のため、指示を受けた雇用年金局はフランスの民間企業に障害者手当受給者の医学的判定を委託した。それが前述のアトスで、システム・インテグレーションを専門とする会社である。アトスはこの業務の費用としてイギリス政府に四億ポンドを請求した[3]。

だが、不正受給の問題に関して、雇用年金局はキャメロン首相とは異なる見方をしていた。受給資格を偽っての不正受給は不正受給総額の一パーセントにもならないと見積もっていたのである。金額で言うとおよそ二〇〇〇万ポンドで、アトスへの支払いに比べれば微々たるものであり、それよりもむしろ年間七〇〇〇万ポンドにもなる手続き上のミスによる過少支給のほうがよほど深刻だと考えていた[4]。しかしながら、政府は雇用年金局の意見に耳を貸さず、緊縮政策を強引に推し進め、極端な削減へと走ったのである[5]。

大不況への対応——銀行救済のための福祉削減

リーマン・ショックに端を発する世界金融危機が発生したのは、マカードル家の悲劇の数年前のことである。二〇〇八年のリーマン・ショック後の数カ月間、半ばパニック状態のなかで誰もが同意したのは、迅速な対応が必要だということだった。だがそれはどういう対応かという点になると、政府支出を増やすのか、それとも減らすのかという根本から意見が分かれ、まとまらなかった。この混乱のなかで、明確な恐怖として人々の目に映っていたのが金融機関の連鎖破綻である。連鎖破綻が起きれば国家経済全体が危うくなると多くの人が考えた。アメリカでもヨーロッパ諸国でも、すでに金融セクターが経済活動のかなりの部分を占めていたし、政界でも一部の大手金融機関は「大きすぎて潰せない」という認識が共有されていたほどである。金融機関救済にかかる費用は莫大だが、もし大手金融機関が次々と破綻すれば経済全体への影響は計り知れず、救済費用をしのぐ損害が出るだろう。さらにパニックが拡大して取り付け騒ぎが発生すれば、大企業のみならず個人事業家や中小企業も打撃を受けるだろうと言われた[6]。

結局、欧米諸国は金融セクターに対して異例の救済措置をとり、資金不足に陥った金融機関を救済するためにアメリカとイギリスだけでも総額二兆ドルを超える公的資金が投入された。しかも、これに伴う債務増加への対応として、保守派の政治家たちは社会福祉関連予算の削減という政策を打ち出した。(7)

この政策に関するイギリスの保守党の主張は次のようなものだ。イギリスは巨額の政府債務を抱えていて、これを今こそ返済しなければならない。さもないと新たな借り入れが困難になり、返済費用も膨らむ。そもそも借りるばかりで返そうとしない相手に、誰が喜んで金を貸すだろうか。当然のことながら金利が上がり、返済はますます難しくなる。単純に紙幣を増発するという手もあるが、その場合はインフレによって通貨価値が下がり、すでに不調な経済の足をさらに引っ張ることになる。したがって、残された唯一の道は社会福祉制度――キャメロン首相に言わせれば経済成長の足かせになっている制度――を縮小することである。(8)

この主張は単純明快だが、間違っている。ノーベル経済学賞受賞者のポール・クルーグマンが指摘したように、これでは「無料食事提供所《スープ・キッチン》が大恐慌を引き起こしたと言うようなもの」だろう。(9)

政府債務と個人債務を同列に語ることはできない。個人の場合、たとえば住宅ローンの返済を怠れば信用格付けが下がるし、場合によっては家を失うことになるかもしれない。借金があるなら、できるかぎり早く返済する方法を考えなければならない。しかし政府債務の場合は、あわてて一気に返済する必要はない。むしろそんなことをしたら危ない。経済とは運命共同体のようなもので、誰かの消費がほかの誰かの収入につながっている。つまり政府が急激に支出を抑えれば、国民の収入が減り、ものが売れなくなり、企業のもうけが減り、ますます収入が減り……と悪循環が生じて経済が失速する恐れがある。

国の債務管理にとって肝心なのは、債務を持続可能な状態に保つことである。そのためには、国債の名目利子率が名目経済成長率より低いか等しくなければならない。景気刺激策によって税収が増えれば、債務を徐々に減らしていくことも可能になる。しかしイギリスの場合、大規模な歳出削減によって経済が失速してしまった。そしてまさにそのせいで、最新のデータが示すように、支出を抑えたにもかかわらず債務残高は増えつづけている。[10]

わたしたち二人は、このような理屈に合わない政策に驚くとともに、それがもたらしつつある人的損失および経済的コストに懸念を強めている。データを分析するにつれ、今回の大不況が人々に与える影響は家や職を失うことにとどまらないとわかってきた。影響ははるかに深刻で、人々の命と健康を直接脅かすものになっている。そしてこの状況からは、そもそも社会と何なのか、国民を守るために政府はどういう役割を果たすべきかといった根本的な問題も浮かび上がってくる。

一九三〇年代の大恐慌から学ぶべきこと

アメリカのバラク・オバマ大統領は、今回の大不況は一九三〇年代の大恐慌以来最悪のものだと述べた。大恐慌を引き合いに出したのはもっともなことで、この二つには類似点が多い。そこで、当時の政治家や経済学者から大不況克服のヒントを得ようとして、多くの人々が当時の共和党のハーバート・フーバー大統領、民主党のフランクリン・デラノ・ルーズベルト大統領、イギリスの経済学者ジョン・メイナード・ケインズらに目を向けた。二人の大統領は大恐慌時代のアメリカの舵取りを担っていたし、ケインズは政府の積極的な財政出動を支持して、大恐慌の収束に重要な役割を果したからである。[11]

しかしながら、同じように大恐慌に目を向けるといっても、どこに焦点を当てるかは人それぞれである。経済学者は経済成長関連のデータを対象にし、歴史的統計を綿密に調べる。公衆衛生を研究しているわたしたち二人はそうではなく、アメリカ公衆衛生局（ＵＳＰＨＳ）に保管されていた記録をひっくり返して、大恐慌時代の人々の死因やその背景を調べることから始めた。すると、大恐慌が人々の健康や生死に与えた影響は一律ではないことがわかってきた。場所によっては、大恐慌期にそれまでよりも死亡率が下がったり、健康状態が改善されたりしたところがあったのだ。国民の健康は経済状況と無関係ではないが、どうやら健康を左右する最大の要因は政治的選択だと言えそうだ。同じ不況であっても、どういう不況対策をとるかによって結果が違ってくる。わたしたちが大恐慌期のデータから学んだことは、対策によっては不況下でも国民の健康促進は可能であり、またそれが経済そのものの回復にも一役買うということだった。

ではどのようにしてその結論にいたったのか、それをここから述べていく。

大恐慌の悪影響――労働者階級が苦境に

わたしたちはまず一九三〇年代の大恐慌について、その発生の経緯を勉強し直すことから始めた。

大恐慌の引き金は一九二九年一〇月末のウォール街大暴落として知られていて、たとえば一〇月二九日の暗黒の火曜日《ブラック・チューズデー》には一六〇〇万株以上が売られた。だがさらにさかのぼって全体を俯瞰すると、実は当時も今回の大不況とよく似た現象が起きていたことがわかる。すなわち、格差拡大と不動産バブル、そのバブルがはじけて金融危機へという流れである(12)。

一九二〇年代後半のアメリカにおいては、フォード家、ヴァンダービルト家、カーネギー家、ロックフェラー家といった富豪一族が金融市場の覇者だった。彼らをはじめとする人口の上位一パーセントの高額所得者がアメリカの富の四〇パーセント以上を握り、株価や不動産価格の動きを左右していた。また、「狂騒の二〇年代」とも呼ばれたこの時代、各地で不動産ブームが巻き起こり、フロリダ州のマイアミなどではたった一日で売買が一〇回以上行われた区画もあった。市中銀行は融資条件を緩和していて、住宅ローンを組むのも容易だった。不動産担保融資残高は一九二二年から一九二八年にかけて倍増した(13)。

やがて、このバブルがはじけてウォール街大暴落にいたり、それが大恐慌へと発展した。アメリカでは九万社以上の企業が倒産し、少なくとも一三〇〇万人――就労者の四人に一人――が失業し、五〇万人の農場主が土地を失った。その結果五人に三人が貧困状態に陥り、あちらこちらに掘っ立て小屋が並んでスラム化し、そうしたスラム街はアメリカを恐慌に陥れたとされるフーバー大統領を揶揄して「フーバービル」と呼ばれた。無料食事提供所《スープ・キッチン》に並ぶ長い列もいたるところで見かけられた(14)。

貧困に関する当時の統計を見ると、大恐慌の被害の大きさがよくわかる。当然のことながら、わたしたちは大恐慌が人々の命や健康にも悪影響を及ぼしただろうと推測し、検証のためにさまざまなデータを調べた。すると、確かに悪影響はいくつかの数字に表れていた。たとえば、株価が大暴落した時期に自殺率が上昇していた（自殺率の上昇についてはあとで詳しく述べる）。こう書くと、誰もが思い浮かべるのはブローカーや銀行家の投身自殺だろう。当時は株の投機に失敗した人々の自殺が数多く報道された。だがそれは自殺のごく一部にすぎず、実際に自殺率が上がったのは蓄えがない人、解雇されて再就職の見込みが立たない人、家を失った人、収入を失って家族を養えなくなった人などだった。ごく初期の自殺の一つに、エンパイアステートビルから飛び降りたという例がある。このビルの建設に従事していた作業員が解雇され、飛び降り自殺したのだ。大恐慌によって労働者階級が苦境に立たされたことを象徴する出来事だった。[15]

大恐慌の好影響――なぜか死亡率が低下

ところが驚いたことに、悪影響だけではなく、好影響を示す資料も見つかった。たとえば、メトロポリタン生命保険の保険数理士《アクチュアリー》だったルイス・ダブリンという人物は、一九三二年の報告書にこう書いていた。「今年の九月までの九カ月間、アメリカとカナダの人々はかつてないほど健康状態がよかった」。ダブリンは一九〇〇万人の保険契約者の死亡率を追跡調査していたのだが、すると驚いたことに、この期間の死亡率が、白人では一九二七年の最低記録を大幅に更新して史上最低、黒人では一〇年来の最低を記録していた。[16]

ということは、不況は健康に悪影響を及ぼすという推測は間違っているのだろうか？　不況による経済的苦境以外にも、死亡率を左右する要因があるのかもしれない。だがその点を掘り下げる前に、まずはルイス・ダブリンの統計が正しいのかどうかを確かめる必要があった。保険加入者という標本が、母集団であるアメリカ人・カナダ人全体を代表していない可能性もある。保険加入者がどちらかといえば暮らしぶりのよい人々で、保険会社のデータには不況で苦境に立たされた貧しい人々が含まれていないのかもしれない。

だがそう思って検証したところ、ダブリンの報告は信頼できそうだとわかった。ほかにもほぼ同じ内容の資料が出てきたのである。USPHSの統計学者エドガー・サイデンストリッカーが独自に全米の死亡診断書を調査していて、ダブリンと同じ結論に達していた。一九三三年の論文のなかで、サイデンストリッカーは「一九三一年はアメリカ史上にあまり例がないほど健康な年になった」と述べ、さらにこう続けている。「数年前から経済的に厳しい状況に置かれてきたにもかかわらず、アメリカ人の総死亡率は最低レベルを記録した。国全体で見ると、乳児死亡率も結核死亡率も上がっていない。それどころか、下がりつづけている[17]」

こうしたデータに驚いたのは、もちろんわたしたち二人だけではない。当時から公衆衛生の専門家は皆当惑し、それぞれに何らかの説明を試みた。たとえば、当時のアメリカ公衆衛生局長官は暖冬に注目し、暖冬ゆえに腸チフスや百日咳のような「予防できない伝染病」〔これらの病気のワクチンはまだなかった〕の発生率が下がったからではないかと指摘した。しかしこの指摘には無理がある。大恐慌期に暖冬だったのはある年だけで、それ以外の年はむしろ例年より寒さが厳しかった。また、不況そのものが健康にいいのだと主張する人々もいたが、その根拠は明らかにされなかった。

不況期の死亡率低下については、実験室での研究が参考になると考えた人々もいた。一九二八年に、ミバエを研究していたアメリカの生物学者レイモンド・パールが、成長が早いハエは寿命が短いという内容の論文を発表していた。そこで、一部の学者がこれを人間に応用し、生活のリズムが速かった「狂騒の二〇年代」に健康状態が悪化し、大恐慌期には逆に生活のリズムが遅くなって健康状態が改善されたという説を唱えた。「狂騒の二〇年代」は先ほど述べたようにバブルの時代で、確かに生活のリズムが速く、また酒とたばこに溺れる放縦なライフスタイルが流行していた。これに対し、不況になってからはもっと静かな、ある意味で〝普通の〟生活が戻ってきたというのである。それまで長時間労働を強いられていた人が失業すれば、家族と過ごす時間が増え、スポーツで汗を流す時間も増えるかもしれない。あるいは、収入が断たれたことで酒やたばこを減らさざるをえなくなったり、車をあきらめて歩くようになったりするかもしれない。これらはいずれも健康につながるという考え方である。(18)

疫学転換による長期的な死亡率低下傾向

これらの説の妥当性を明らかにするべく、わたしたちも独自に死亡診断書を調べることにした。現在入手可能な当時のデータのなかで最も信頼性の高いもの、すなわち米国疾病対策予防センター（CDC）が集計・分類した死亡診断書のデータである。大恐慌の前後を含め、一九二七年から一九三七年の一〇年間に的を絞って調べたが、CDCのデータにはこの期間の三六州一一四都市のデータが含まれている。そのおかげで、異なる場所での死因や死亡率の違いを比較することができ、そこからいくつかのパターンを読みとることができた。また、一九二九年以前の死亡率の変化もわかったので、その後の大恐慌期のデータに関して、それが以前からの変化の延長線上のものなのか、それとも大恐慌によって起きた変化なのかを見極めることもできた(19)。

ここでもまず確認したのは、前述のルイス・ダブリンとエドガー・サイデンストリッカーの報告が正しいかどうかである。

図1-2を見ると、総死亡率〔あらゆる死因を含む死亡率〕は一九二九年から一九三三年にかけて一〇パーセント減少していて、特に一九三一年から一九三三年にかけては低いレベルにとどまっていた。これを図1-1と比べると、死亡率の低下が大恐慌と無関係ではないことがわかる。ただし、常識で考えられるのとは逆の関係である。一九二九年に大恐慌が始まると、平均所得が一気に下がり、同時に死亡率も下がった。そして一九三三年に回復が始まると、平均所得が再上昇し、同時に死亡率も再上昇した。やはり二人の報告は正しかったのだ。

次にわたしたちは、個々の死因について死亡率の変化を調べていった。すると、総死亡率の低下の裏に、多くの複雑な変化が重なり合っていることがわかった。そのなかでも最も大きな流れと言えるのが「疫学転換」で、これは公衆衛生学専攻の学生なら誰でも知っている。疫学転換とは、社会が発展していく過程で、結核のような「伝染性疾患」による死亡が徐々に減り、逆に糖尿病や癌のような「非伝染性疾患」による死亡が徐々に増えていくという疾病構造の転換のことを言う。具体的には、発展とともに下水システムが整備され、衛生状態が改善され、より清潔な環境で暮らせるようになり、

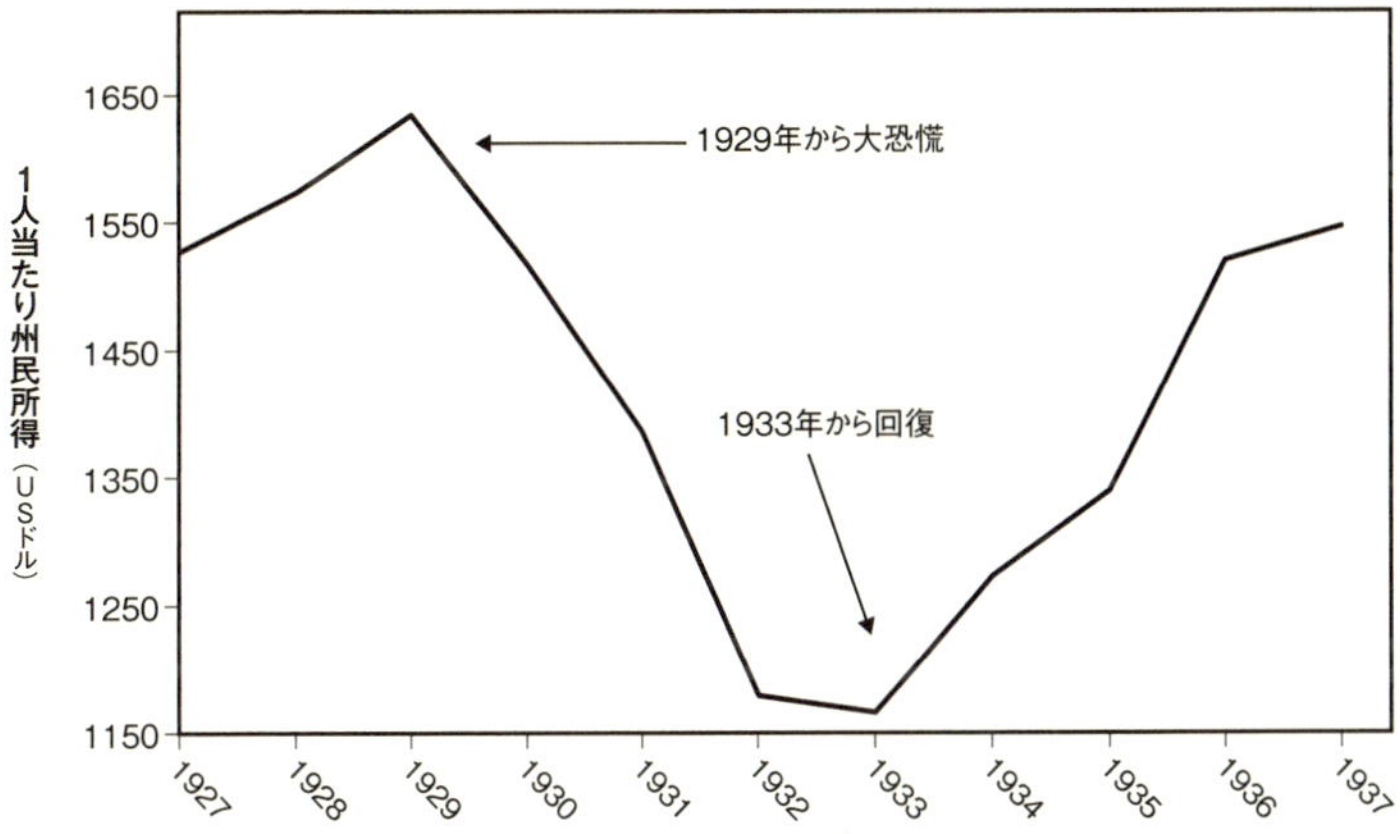

図1-1　大恐慌前後の1人当たり州民所得（アメリカ36州）[20]〔1967年を基準とする実質値〕

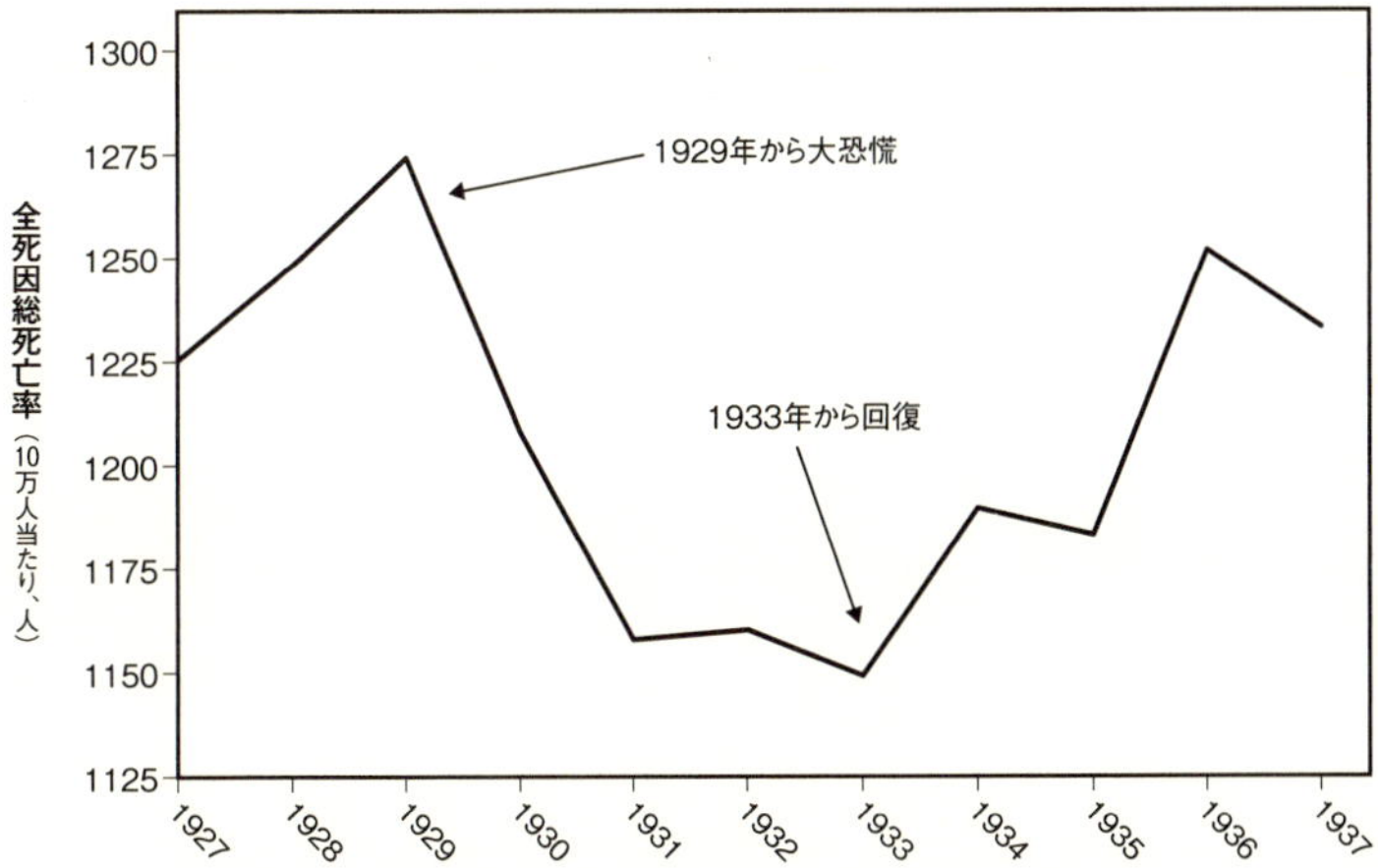

図1-2　大恐慌前後の全死因総死亡率（アメリカ36州114都市）[21]

栄養価の高い食品が摂取できるようになり、乳幼児が下痢や栄養不足で死亡する率が減少し、全般的に寿命が延び、中年期や老年期の疾病が増えてくる、そういった変化のことである[22]。

大恐慌期の死亡率の変化も、かなりの部分は景気低迷が原因ではなく、疫学転換という、それ以前からの長期的変動の一部として説明できる。たとえば伝染性疾患を見ると、肺炎やインフルエンザによる死亡率は一〇パーセント以上低下していたし、逆に非伝染性疾患は一貫して上昇しつづけていた[23]。

不況になると交通事故死者数は減る

しかし、今知りたいのは疫学転換による変化ではなく、大恐慌自体が人命や健康に与えた影響のほうである。大恐慌期の総死亡率の変化は、疫学転換という長期的変動と、大恐慌自体による短期的変動が重なった結果であるはずだ。そこで、わたしたちは全体的な変動から長期的変動を除去できる統計モデルを使うことにした。その上で、経済との結びつきが説明しやすい死因に絞って調べていった。たとえば、自殺は失業と、心臓発作は極度のストレスと関連づけることができる。すると、まず一つ、わかりやすいパターンが見えてきた。全体の減少傾向のなかに、一部の死因の増加が埋もれていたのである。特に顕著だったのが前述の自殺率の上昇である。図1－3にあるように、自殺率は大恐慌が始まった一九二九年には人口一〇万人当たり一八・一人だったが、ピーク時の一九三二年には二一・六人と、わずか三年で約一九パーセント上昇していた[24]。

ただし、自殺率の上昇はどこでも一様に見られたわけではない。CDCの三六州のデータを個別に

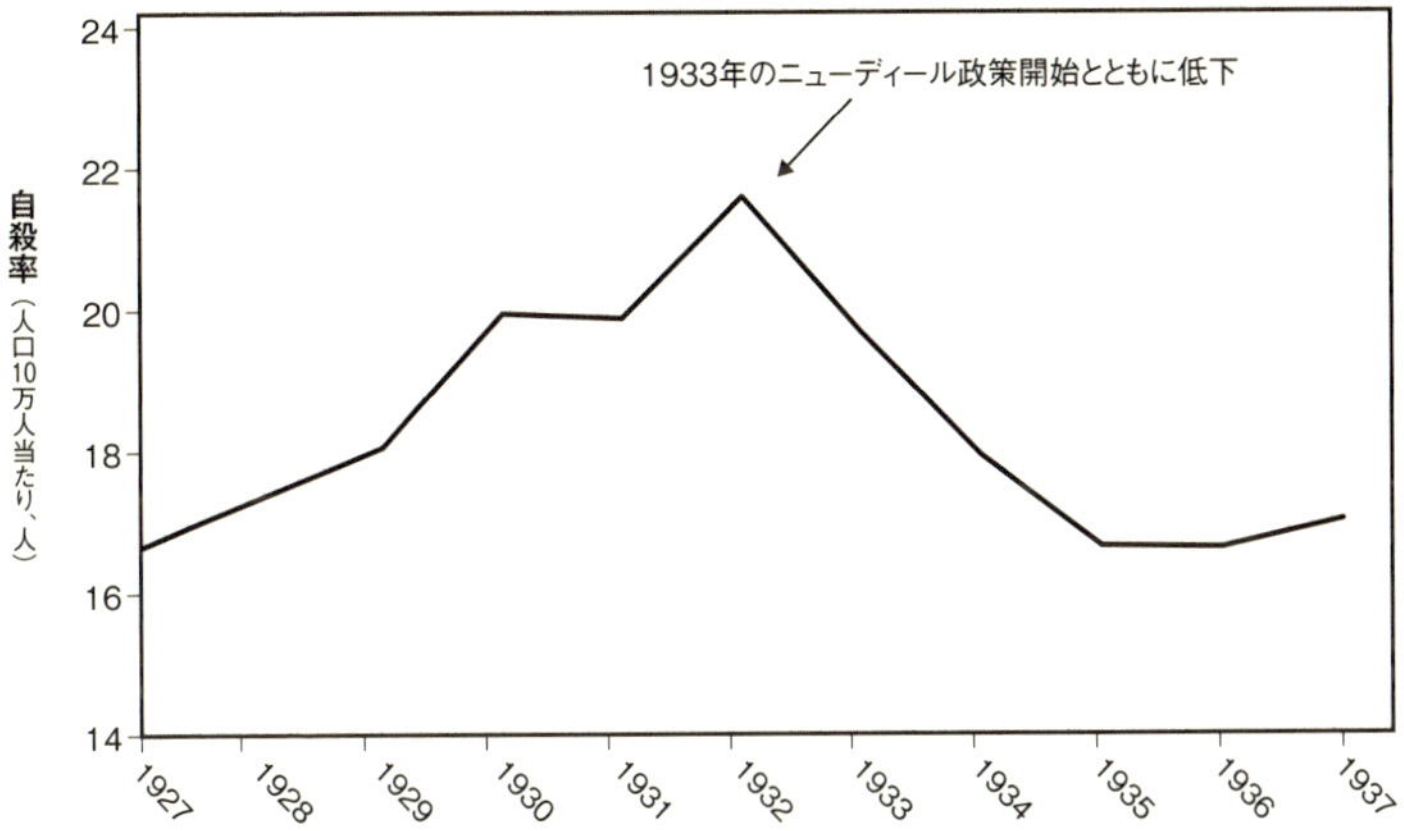

図1-3　大恐慌前後の自殺率（アメリカ36州114都市）[25]

分析したところ、自殺率の変動には州ごとに大きな開きがあり、またどの時期にどの程度変化したかもばらばらだった。たとえば、コネティカット州では四一パーセントも増加していたが、ニュージャージー州では八パーセント減少していた。ただし、自殺率の上昇と景気の悪化に関係があることは明らかで、コネティカット州のように急増した州では銀行の倒産件数も多かった。総じて、自殺率は大恐慌によって増加したと考えることができる。

しかしながら、データから疫学転換を除去しても、なお総死亡率は低下していた。ということは、自殺率の変動は総死亡率の変動に対して小さなものでしかなく、これを上回る規模の逆方向の現象が起きていたはずである。

そこで、疫学転換を除去したあとのデータから、死亡率が低下した死因を拾い上げていった。すると、顕著な例として交通事故死が挙げられることがわかった。大恐慌期に交通事故死者数が減少し、その減少幅は自殺の増加幅をはるかに上回っていたのである。二〇世紀初頭には、交通安全という概念がまだ広まっておらず、交通事故は死因の上位に入っていた。たとえば一九二〇年代のアメリカの自動車事故死亡者数は、腸チフス、はしか、しょう紅熱、ジフテリア、百日咳、髄膜炎、出産による死亡者数の合計よりも多かった。ところが大恐慌が始まると変化が現れ、一九三〇年代初頭には、それまで増加の一途をたどっていた交通事故死者数が初めて減少に転じた。これは不況で車やガソリンを買う余裕がなくなり、交通量が減少したためと考えられる。州別に見ると、景気の落ち込みが激しかった州ほど交通事故死者数の減少が目立つ。また、もともと交通事故による死亡率が高かった州ほど劇的な変化が見られた。この点では、どうやら不況が好影響をもたらしたと言えそうだ[26]。

以上の二つの傾向、自殺の増加と交通事故死の減少は、今回の大不況にも当てはまるのだろうか？そう思って調べてみたところ、まさに同じ現象が起きていた。まず自殺だが、これは大不況に入ってから全米で急増している。「フォークロージャー危機」〔フォークロージャーは抵当権実行、つまり差し押さえのこと〕が始まった二〇〇七年以前にも、自殺者は年におよそ一万人に一人の割合で増えていたが、その後本格的に大不況に突入すると、その割合は一万人に五人に上がった。合計すると、今回の大不況によってそれまでの傾向以上に増えた自殺者数はおよそ四七五〇人と推定される。言い方を変えれば、大不況がなければこの四七五〇人は自殺せずにすんだかもしれない。イギリスでも同時期に、不況のせいで自殺者がおよそ一〇〇〇人増加したと考えられる[27]。

次に交通事故死だが、アメリカの交通事故死亡者数は二〇〇八年から二〇一〇年にかけて三六〇〇人減り、六〇年ぶりの低水準となった。さらに詳しく調べると、賃金の引き下げやガソリン価格の高騰と交通事故死亡者数の減少の間に相関関係が認められた。ヨーロッパでも同様の結果が報告されている。たとえば北アイルランドでは、交通事故死亡者数が五〇パーセント、重傷者数が二〇パーセント減少し、死亡者数は過去最低を記録した。皮肉なことに、この歓迎すべき減少傾向には思いがけないマイナス面があり、二〇〇八年にはロンドンの外科医たちが移植用臓器の不足を訴えた。交通事故死亡者数が減ると、臓器提供者数も減るのが一般的である。(28)

大恐慌下での政策論争

このように、交通事故死を含め、いくつかの死因による死亡率が減少していることから、大不況そのものを楽観的にとらえる人々もいる。ＮＢＣニュースも「吉報！　不況で健康になれる」という見出しでこの現象を報道した。しかしながら、そうした端的な見方は大恐慌の本当の教訓を踏まえていない。ある死因の死亡率が大恐慌期に下がった上がったというのは教訓の一要素でしかない。それよりはるかに重要なのは、その際に政府がどのような対応をとったか、そしてそれが人々の命と健康にどのような影響を与えたかという点である。

そこで、わたしたちは大恐慌期にアメリカで起きた二つの政策論争に焦点を当て、健康との関係を調べることにした。一つはアルコールをめぐる論争、もう一つは財政政策をめぐる論争である。

禁酒法廃止をめぐる論争

まずはアルコールをめぐる論争だが、大恐慌は禁酒法の時代と重なっていた。「いかなる人もアルコール飲料を製造、販売、交易、輸入、輸出、提供、供給、所有してはならない」と定めた国家禁酒法（ボルステッド法）は、一九一九年に連邦議会を通過し、一九二〇年から一九三三年までの間施行されていた。しかし、各州の対応は一様ではなく、アメリカはこの法律を支持する「ドライ派」と反対する「ウエット派」に二分された。コネティカット州やカリフォルニア州は徹底したウエット派だった。ウエット派の州では、ドライ派の州よりも自殺率が高く、またアルコール関連の死亡率が二〇パーセント高かった。自殺率に関しては、倒産や失業と飲酒が重なるといい結果は生まないだろうとすぐに察しがつく。一方、禁酒法を厳格に守ろうとしたドライ派の州では、酒を飲みたければもぐりの酒場で密造酒——主としてバスタブ・ジンと呼ばれた非衛生的な自家製ジンで、毒性をもつメチルアルコールが混入された粗悪品もあった——を買うしかなく、それが嫌なら禁酒するしかなかった。そうした州では、大恐慌の間にアルコール関連の死亡者数が著しく減少した。ドライ派の州全体では、大恐慌の間に禁酒政策によって四〇〇〇人の命を救うことができた計算になる。同じ政策が全米で一律に実施されていたとすれば、少なくともあと七三〇〇人の命を救うことができただろう（禁酒法時代に戻れと言うのではない。禁酒法からも学べることはあると言いたいだけである）[29]。

禁酒法が健康を促進するという事実は当時はわかっていなかったが、その後禁酒法が廃止されたこ

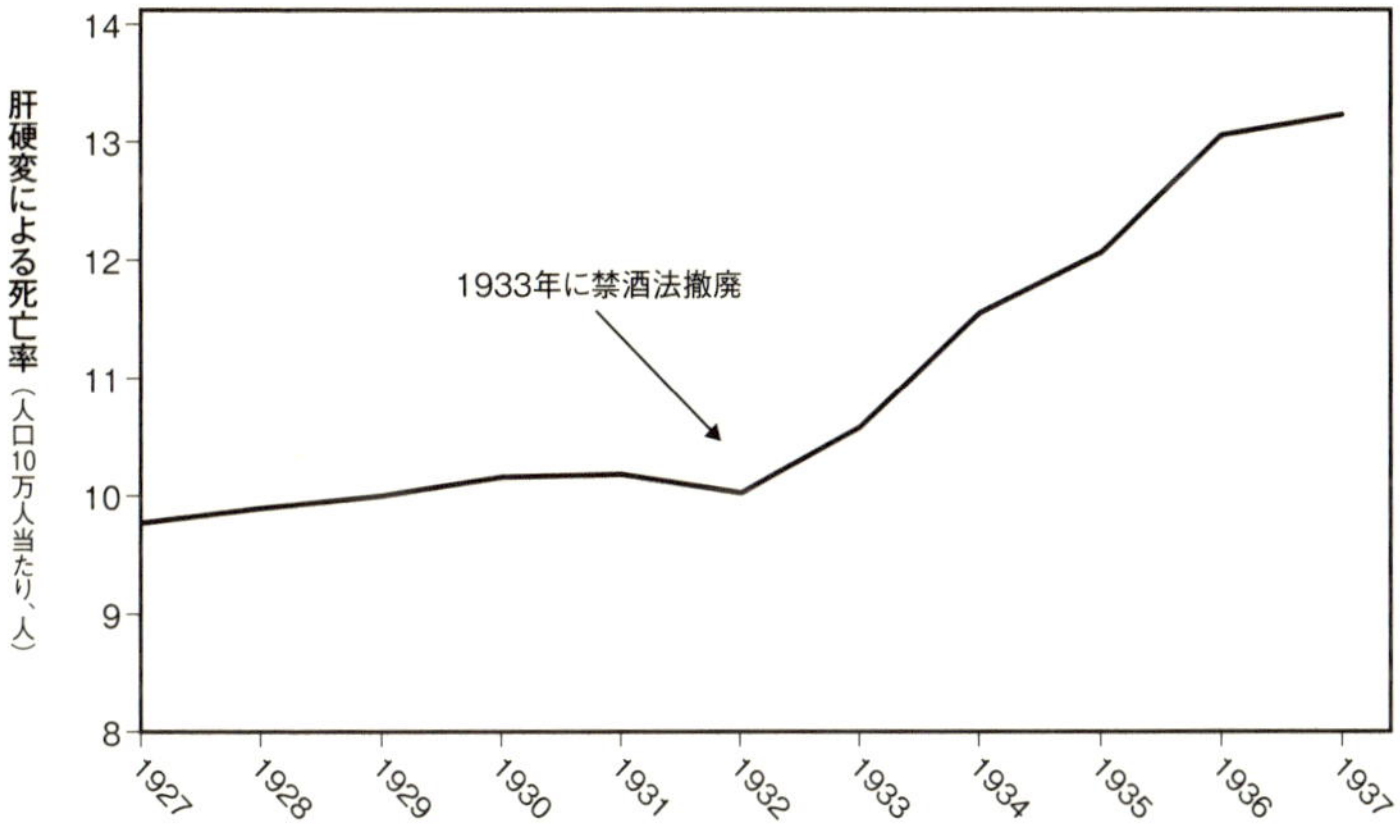

図1-4　大恐慌前後の肝硬変による死亡率（アメリカ36州114都市）[31]

とによってはっきり数字に表れた。廃止された経緯は次のようなものだ。禁酒法は一九二〇年に施行されたものの、一九三〇年代に入ると国民の批判にさらされた。それは一つには、アル・カポネのようなギャングが密造・密輸（カナダ、メキシコ国境から）・密売でもうけ、それを元手に犯罪組織を拡大していたからで、もう一つには、国民から見れば、禁酒法は政府による国民生活への直接介入にほかならなかったからである。しかし、最終的にこの法律を廃止に追い込んだのは倫理観や犯罪対策ではなく、政治と経済だった。大統領選に臨んだフランクリン・ルーズベルトが、労働者階級の票の獲得と、消費者需要の押し上げによる経済の活性化を狙い、公約の一つに禁酒法撤廃を掲げて当選したのである。禁酒法を撤廃すれば、国民は喜ぶし、酒を買うようになるし、おまけに税収も増える。というわけで、一九三三年に禁酒法は撤廃され、その結果は図1－4のとおりとなった。すなわち、アルコール関連の死亡率が一九三三年から急上昇し、その傾向が数十年続いた。[30]

財政政策をめぐる論争

しかし、人々の健康により大きな影響を及ぼしたのは、もう一つの財政政策論争のほうである。経済危機に際して政府が担うべき役割をめぐる論争と言ってもいい。

一九三二年の大統領選に向けて、アメリカの世論は二極化していった。大恐慌のただなかで経済は混乱を極め、民間を含めたアメリカの総債務は、一九二九年にGDP比一八〇パーセントだったものが、一九三二年には三〇〇パーセントまで跳ね上がって史上最高を記録した（今回の大不況でこの記録は更新された）。当然のことながら、当時のフーバー大統領の緊縮政策をめぐって賛否両論が巻き起こり、続行を求める人々と、方向転換を求める人々の間で意見が分かれた。前者はさらなる経済崩壊を食い止めるために予算を削るべきだと主張し、後者は経済救済のために支出を増やし、大恐慌の犠牲者への社会保護政策を充実させるべきだと主張した。[32]

大統領選は共和党の現職大統領ハーバート・フーバーと、民主党のフランクリン・デラノ・ルーズベルトの戦いになった。フーバーは貧困にあえぐ国民に「自助努力が必要だ」と説き、現状を理解していないと非難された。しかしフーバーは、職や家を失った人に手を差し伸べるのは連邦政府ではなく、民間の慈善団体や地方自治体であるべきだという信念を変えなかった。[33]

一方、ルーズベルトのほうは選挙戦に際して左派から強い圧力を受けることになった。主として労働争議の高まりを背景とした圧力で、なかでも自動車業界の大量解雇が深刻な問題となっていた。ミシガン州では、自動車工場で働く労働者の賃金が一九二九年から一九三一年の三年間で五四パーセントもカットされた。一九三二年までに自動車業界全体で二〇万人が解雇され、そのうち三分の一はフォードの工場で働いていた人々だった。労働者たちは失業、貧困、飢えに苦しみ、追い詰められた。一九三二年三月七日にはミシガン州ディアボーンで四〇〇〇人の失業者がデモを行い、「仕事をよこせ！」、「パンくずではなくパンをよこせ！」、「金持ちに課税を！　貧乏人に食料を！」といった垂れ幕を掲げて行進した。これは穏やかなデモだったのだが、止めようとしたフォード側の警備員と警察が催涙ガスを使ったことから事態が急変した。デモ参加者が石を投げて応戦したところ、警備員側が発砲し、死者一四人、負傷者五〇人という惨事に発展したのである。「フォード飢餓行進」として始まったデモは、「フォード大虐殺」となって終わった(34)。

それ以後、同じようなデモが各地で頻発し、労働者たちが団結して新たな組合を結成する例も相次いだ。有名な全米自動車労働組合が設立されたのもこの時期で、一九三五年のことである。そのなかで、大恐慌を招いたのは富裕層であり、彼らが不動産投機や金融投機に走ったことで株価大暴落が起きたのだという考え方が広がり、これを背景にアメリカ社会党が支持を集めはじめた。社会党の党員は土地を失った農民や解雇された工場労働者が中心だった(35)。

こうして左派にかつてないほどの追い風が吹いたが、民主党候補のルーズベルトにとっては必ずしも歓迎すべきことではなかった。社会党のノーマン・トーマス候補との間で票が割れ、共和党のフーバーが再選を果たす恐れが出てきたからである。そこでルーズベルトは、土地を失った農民や解雇された工場労働者たちを助ける社会保護政策を公約に入れ、労働組合の票を固めて選挙に勝った。六月の民主党大会での指名受諾演説で、ルーズベルトがこう述べたことはよく知られている。「わたしはあなた方に誓う。わたしはわたし自身に誓う。アメリカ国民のために新しい政策《ニューディール》を実施することを」(36)

その誓いどおり、ルーズベルトはニューディール政策と呼ばれることになった経済政策の一環として、数々の画期的な行動計画を実施していった。たとえば次のようなものである。連邦緊急救済法の制定と雇用促進局(WPA)の設立によってさまざまな建設事業がスタートし、八五〇万人分の雇用を生んだ。住宅所有者資金貸付会社(HOLC)によって少なくとも一〇〇万件の抵当権実行を未然に防ぐことができた。食料費補助制度によって低所得者も基本的な食料を手に入れられるようになった。公共事業局(PWA)の設立によって病院が増え、また低所得者も予防接種を受けられるようになった。社会保障法の制定により貧しい高齢者に救いの手が差し伸べられた(37)。

ルーズベルトのニューディール政策は、公衆衛生に大きな変化をもたらした。公衆衛生を念頭に置いたものではなかったにもかかわらず、この政策の有無がアメリカ国民の生死と健康を左右することになった。この政策がなければ医療も受けられず、食料も買えず、家も失って路頭に迷ったであろう人々が、救われたのである。ニューディール政策は、最低限の健康な暮らしを支える役に立ったという意味で、アメリカで実施された公衆衛生政策のなかでも最大規模のものである。

ニューディール政策と公衆衛生

では、ニューディール政策は公衆衛生にどのような具体的変化をもたらしたのだろうか。それを明らかにするため、わたしたちはさまざまな死因の死亡率がニューディール政策実施後にどう変化したのかを調べた。ただし、前述のように、死亡率のデータは疫学転換や不況の影響、政府の対応の結果など、さまざまな要素が折り重なった結果であり、全米レベルの数字を見ただけでは実態がつかめない。政策の効果を明らかにするには、州ごとの実施状況の違いと州ごとの死亡率の変化を突き合わせていく必要がある。

分析にとっては幸いなことに、ニューディール政策の実施状況は州によってかなりばらつきがあった。大ざっぱに言えば、知事がリベラルか保守かで大きな違いが見られた。リベラル派の知事たちはルーズベルト大統領に足並みをそろえ、ニューディール政策に積極的に取り組んだ。住宅計画や建設計画に予算を割り当てて雇用創出に努め、食料費補助制度や生活保護制度を積極的に実施した。これに対し、保守派の知事たちは政策の実施に消極的で、なかにはこれ以上赤字を増やせないと社会福祉予算を削減した州もあった[38]。

こうしたばらつきがあれば、それらを比較することによって政策の効果をあぶり出すことができる。つまりこの時期のアメリカでは、ニューディール政策に関して社会科学で言う「自然実験」が行われたことになる。経済政策については、医療分野で行われるようなランダム化比較試験を意図的に行うことはできない。しかしニューディール政策の場合、州によって取り組みに大きな差が出たことから、実験に近い観測データが得られた。こういう事例を「自然実験」と呼ぶが、そのおかげで政策の評価が可能になった。もちろん死亡や疾病のデータにはさまざまな要因が影響するので、そうした要因

――デモグラフィクス（実態的人口統計）、教育水準、収入、健康状態、その他さまざまな背景因子――を洗い出し、統計学の手法でそれらを調整した上で、ニューディール政策と公衆衛生の関係を見ていくのである。

さて、各州を比べてみると、政策を最も積極的に推し進めたと言えるのはルイジアナ州で、ここではニューディール政策以上のものが実施された。一九三二年までルイジアナ州知事で、その後上院議員になったヒューイ・ロングはニューディール政策の熱心な支持者だったが、それだけでは不十分だとして、一九三四年に「富の共有運動」（Share Our Wealth）という独自の運動を始めた。これは所得再配分を進める運動で、富裕層や企業の税率を上げることで、公共事業や教育、年金などの財源を増やそうとするものだった。ロングは上院議員になってからも間接的に州政を動かし、その指揮の下、ルイジアナ州は年に州民一人当たり約五〇ドルに相当する金額を社会保護政策に注ぎ込んだ。ニューディールに消極的だったジョージア州やカンザス州のおよそ倍である。また、ロングは新たに栄養プログラム、衛生プログラム、公衆衛生教育プログラムを実施し、既存の慈善病院を核にして公共病院網を拡充し、州民のおよそ七割が無料で予防接種を受けられるようにした。さらに、成人のための夜間学校を開校し、ルイジアナ州立大学に医学部を新設した。この夜間学校では延べ一〇万人もの成人が読み書きを学んだという。これらすべてが、未曽有の経済危機のさなかに行われたのだから驚きである。[39]

では、ニューディール政策や「富の共有運動」が公衆衛生にもたらした変化はどうだったかというと、これが実に大きかった。ニューディール政策に積極的だった州と消極的だった州の間では、当初の経済状況や公衆衛生状態がほぼ同じであっても、その後著しい差が生じた。総じて、ニューディール政策は経済の悪化に歯止めをかけただけではなく、公衆衛生の広範かつ長期にわたる改善をもたらしたのであり、その結果は統計上でも明確な相関関係となって現れた。なかでも高い相関が見られたのは、伝染性疾患による死亡率、小児死亡率、そして自殺率との関係である。[40]

公衆衛生の専門家たちは、大恐慌によって生活環境が悪化し、感染症が蔓延するだろうと心配したが、実際には前述のように伝染性疾患は一貫して減少しつづけた。それを場所ごとに見ると、特に減少幅が大きかったのはニューディールの住宅政策によって極度の過密状態を回避できた都市や州だった。肺炎による死亡率も大きく下がり、ニューディール政策に一人当たり一〇〇ドル支出するごとに、肺炎による死亡者が一〇万人当たり平均一八人減ったという計算になる。当時はまだ肺炎の特効薬が広く使われていたわけではないので、それを思うと驚くほどの減少である。

小児死亡率もニューディール政策によって低下した。一般的には、貧困地区のスラム化が進むと、人口が過密になったり水が淀んだりして下痢や小児呼吸器感染症が増える。しかしニューディール政策の建設計画・改築計画のおかげで、そうした事態を避けることができた。アメリカ全体で言うと、ニューディール政策に一人当たり一〇〇ドル支出するごとに、乳児死亡数が出生児一〇〇〇人当たり平均一八人減少したと考えることができる。

さらに、自殺率もニューディール政策によって低下した。図1-3に見られるように、ニューディール政策が始まった一九三三年に自殺率は上昇から下降に転じた。これも同じように計算すると、ニューディール政策に一人当たり一〇〇ドル支出するごとに、自殺者が一〇万人当たり四人減ったと考えることができる。これは大きな効果である。以上の政策の支出額と死亡率の関係は、いずれも大規模な統計モデルを用いてさまざまな説明変数を調整した上での結果である。

当時のアメリカの医学界も死亡率の改善傾向を高く評価した。米国医師会会長だったウィリアム・ウェルチは、公衆衛生への政府投資は単に国民の命を救い、生活の質を向上させるだけではなく、経済にもプラスに働く健全な投資であると主張した。「健康への投資を安易に怠ると、国民の健康が全般的に悪化するだけではなく、いずれは高いつけとなって返ってきます。公衆衛生サービスへの投資の見返りは経済的・社会的福祉水準の向上ですが、それが必ずや投資額を上回るものになることは、すでに明らかだと言っていいでしょう[41]」

ウェルチの主張は正しかった。ニューディール政策の費用は大恐慌期でも捻出できる規模のもので、今日の感覚からしても、費用対効果が優れていたと言える。ニューディールにおける社会保護政策の費用対効果は、費用に対して何人の命が救われたかという観点で計算すると、一般的な医薬品とほぼ同じレベルに達していた[42]。

ニューディール政策全体で言えば、その額がGDPの二〇パーセントを超えることはなかった。しかしそれは死亡率の低下だけではなく、景気回復の加速にも役立ったのである。アメリカ人の平均所得はニューディール政策の開始後すぐに九パーセント上昇し、それが消費を押し上げ、雇用創出の下支えにもなった。この政策に反対だった人々は財政赤字と債務増加の悪循環を警戒したが、結果的にはこの政策が景気回復を助け、債務も減る方向へと動いた[43]。

要するに、ニューディール政策は経済と公衆衛生の両面で長期的・持続的な効果をもたらした。これは今だからはっきり言えることである。当時の人々は今回わたしたちが分析に用いたデータを手にしていなかったのだから。[44]

では、今回の大不況下での政策と公衆衛生の関係はどうなっているのだろうか。もちろん大恐慌とは異なる面もあり、たとえば禁酒法はもう存在しない。それでも、調べてみたところ、イギリスでもアメリカでも節約のために飲酒を控える人が増えていることがわかった。ただその一方で、その逆に走り、失業をきっかけに大酒を飲むようになった人もいる。イギリスではアメリカほど失業率が高くないこともあって、飲酒量は減る傾向にあるが、失業者にかぎって言えば飲酒量が急増している。アメリカも基本的には同じことで、ほとんどのアメリカ人は大不況に入ってから飲酒量を減らしているが、その一方で酒に溺れ、繰り返し救急外来に運ばれる人が七七万人ほどいる。そしてこの少数グループの場合、急性アルコール中毒とアルコール性肝臓障害による死亡率が急上昇している。[45]

今、英米両国の政治指導者たちは大恐慌時のフーバーかルーズベルトと同じような選択を迫られ、それぞれに模索を続けている。今回もまた、大規模な自然実験が進行中だと言っていい。イギリスではキャメロン首相の緊縮政策の下で、冒頭に紹介したマカードル家のような事例が増えつつある。イギリス経済の回復にはまだ時間がかかりそうで、債務も増えつづけている。一方アメリカでは、予算を削れと主張する共和党の財政赤字強硬派に攻められながらも、オバマ大統領がセーフティネットの維持と強化に腐心している。オバマ政権の景気刺激策はニューディール政策ほど大胆なものではないが、それでもじわじわとアメリカ経済を回復に導きつつあるようだ。

大恐慌とニューディール政策がわたしたちに教えてくれたのは、たとえ未曽有の経済危機に陥ろうとも、政府が舵取りを間違えなければ、国民の命と健康を守ることができるということだった。わたしたちが今迫られている政治的選択は、大恐慌の教えを生かすのか、それとも大きなリスクを冒して別の道を進むのかという根本的な選択なのである。

第2章　ソ連崩壊後の死亡率急上昇

男たちはどこへ消えたか

ロシアでは一九九〇年代に数百万人もの成人男性の人口が減った。ロシアだけではない。旧ソ連・東欧諸国全体では九七〇万人も減少した。

一九八九年のロシア・ソビエト連邦社会主義共和国（ソ連構成国の一つとしてのロシア）の人口は一億四七〇〇万人を超えていて、一九九〇年と一九九一年にもイギリスとほぼ同じ率（年〇・三パーセント）で増えていたはずである。ところが、ソ連崩壊後の一九九二年からロシアの人口は急に減りはじめた。世界の人口統計を追跡していた国連は、この変化に気づいてすぐ現地の調査チームに問い合わせた。(1)

調査チームは人口減少の謎を追ってロシア全土でさっそく調査を始めた。すると、「モノゴーラド」と呼ばれる企業城下町の様子が激変していた。モノゴーラドとはソ連時代に軍事・経済の基盤として造られた都市である。各都市がそれぞれ一つの企業ないし産業に特化していたことから「モノゴーラド」（単一《モノ》の企業・生産に依存する都市《ゴーラド》）と呼ばれ、そこでは何もかもが計画によって動いていた。当時の共産党政権はこうした分業体制によって国の生産性を高めようと考えた。たとえば、ピトキャランタは木材加工・製紙業専門であり、ノリリスクは巨大なニッケル工場の町である。第二次世界大戦後には、モノゴーラドに住宅のみならず学校、病院など、工場労働者とその家族に必要なあらゆる公共設備が整えられ、近くには週末用の行楽地まで用意された。また、シベリアには炭鉱の町がいくつも造られた。マガダン州の内陸にあるカディクチャンもその一つで、第二次世界大戦中にスターリンが強制労働収容所の囚人たちに建設させた町である。その目的はただ一つ、軍用石炭を確保することにあった。

　調査チームはこのカディクチャンとその周辺地域を視察して驚いた。そこにあったのはチェルノブイリの被災地かと思うほどのゴーストタウンだった。建物の窓は割れ、商店のガラス戸は板で覆われている。かつて役場の前に据えられたレーニンの頭像は腐食して穴が開き、鳥の巣になっている。大きな建物の壁は崩れ落ち、土と一緒に凍りついている。内部では機械類が錆に覆われていて、床も朽ちてつる植物が蔓延《はびこ》っていた。

　全盛期には、モノゴーラドには一万人から一〇万人が住んでいた（産業の種類によって町の規模と人口も決まる）。カディクチャンにもピーク時には一万一〇〇〇人の住民がいた。だが一九八九年のソ連としての最後の国勢調査のときには六〇〇〇人弱になり、二〇〇〇年にロシアの人口統計学者が訪れたときには一〇〇〇人を切り、二〇一一年には二〇〇人を切った。今では住民の多くが女性か子供で、ひびの入ったガラス窓越しに通行人を眺めているのはだいたい〝おばあさん《バブーシュカ》〟である。

では、男たちはどこへ消えてしまったのか？(2)

その答えは、ソ連崩壊と市場経済への移行という激動期の歴史のなかに隠されていた。消えた男たちは市場経済への急激な移行の犠牲者だった。しかもこの問題はあとを引き、人口危機となって今もロシアを苦しめている。しかしながら、このような結果は決して必然ではなく、回避できるはずのものだった。共産主義体制崩壊後に死亡危機《モータリティー・クライシス》が発生したのは、資本主義への移行そのものではなく、その移行の具体的な方法に原因があったと考えられる。方法の選択を誤ったことが、悲惨な結果を招いたと言っていい。

旧ソ連の経済はどのように崩壊したか

ロシアの経済システムは一九九〇年代初頭に崩壊し、GDPが三分の一以上縮小した。これは先進国では大恐慌時代のアメリカ以来という大幅な縮小である。購買力平価で言えば、一九九〇年代半ばのロシアは一八九七年のアメリカと同程度の低さだった。ソ連時代に〔公式には〕ゼロだった失業率は、一九九八年までに二二パーセントに跳ね上がり〔ロシアの失業率についてはさまざまな数字がある〕、当然のことながら貧困率も上がった。一九九五年の政府統計では貧困率は二五パーセントだが、実際にははるかに高く、四〇パーセント以上だったのではないかとする調査結果もある。また世界銀行によれば、市場経済への移行開始から一〇年経った時点でも、人口の二五パーセント程度が一日二ドル以下での生活を強いられていたと推測される。旧ソ連圏で暮らす人々からも、当時は基本的な食料品を買う金さえなかったとの報告が寄せられている(3)。

ソ連崩壊の過程では、ある町の工場が閉鎖に追い込まれると、それが引き金となって他の町の工場も次々と潰れていくというドミノ倒しのような現象が起きた。モノゴーラドの企業はそれぞれが他では製造していないものを作り、それに特化していた。つまりモノゴーラド同士の間で部品や原料を供給し合わなければ、どこの工場も成り立たない。この状況である工場が潰れると、その工場が作っていたものが市場から消えるため、それに依存していたほかの工場も潰れることになる。このドミノ倒しによって、モノゴーラドによる効率的生産という構図は一夜にして崩れ去り、あとには住民だけが残された。モノゴーラドは大都市から遠く離れた辺鄙な場所にあるため、住民たちは孤立した。彼らは生き延びるためにジャガイモの皮を食べ、森に分け入って食べ物を探した。しかも仕事はない。することが何もない。かといって町を出てどこかへ行くあてもない。この先状況がよくなるという希望すらなかった(4)。

ちょうどこの時期、つまり急激な移行の時期に、ロシアでは男性の死亡率が急上昇していた。国が足早に市場経済へと向かうなか、都市や町では男性の姿が少しずつ消えていった。それも老人や病人ではなく、本来なら経済の推進力になるはずの若い男たちが消えた。一九八五年に一億四九〇〇万人だったソ連の労働人口は、米国国勢調査局の予測では一九九八年に一億六四〇〇万人になるはずだった。ところが途中からこの予測が外れ、一九九〇年を境に労働人口は減少に転じ、一九九八年には一億四四〇〇万人まで下がっていた(5)。

国連の調査チームは一九九九年の世界人口白書が出たあとすぐ、この問題を取り上げたレポートを

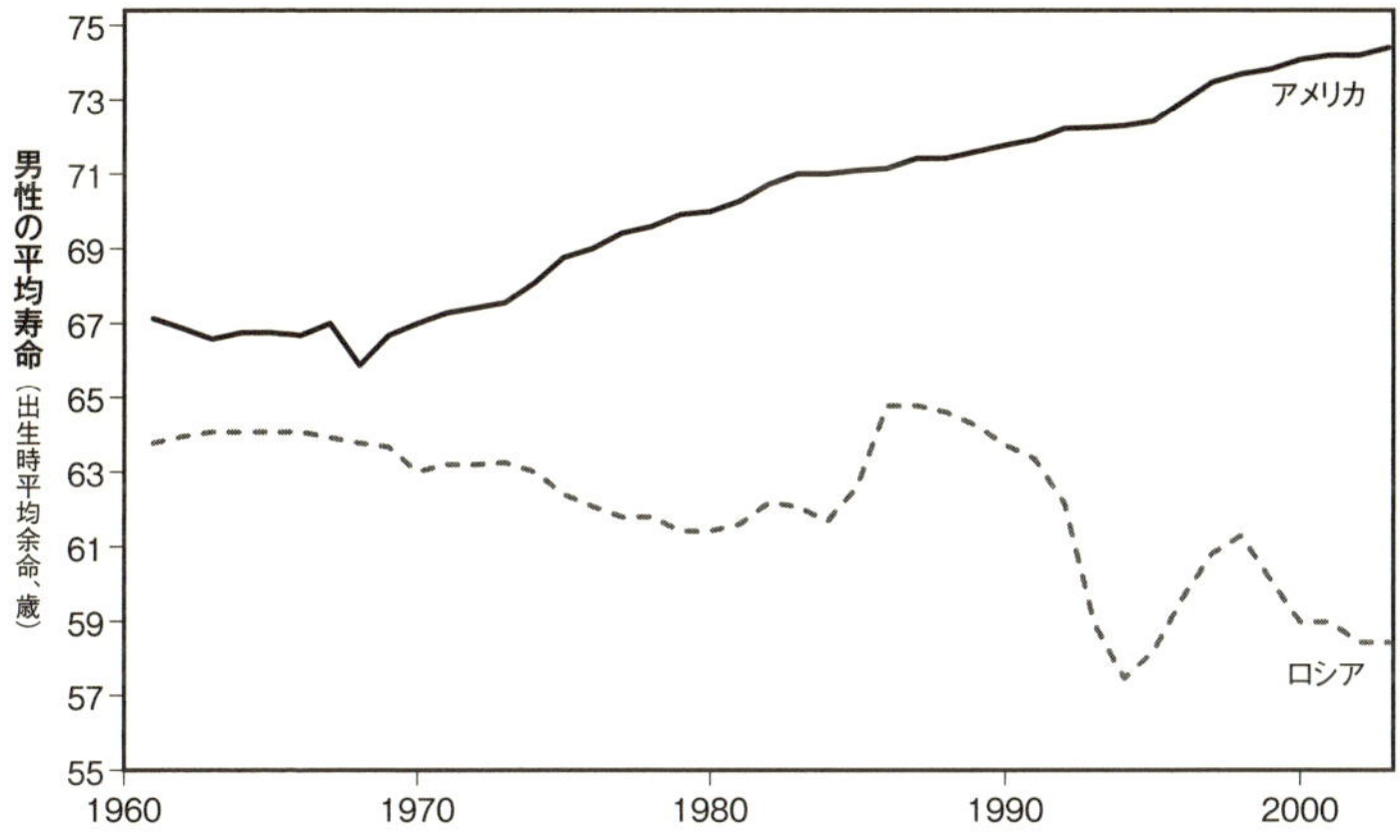

図2-1　共産主義体制崩壊後の死亡危機[8]

公表した。そのなかで、「旧ソ連圏で大規模な人命の危機が発生しており、これはソ連崩壊後の移行期の混乱が多くの人々にとって文字どおり致命的なものだったことを示している」と警告を発した。図２－１にあるように、ロシア人男性の平均寿命は一九九一年から一九九四年までのたった三年で六四歳から五八歳へと縮んでいた[6]。

「ソ連崩壊後の死亡危機」として知られることになったこの寿命の短縮は、戦争も大規模な飢饉も起きていない国としては過去半世紀で最悪のものである[7]。

しかしながら、死亡率の急上昇と、モノゴーラドのゴーストタウン化に象徴される経済崩壊はすぐには結びつかない。すでに大恐慌の例から、市場が崩壊したからといって、必ずしも死亡率が上がるわけでないことをわたしたちは知っている。では、一九九〇年代のロシアでこれほど多くの男性が死亡したのは、いったいなぜなのだろうか？

ロシアの統計データを精査すると……

わたしたちはさっそく資料を集めて調べることにした。だがまず頭に浮かんだのは、そもそも死亡率の上昇というデータを信じていいのかということだった。ソ連といえば情報の隠蔽で有名である。KGBなら人をこっそり消すこともできただろう。だとすれば、ずっと前に殺されていながら、統計上は生きていることになっていた男性が大勢いたのかもしれない。ところが体制が変わって外国や民間の人口統計学者たちがデータにアクセスできるようになったため、ようやく人口が正しい数字に戻されたのかもしれない。あるいは、兵力増強はいくらでも可能だと誇示するために、ソ連が男性の人口を水増しして報告していた可能性もなくはない（現に、共産党が一九七六年に設けた「データ非公開委員会」のメンバーはこんな発言をしていた。「男子出生数は出すべきじゃない。この種の情報は敵に利用される恐れがある。国家機密として扱うべきだ[9]」）。

結局、死亡率の上昇が本当かどうかを確かめるには、ソ連崩壊以前からの死亡診断書を丹念に見ていくしかない。そこで、わたしたちはまずロシア政府の人口統計機関、ロシア連邦政府国家統計委員会（ゴスコムスタート）の保管データを入手した。そこには全死亡者の九〇パーセント以上について医師が死亡と死因を確認した内容が集められていて、この収集率は欧米諸国と比較しても高いほうに入る[10]。

ロシアの死亡危機の特徴は、死亡率の上昇が比較的若い世代に集中して見られることである。これが何らかの病気の発生によるものならば、まず幼児と高齢者が影響を受けるのが一般的だが、ロシアの場合、死亡率の上昇は生産年齢（一五歳から六四歳）に集中し、さらにその部分集団を見ると「二五歳から三九歳までの男性」の上昇率が九〇パーセントと突出している。

これはどういうことだろうか？　ただの死亡率上昇なら、インフルエンザなどの蔓延、飢饉の長期化、あるいは工場からの未知の汚染物質流出などが考えられる。だが、死亡診断書を精査してまとめた統計資料はこれらのいずれの説とも一致しなかった。なぜなら、統計資料から明らかになったのは、多くの若い男性がアルコール中毒や外因（自殺、他殺、事故など）で死亡したという事実だったからである。ある意味では、これらの死因の増加は簡単に説明がつきそうに思える。工場が閉鎖され、突然職を失った男たちは心理的苦痛を味わい、不安に苛まれる。だとすればアルコールに頼ったり、自分自身や他人に危害を加えたりするようになるだろう。そう考えてもいいのだろうか？

また、若い男性の間で増加が見られた死因には心臓発作もあった。これにはわたしたちも一瞬驚いた。動脈硬化の危険性が高くなる五十代や六十代の男性なら心臓発作もうなずけるが、三十代や四十代の男性が心臓血管障害で病院に運び込まれることはめったにない。しかも解剖が行われた事例を見ると、報告書には動脈はきれいで、血栓などはなかったと書かれている。ではなぜ若い男性の心臓発作が増えたのだろうか？

飲酒がらみで死亡するロシア人男性の数

これらの死因の増加について正しく理解するには、より広く、さまざまな角度から健康を調べ、もっと根本的な原因を探らなければならない。直接の死因だけではなく、その背後にある喫煙、飲酒、不健康な食事といった危険因子を分析し、〝原因の原因〟を突き止めたい。たとえば、自殺や他殺が増えたというなら、何が原因で人々が自分や他人を傷つけるようになったのか、そこを明らかにしなければならない。

問題の死亡率の上昇がソ連崩壊前後の混乱の時期と重なっていることから、危険因子のなかでも「飲酒」が深くかかわっているだろうというのは想像がついた。ロシアの男たちは経済崩壊からくるストレスをウォッカや自家醸造酒で紛らそうとしたに違いない。ロシアには古くから飲酒の習慣があり、特に一八世紀の皇帝《ツァーリ》たちが民衆をおとなしくさせておくために飲酒を奨励してから、その度合いがいっそう高まったようだ。なにしろ少々の飲酒ではない。ロシアには「ザポイ」という言葉があるが、これは何日もひたすら飲みつづけることを言う〔食っちゃ寝ではなく、飲んじゃ寝〕。アメリカの基準から言えば、今日のロシアの男性労働者の四分の三以上が「危険な飲酒」――一日に五杯以上を続けざまに飲む――を習慣にしていると考えられる(11)。

社会的ストレスと飲酒が切っても切れない関係にあり、その飲酒がうつ病、自殺、他殺の引き金になりかねないことはすでに周知の事実である。また、多くの若い男性が血栓もないのに心臓発作を起こしたという件も、飲酒に起因する可能性がある。心臓専門医たちが明らかにしているように、適量の飲酒は心臓発作のリスクを減らすが、過度の飲酒は心臓病を引き起こしかねない[12]。

為政者たちも以前から飲酒問題に頭を悩ませていて、なんとか歯止めをかけようと努力してきた。たとえば、一九八五年には書記長に就任したばかりのミハイル・ゴルバチョフがアルコール依存症撲滅キャンペーンを打った。その効果はすぐに結果となって表れ、出生時平均余命が三年伸びた。また結核や心臓病による死亡も減少した。アルコール依存症患者は結核に感染しやすい住環境で暮らすことが多く、また前述のように心臓病にもなりやすい。つまりアルコール依存症患者が減れば、結核や心臓病の患者も減る。しかしながら、このキャンペーンは極めて不評で、一九八七年以降に打ち切られてしまった。これには酒類の販売で歳入を増やすという狙いもあったようだ。その後飲酒量は増加の一途をたどり、市場経済へと移行した一九九二年には飲酒による死亡が一九八五年以前と同じレベルに戻っていた[13]。

しかも、一九九〇年代初頭のロシアの場合は飲酒の量だけではなく、質にも問題があった。代用アルコールの問題である。それ以前から代用アルコールはロシア、ウクライナ、バルト海沿岸諸国で問題になっていた。これらの地域の男性、とりわけ失業者たちはいかに安く飲むかに知恵を絞り、とうとう非飲料用アルコールを用いた酒を飲むようになった。アフターシェーブローションやマウスウォッシュなどの非飲料用アルコールを使って密造された酒である〔そうした製品を直接飲む人もいる〕。非飲料用アルコールは安い上に、酒税もかからない。こうしたアルコールで造られた密造酒は〝オーデコロン〟と呼ばれ、表向きは香水として売られていたが、中身が何かは誰もが知っていた。それらは香りではなく（なにしろ香水ではないので）香味料の違いによって種類が分けられていて、飲みやすいように押し上げ式のキャップがつけられているものまであった。だが〝オーデコロン〟は危険な飲み物で、こうした非飲料用アルコールばかりを飲む人はそうでない人に比べて、アルコール精神病、肝硬変、心臓病などによる死亡リスクが最悪の場合二〇倍も高まるという研究結果も出ている。[14]

当時の飲酒例として、ニューヨークタイムズ紙に載ったウラジーミルの例を紹介しておこう。ウラジーミルはピトキャランタの製紙工場で働いていたが、工場が倒産して職を失って〝オーデコロン〟を飲みはじめた。酒量はどんどん増え、やがて、何日もだらだらと飲みつづけた挙句に荒れ果てた工場の床で酔いつぶれ、病院に運ばれてそこで意識を取り戻すということを繰り返すようになった。当時、もっと田舎ではサモゴンという自家製ウォッカが飲まれていて、それならまだよかったのだが、ウラジーミルが飲んでいたのは安い〝オーデコロン〟だった。一九九〇年代初頭にはウラジーミルのような男たちの飲酒量は増えるばかりで、収入を断たれたから酒を控えるという方向には行かなかった。記者になぜ飲みつづけるのかと聞かれて、ウラジーミルはこう答えている。「そんなもん説明できるか。まあ、ほかにすることもないもんでね[15]」

ウラジーミルには将来に対する夢も希望もなく、仕事もなく、ほかにすることもなく、行くところもなかった。そんな状態から逃げ出す最も安上がりな方法が〝オーデコロン〟だった。一九九〇年代初頭のロシアにはこのウラジーミルと同じような男性が何百万人もいて、若い男性のおよそ一二人に一人がこの種の有害な酒を飲んでいた。その割合が特に高いのが失業者で、就業者ではおよそ五パーセントだったが、失業者では二五パーセント近くに上った。もちろんデータだけでは失業して飲むようになったのか、飲んでいたから失業したのかはわからないが。いずれにしても結果は悲惨である。大酒を食らい、しかもその酒が〝オーデコロン〟だということになれば、これはもう決定的である。工業都市イジェフスクの例では、生産年齢の男性死亡者のほぼ半数は危険な飲酒（過度の飲酒や非飲料用アルコール摂取による被害を含む）が原因だった。またロシア全体で見ても、一九九〇年代の生産年齢の男性死亡者の、少なくとも五分の二は飲酒による死亡と考えられ、旧東側諸国で言えば四〇〇万人程度に上ると推計される。[16]

ブルーカラーや失業者は死亡率が著しく高い

ここで、飲酒の影響をより広い視点から見るために、わたしたちがロシア長期モニタリング調査（RLMS）の一九九四年から二〇〇六年のデータを基に行った分析も紹介しておこう。RLMSはロシアの経済改革が家計や個人に与える影響を調べるために行われている大規模な標本調査で、わたしたちはそのデータを基に、「生存分析」と呼ばれる手法を用い、人々の生死にかかわった可能性のある因子について、特に社会的地位や職業分類という観点から調べた。対象としたのは六五八六人の男性（ロシア人男性の代表標本）で、そのうち五九三人がこの期間に死亡している。分析の結果、就業者のなかでとりわけ死亡率が高かったのはブルーカラー職で、一方ウォッカや非飲料用アルコールを飲む量が多いのもブルーカラー職だったことがわかった。また、わたしたちが対象とした期間には、労働者と管理職の死亡率の差が大きく広がっていた。二一歳の平均余命で比べると、ブルーカラー職と経営者・専門職の間には一〇歳もの開きがあった。さらに、このデータには社会的ストレスの尺度として、自分の社会的地位をどう認識しているかという質問への答えも含まれているのだが、それを基に分析すると、経済的地位が低く、社会で何の力ももたず、尊敬されてもいないと感じている人は、その逆に裕福で、社会で力をもち、尊敬されていると感じている人に比べ、死亡リスクが三倍近く高かった[17]。

なお、このRLMSのデータからもやはり、死亡リスクが最も高いのはウラジーミルのように職を失った人々だということが確認できた。失業者は就業者に比べると死亡リスクが六倍も高い。そこにはソ連型社会における仕事の意味合いも関係していると思われる。ソ連時代の感覚から言えば、仕事を失うということはコミュニティからも社会支援制度からも外れることを意味する。つまりソ連時代を経験した人々にとって、仕事とは給料や生きがい以上のものだった。職場環境は西側企業とはまったく異なり、没個性的で流れ作業が中心だが、いい面もあった。職場には病院や保育所が併設されていたし、社会保護制度も充実していた。両親は子供を預け、安心して働くことができたし、仕事も比較的楽なものが多かった。工場労働者の間では「こっちは働くふりをして、あっちは給料を払うふりをする」という冗談がよく聞かれたが、これもあながち冗談とは言いきれない。収入は多くはないが、職は安定していたし、給料以外にも多くの利点があった。社会保護は労働者とその家族にすべて無料で提供されていた。またソ連時代のモノゴーラドには強いコミュニティ意識があり、人々は好むと好まざるとにかかわらず、全員そのなかに置かれていた[18]。

死亡率上昇を避けることは不可能だったか

ここで重要なのは、このような死亡危機を回避する方法はあったのかという点である。これについては、方法はなかったとする声も多い。死亡率の急上昇は社会主義経済から市場経済への移行が招いた必然的な結果だという意見である。わたしたちがロシアの死亡率上昇についての研究内容を発表したときも、ニューヨークタイムズ紙のあるアナリストから、「それは単に、共産主義が終わったことによる思わぬ負の影響だったということではないんですか?」と訊かれた。言い換えれば、社会主義経済から市場経済へといった大転換ともなれば、大きな衝撃や健康上のリスクは避けられないのではないかということだ。これはまさに核心を突く問いである。そこでその答えを求めて、わたしたちは旧ソ連およびその同盟国についても同様のデータを集めた。もしそれが避けられないのであれば、これらの国々でも同様の影響が出ているはずである[19]。

ところが、集めたデータを調べたところ、どこでも死亡率が上がったわけではないとわかった。ロシアの健康状態が悪化した時期に、ポーランドでは逆に改善していた。ロシアとポーランドの死亡率はソ連崩壊前の一九九一年まで似たような動きを見せていたが、その後三年でロシアは三五パーセント上昇し、ポーランドは一〇パーセント低下した。また、カザフスタン、ラトビア、エストニアではロシアと同じような死亡率の上昇が見られたが、ベラルーシ、スロベニア、チェコではそうではなかった。

ではこれらの国々の間で何が違っていたのかというと、社会主義経済から市場経済への移行のための経済改革のやり方である。なかでも注目すべきは、改革のスピードの違いだった。結論から言ってしまえば、急いだ国では、急がなかった国より健康状態が悪化した。ロシアのように急激な民営化で市場経済への移行を急いだ国は、大規模な経済混乱と社会福祉の大幅縮小というダブルパンチを食らった。一方、ベラルーシのように漸進的な移行を選択した国は、改革を進めながらも社会保護制度を維持できたので、移行期にむしろ国民の健康改善が見られた。

ソ連が崩壊へと向かったとき、ソ連でも西側諸国でも、政治家や経済学者が共産主義の廃墟にどう市場経済を導入すべきかについてさかんに論じはじめた。もはやソ連式のやり方ではだめだということは、棚が空になった食料品店や、肉、ミルク、マッチなどの必需品さえ手に入らない実態を見れば明らかだった。つまり何らかの形で経済システムを変えなければならない。実際、一九八〇年代後半にゴルバチョフが行ったペレストロイカやグラスノスチによって、すでに漸進的な改革は始まっていた。だが、いよいよソ連が崩壊したときには、議論の焦点は「どうやって」ではなく、「いかに早く」に移っていた。

改革のスピードについては経済学者の間でも意見が割れていた。ある人々は「ショック療法」と呼ばれる急激な市場経済導入を主張した。たとえばアンドレイ・シュライファー、スタンレー・フィッシャー、ローレンス・サマーズ、ジェフリー・サックスなどで、ハーバード大学の経済学者が中心だった。ロシア側で言えば、ソ連時代からの経済学者で、その後ロシアの第一副首相などを務めたエゴール・ガイダルが中心である。

彼らは経済改革を急げば急ぐほど成果も確実になると主張した。停滞した社会をショック療法によって揺り起こすことができれば、機能不全に陥った工場は再編されて再び利益を生むようになり、国全体の生産性が上がり、人々の収入も増えると説明した。だが、そうした考え方が出てきたのは、ソ連の崩壊が「特別な政治状況」（のちのポーランド財務相バルツェロヴィッチの理論）の時期に当たるからでもあった。言うなれば、国民に犠牲を強いることがあっても仕方がない〝特別な〟時期で、その判断は政治家の手に委ねられる。急激な改革は、国民からそれ以前の社会保護制度による恩恵をいったん取り上げることになるので、必ず痛みを伴う。それでもなお、政治的判断によって移行を急がなければならない。なぜなら、急がなければ再び共産主義が復活してしまうかもしれない。彼らが恐れていたのはその点だった。つまり痛みを伴うショック療法は、共産主義の復活を阻止し、ロシアの市場経済化を確実なものにするためだった。[20]

ショック療法の提唱者のなかでも中心的存在だったジェフリー・サックスは、一九九〇年一月に『何をなすべきか』というタイトルの論文を発表した。九〇年ほど前のレーニンの小冊子と同じタイトルである。レーニンの『何をなすべきか』は経済主義を批判し、社会主義的意識の必要性を訴え、その後の革命運動の手引きとなった論文だが、サックスの現代版『何をなすべきか』のほうはショック療法、すなわち迅速な市場経済移行を説いたものである。[21]

市場経済への移行方法の選択はどう行われたか

ショック療法には二つの柱があった。第一の柱は価格の「自由化」で、価格を政府の統制から解放することである。ソ連時代には労働者の賃金から街で売られるパンの値段に至るまで、あらゆる価格が国によって統制されていた。まずはこの統制をやめなければ、市場は動き出さないという考え方である[22]。

第二の柱は大規模な「民営化」だった。政府の影響を排除して利益追求というモチベーションを引き出すには、国営企業の大規模な民営化が必要だという考え方である。民営化は痛みを伴うため論争の的になるが、それこそが成功への鍵であり、とにかく一刻も早くソ連型国家の統制を解除するべきだと主張する経済学者が少なくなかった。当時の雰囲気は、過激な自由化論者でショック療法の主唱者とされたミルトン・フリードマンの「民営化あるのみ」といった言葉に集約されている（フリードマンはのちにこれは「間違っていた」と発言）。しかし、旧ソ連圏の場合、民営化によって影響を受けるのは経済だけではない。「ゆりかごから墓場まで」といわれる社会保護制度も国有企業と密接に結びついていたため、民営化を断行すれば、労働者が仕事だけではなく、社会保護制度からも切り離される恐れがあった[23]。

短期間に一国の経済を丸ごと民営化するというのはまさに前代未聞の試みだった。民営化政策で知られるイギリスのサッチャー首相は、一一年の在任期間中に二〇ほどの国有企業を民営化したが、旧ソ連圏の場合は桁が違う。ショック療法の提唱者たちがわずか五〇〇日で（五〇〇日計画）民営化しようとした企業はロシアだけでも二〇万を超える。しかも彼らはスピードが鍵だと説いた。そこにはやはり、共産主義の復活を阻止しなければならないという強い心理が働いたと考えるべきだろう。ローレンス・サマーズもこう述べている。「経済学者の意見が一致することはないとよく言われるが、旧ソ連・東欧諸国に対する助言では驚くほどの一致が見られた」[24]

とはいえ、もちろん誰もがショック療法に賛成したわけではなく、「漸進的改革」を唱えた人々もいた。なかでもノーベル経済学賞受賞者のジョセフ・スティグリッツとその支持者たちは、資本主義は一夜で構築できるものではないとし、漸進的民営化を目指すべきだと強く説いた。西欧諸国の資本主義の発展には何世紀もかかったのだから、東欧諸国も時間をかけて緩やかに市場経済へ、私有財産制へと移行することが望ましい。時間をかければ法令や規制機関の整備も進み、政府が無理やり市場を作るというよりも、自然に市場が育つ。具体的には、計画経済を一気に解体するのではなく、従来の計画経済と市場経済を併存させる「デュアルトラックシステム」（中国で実施されたので、中国語で「双軌制」とも呼ばれる）を導入するべきで、そうすれば民間部門が自力で育ち、やがては時代遅れの国営企業部門より大きくなり、徐々に計画経済から脱却できると主張した[25]。

しかしながら、ショック療法か漸進的改革かという論争は、厖大な財政赤字を抱えるロシアがＩＭＦを含む国際融資団から二二六億ドルの緊急融資を受けることになった時点で、ショック療法側の勝利で終わった。融資によってロシアの経済改革のアドバイザーとなったＩＭＦ（およびその後ろにいるアメリカ経済界）が、サックスらが提案したショック療法を勧めたからである。ＩＭＦのみならず、ロシアの市場経済移行に際しては世界銀行、欧州復興開発銀行（ＥＢＲＤ）、米国国際開発庁（ＵＳＡＩＤ）なども支援を行ったが、これらの機関もＩＭＦと足並みをそろえた[26]。

一方ソ連側はというと、ゴルバチョフ大統領はより穏やかな改革を進めていたが、ボリス・エリツィンは急進的改革を望み、アメリカの案に賛成していた。一九九一年八月にゴルバチョフの側近によるクーデターが発生し、これを機にゴルバチョフおよびソ連共産党は求心力を失い、一二月二五日にとうとうソビエト連邦は崩壊した。逆にエリツィンは八月のクーデターを阻止したことで実権を握り、その後ロシアは緩やかなゴルバチョフ路線を離れてエリツィン主導のショック療法路線へと向かっていった。またロシアだけではなく、旧東側諸国のほとんどがショック療法支持者の意見に耳を傾け、カザフスタンやキルギスタンなど多くの旧ソ連諸国で一九九四年までに急激な改革が始まった。だが、ベラルーシのように、指導者が漸進的改革路線を選択した国もあった。こうして、類似の状況に置かれた国々が二つの異なる改革路線に分かれることとなり、期せずして大規模な「自然実験」が始まった。

市場経済移行の速度差による自然実験

ショック療法を実施した国々は苦境に陥った。図２‐２にあるように、一九九〇年から一九九六年にかけて、ロシアと旧ソ連諸国の大部分で一人当たりＧＤＰが三〇パーセント以上も下がった。大恐慌時のアメリカ並みの下げ幅である。また前述のように、購買力平価で言えば一九九〇年代半ばのロ

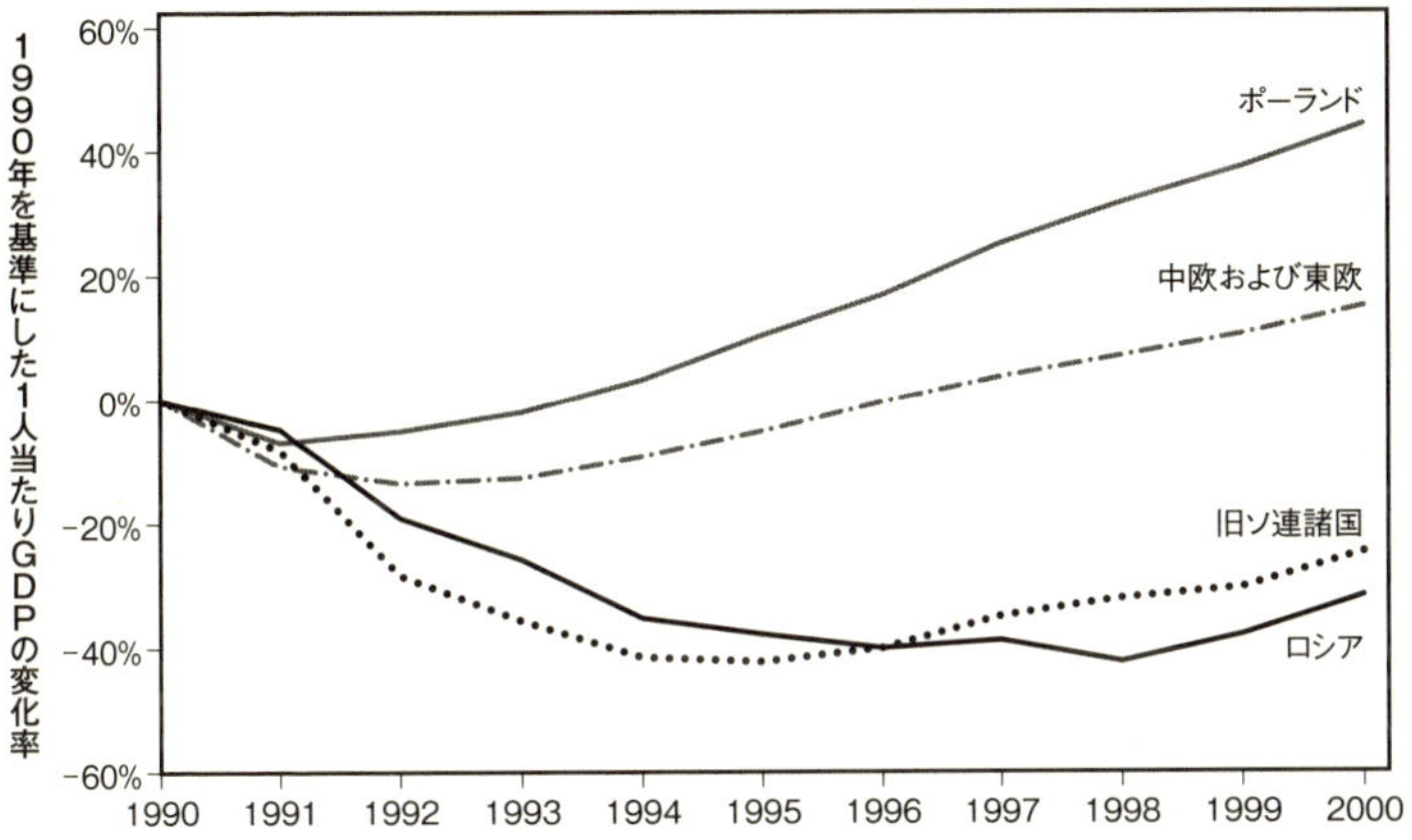

図2-2 旧東側諸国のGDPの変化[27]

シアは一八九七年のアメリカと同程度になってしまった。[28]

ショック療法の第二の柱である民営化は、本来は共産党の経済への影響力を殺《そ》ぐためのものだったはずである。ところがロシアの場合、実際に蓋を開けてみると、富は国からノーメンクラトゥーラ（ソ連時代のエリート層）に移っただけで、さらにその一部が新興財閥《オリガルヒ》となって富を集めたため、国民の間の経済格差が一気に拡大した。貧困率も急上昇し、一九八八年には二パーセントだったのが一九九五年には四〇パーセントを超えた。いつものことながら、結局苦しむことになるのは一般市民である。巷では「共産主義で最悪なのは、なんと崩壊後だった」という冗談が聞かれるようになった。一九九二年には、副大統領のアレクサンドル・ルツコイがエリツィンの政策を「経済的大虐殺」と呼んで糾弾した。[29]

一方、漸進的改革路線を選んだ隣国のベラルーシでは、移行期に入っても貧困率が二パーセント以下のままだった。失業率は移行期に四パーセントまで上がったが、それ以降は悪化せず、今では一パーセントを切っている。また、一九八九年から二〇〇二年までの旧東側諸国のデータを用いて民営化と失業率上昇の関係を解析した結果からも、ショック療法を選択した国々では関係性が非常に高かったが、漸進的改革を選択した国々では小さかったことがわかっている。

ポーランドの例を見れば明らかなように、民営化そのものが悪いわけではない。問題は民営化のスピードであり、これが一気に行われた国々では多くの企業が〝戦略的オーナー〟不在のまま民営化され、いい結果を生まなかった。ポーランドは一九九〇年代初頭から積極的に自由化を進めようとし、当初はショック療法の見本とも言われたが、実際には労働組合や抗議団体の強い抵抗にあってスピードが落ちた。チェコも同様で、当初は大規模民営化が打ち出され、実際着手されたが、一九九〇年代半ばに組織的な反対運動が起きて進まなくなり、計画の一部は白紙に戻された。こうしてポーランドでもチェコでも民営化はゆっくりとしか進まず、結果的にはそれがかえって経済にいい影響をもたらした。民営化に時間をかけることで、外国からの投資を呼び込むことができたからである。

ロシアでは、国有企業を引き継いだノーメンクラトゥーラの多くが資産の剝奪しか考えていなかったが、ポーランドやチェコでは違っていた。これらの国に投資した外国企業はより長期的かつ戦略的なプランを描いていた。ポーランドはフォルクスワーゲンの誘致に成功し、外資導入額は一九九〇年から二〇〇五年までに八九〇億ドルに上った。同様にチェコもフォルクスワーゲンとの提携にこぎつけ、そのおかげでムラダー・ボレスラフにあるシュコダ社（国有企業時代はAZNP社）は息を吹き返した。シュコダ社に関しては政府が外資導入による民営化を決め、フランスのルノーとドイツのフォルクスワーゲンが争う形となったが、結局フォルクスワーゲンに軍配が上がった。当時シュコダ社といえば自動車業界の笑い者だったが、フォルクスワーゲンから資金のみならず技術やデザインがもたらされたことで成果を上げ、チェコの経済成長を支える企業に成長した。現在では年間販売台数が八七万五〇〇〇台に達している(30)。

総じて、旧東側諸国のどの国でも市場経済への移行は痛みを伴った。だが、移行が緩やかに行われた中欧や東欧ではそれほど悲惨な状況にならず、苦しみもあまり長くは続かなかった。移行開始直後に経済が停滞したのは旧ソ連諸国と同じだが、その後は外資の導入にも成功し、本格的な不況に陥ることもなかった。

何度も繰り返すようだが、ショック療法には共産主義時代の国の統制構造を壊すという狙いがあった。というのも、欧米諸国はこれを〝腐敗〟と考えていたからである。ところが意外なことに、急激な民営化によって腐敗は悪化してしまった。そもそもロシアの民営化のなかには、内部関係者が裏取引で国有企業を引き継ぎ、事業に投資することもなくただ資産を剝奪し、スイスの銀行口座の残高を増やしただけというお粗末な事例が多かったのである。わたしたちは実際に企業がどうなったのか知りたくて、旧東側二四カ国の三五五〇の企業経営者を対象にした調査データを詳しく調べた。すると、外資が入った民営化に成功例が多いことがわかった。チェコのフォルクスワーゲンとの提携のように、企業がうまく再編され、競争力がついて、結果的にその国の投資と雇用の促進に一役買うというケースである。一方、自国のノーメンクラトゥーラが国有企業を引き継いだだけだったロシアでは、期待されていたような民営化の成果は上がらなかった。いや、それどころか経済は悪化し、民営化以前よりも贈収賄や資産剝奪が増えた。結局のところ、急ぎすぎた民営化は経済の停滞を長引かせたばかりか悪化させたのであり、ショック療法を選択した国々の一人当たりGDPは民営化断行によって平均一六パーセント落ち込んだと試算される〔民営化以外の価格自由化、民主化等による影響を除いた試算〕。今回の世界大不況の直撃を受けた国々と同程度の落ち込みである。[31]

死亡率、貧困率に違いは大きく表れた

このように、民営化を急いだ国とゆっくり進めた国では経済に差が出たが、当然のことながら国民の健康状態にも大きな差が出た。移行前の一九八九年と移行後の二〇〇二年のデータを比較すると、民営化を急いだ国では人々が二つの困難に直面したことがわかる。一つは失業であり、もう一つはセーフティネットの崩壊である。つまり国民は、仕事を失ってまさに助けが必要なときに、その助けも得られないという二重苦に直面した。[32]

世界銀行も旧東側諸国の市場経済移行についてはショック療法を支持したが、その一方で復興・開発支援機関としての経験から健康へのリスクを認識していた。一九九七年の論文にこうある。「（この研究の）大前提は、長期的には健康状態が改善されるとしても、その前にまず、市場経済と民主体制への移行によって短期的に健康状態が悪化するはずだというものだった[33]」

ジェフリー・サックスは移行が速やかなほど経済の好転も早いので、健康被害も最小限に抑えられると言っていた。だが、その後のロシアのデータには、人的被害と貧困の大幅拡大という厳しい現実

が表れた。急激な経済改革は労働者に大きなストレスと不安を与えるとともに、社会全体を勝者と敗者に分けてしまった。一九九五年にはサックス自身もこの事実を認めざるをえなかったが、それでもなお、やがて状況は改善するという見方を捨てなかった。「確かに改革によって不安が高まりましたが、実質的に生活水準が下がったわけではありません。乱暴な言い方をすれば、経済改革の初期段階というのは、どこかしら椅子取りゲームのような様相を呈するものです。市場原理が導入されることで、国民の多くが生計の立て方を新たに模索しなければならないのですから。その模索は、やがてほとんどの労働者にいい結果をもたらすはずですが、移行の過程で大きな混乱が起きないとは言えず、またごく一部ではあっても経済的敗者に終わる人々もいるでしょう[34]」

大規模民営化を実施した国々では失業率が急上昇し（提唱者たちの予測どおり）、その上財政支出も二〇パーセント以上削減された。保健医療予算も例外ではなかった。最も厳しい状況に陥ったのが前述のモノゴーラドで、住民は職を失い、もともと金銭的余裕のなかった人々は衣食住にも困るようになり、薬や治療は手の届かぬものとなった。しかもこれらの国々は深刻な不況に見舞われた（この点では提唱者たちの予測が外れた）。GDPは急落したままなかなか回復に向かわず、保健医療支出はさらに削減され、当然のことながら国民の医療へのアクセスは著しく妨げられた[35]。

それとは対照的だったのが、たとえばロシアの南西部に位置する隣国ベラルーシである。ベラルーシは長くソビエト連邦の一部だったが、一九九一年のソ連崩壊に伴い独立した。その後、ロシアとは対照的に、極めて緩やかなペースで民営化を進めた。ベラルーシの首都は第二次世界大戦後に典型的なソビエト式の街として再建されたため、「ソビエトのテーマパーク」と呼ばれていたが、今度は民

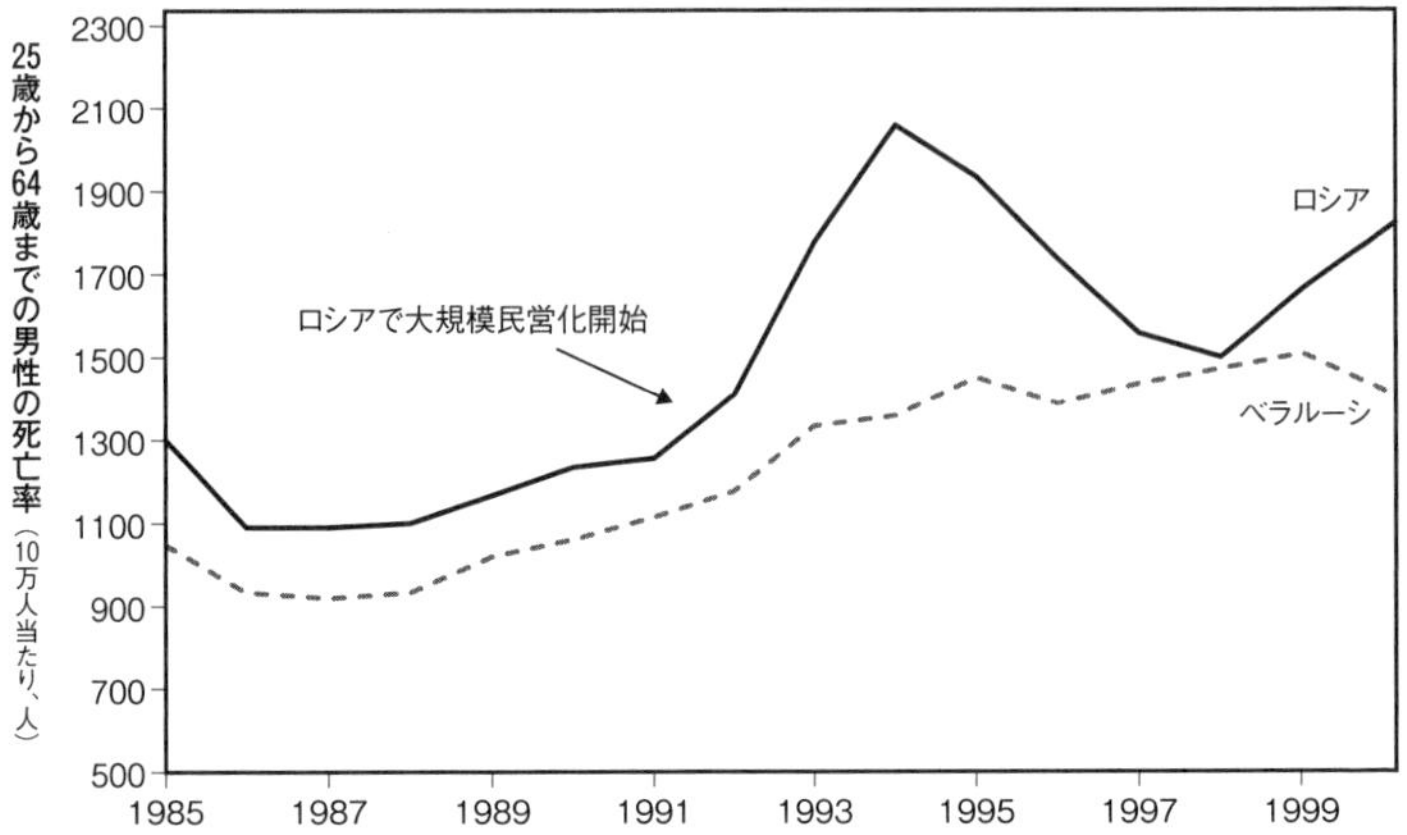

図2-3　ロシアとベラルーシの死亡率の推移(38)

営化の遅さをからかう意味で「ソビエトのテーマパーク」と呼ばれることになった（ショック療法の指導的唱道者の一人だったスウェーデンの経済学者、アンデーシュ・オスルンドがそう呼んだ）。ロシアとベラルーシでは国の大きさがあまりにも違うが、歴史や文化は共通しており、経済動向や死亡率の推移も一九六〇年代以来ほぼ同じだった。したがって、両国に表れた違いは主として民営化政策の違いによると考えることができるので、比較対象としてはまさに理想的である(36)。

図2－3にあるように、ロシアとベラルーシの死亡率は一九九一年までほぼ同じ動きを見せていたが、その後道が分かれた。一九九二年から一九九四年までに一一万社以上（前述の「二〇万社以上」は計画だが、こちらは実績）という大規模な民営化を行ったロシアでは、死亡率も貧困率も急上昇したが、民営化に時間をかけたベラルーシでは死亡率の変化が比較的小さく、また貧困率も二パーセントを超えることはなかった(37)。

このような違いは旧ソ連圏全体にわたって見られた。

ロシアにかぎらず、カザフスタン、ラトビア、リトアニアなど、ショック療法を選択した国々では五年間で平均寿命が一気に縮んだが、漸進的改革を選択したベラルーシやポーランドでは公衆衛生上はるかにいい結果が見られた[39]。

しかしながら、民営化のスピード以外にも、たとえば経済規模の違いなどが影響を及ぼしている可能性がないとはいえない。そこで、わたしたちは複数の統計モデルを用いてさまざまな要因・共変量を調整していった。たとえば各国の経済動向、過去の経済危機、過去の民族紛争や軍事衝突、現在の経済発展の程度、都市化の度合い、民営化以外のショック療法、外国からの直接投資の状況など、旧東側諸国と関連性のある数多くの社会経済的要因を調整してみた。だが、これらの共変量を調整したあとでもなお、速やかかつ大規模な民営化を実施したロシアやカザフスタンでは実施後に平均一八パーセント死亡率が上昇していたという試算結果になった。逆に緩やかな民営化を実施した国々ではそのような死亡率の上昇は見られなかった。またもう一つの検証方法として、わたしたちは経済の影響で短期的に変動するとは考えにくい疾病（たとえば肺癌のように、影響が現れるまでに数十年かかると思われる疾病）についても調べてみたが、そうした疾病による死亡率は変化していなかった。逆に、経済の影響で短期的に変動することがわかっている自殺、心臓疾患、アルコール関連の死因などを調べたところ、速やかかつ大規模な民営化を実施した国々では男性の自殺者が一〇万人当たり五人、心臓疾患による死者数が一〇万人当たり二二人、アルコール関連の死因による死者数が一〇万人当たり四一人増えていた。以上の結果から、大規模な民営化はソ連崩壊後数年間に見られた平均寿命の短縮と密接なかかわりがあると考えられる[40]。

図2-4 ロシア人の平均寿命：実データからわたしたちが作成したグラフ[44]

前述のように、ショック療法の提唱者たちは短期的な痛みを予測していた。だがその痛みの先には長期的な経済成長が待っていて、痛みを補って余りある恩恵がもたらされるとも説いていた。つまり彼らは、一時的な死亡率の上昇は明るい未来へ向かうために避けられない一ステップだと考えた。確かに豊かになれば健康にもなれる。一般論としては「富めるものほど健康」である。収入が多ければ健康管理もできるし、栄養価の高い食事も、清潔で快適で安全な住環境も手に入る。ではショック療法の経済的効果は一時的な死亡率の上昇を補って余りあるものになったのだろうか？ 彼らの理論どおりになったのか？ 短期的な痛みは長期的な利益につながったのだろうか？[41]

いや、残念ながら、データは大規模な民営化が景気回復につながらなかったことを示している。回復どころか、前述のように、民営化断行によって一人当たりＧＤＰは一六パーセント落ち込み、平均寿命も二・四年縮んだ。[42]

そして一九九〇年代末以降になると、当初ショック療法を説いていた人々のなかからも間違いを認める声が出てきた。ミルトン・フリードマンもその一人で、こう述べた。「ソ連の崩壊直後にロシア人はどうするべきかと何度も訊かれ、そのたびに『民営化あるのみ』と答えたが、あれは間違いだった。スティグリッツのほうが正しかった」[43]

もちろん誰もが間違いを認めたわけではない。大規模な民営化と死亡率の急上昇に相関関係があると指摘されると、ショック療法の提唱者たちはやっきになってこれを否定しようとした。たとえば、わたしたちがこの問題についてイギリスの権威ある医学雑誌、ランセット誌の二〇〇九年一月号に論文を発表すると（言うまでもないが、同分野の専門家による査読を受けた論文である）、その一週間後にジェフリー・サックスが反論してきて、ロシアの健康被害は不健康な食事が原因だと主張した。しかしながら、ロシアで牛肉などの飽和脂肪酸の摂取が増加したのは一九六〇年代からのことで、一九九〇年代に急に食生活が変わったわけではない。サックス以外の反論例としては、「過去の汚染問題に起因する疾病」が原因だろうとする説もあった。だが、それほど深刻な汚染問題があったのなら、死亡率の上昇が若い男性だけに集中するはずがない。さらに、飲酒による死亡が増えたのは、ゴルバチョフのアルコール依存症撲滅キャンペーンが打ち切られたためだと主張した人々もいる。しかしキャンペーンが打ち切られたのは一九八八年であり、また打ち切りが原因ならキャンペーン前のレベルに戻るだけのはずだが、実際にはそれをはるかに上回る規模の死者数増加が見られたのだから、この説も通らない[45]。

続いて巧妙な方法の反論も出てきた。わたしたちの論文掲載から二週間後のこと、ショック療法を

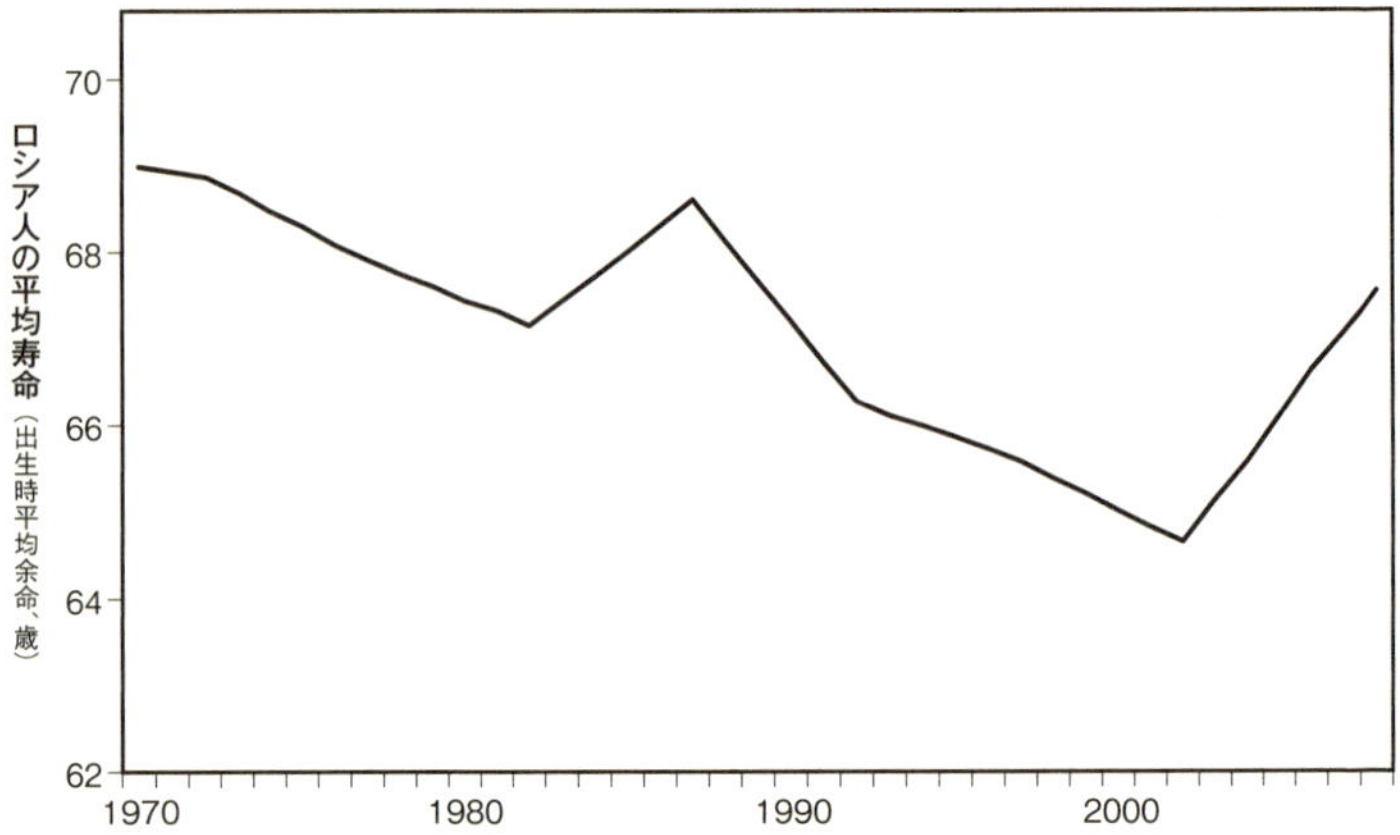

図2-5　ロシア人の平均寿命：英エコノミスト誌が加工したグラフ(48)

支持していた英エコノミスト誌が論説で「間違いはあったが、それはロシアの改革が速すぎたことではなく、遅すぎたことだ」とし、わたしたちの研究結果を否定した。しかもこの論説の執筆者たちはデータを巧みに扱って、ロシアの〝死亡危機〟を消してみせた。五年移動平均をとることで（五年というのも効果を考えて選んでいる）一九九〇年代の平均寿命の推移を平滑化し、極端な低下（つまり死亡率の急上昇）などなかったかのようにしてしまった。移動平均を意図的に使えばこうして簡単に嘘がつけるのだが、学生が期末論文でこんな手を使ったら学長に呼び出される。一九三〇年代のスターリンはペンを走らせるだけで何百万人も死に追いやったが、英エコノミスト誌はマウスをクリックするだけで何百万人もの死者をよみがえらせた(46)。

　だが何よりも問題なのは、こうした人々がデータを否定することばかりに夢中になって、もっとはるかに重要なこと、つまり経済的打撃から国民の命と健康を守るにはどうしたらいいかに目を向けていないことである。[47]

ロシアはまだ回復していない

ロシアの市場経済への移行が始まってから二〇年経ったが、ロシア人男性の健康状態はいまだに改革以前のレベルに戻っていない。平均寿命も男性はまだ一九九一年レベルに戻っていない。一九九〇年代前半に何百万人ものロシア人男性の命が失われたことが、この国をいまだに苦しめている。ロシアが誇る軍隊も、新兵補充が難しいため弱体化している。[49]

働き盛りの男性が多く死亡したことで、多くの家族が一家の稼ぎ手を失い、苦境に陥った。そのためロシアでは高齢者のみならず、比較的若い世代の女性たちも苦しんでいる。一人で家計を支えなければならなくなり、先の見えない暮らしに耐えている。

ロシアの場合、すでに痛みを伴う移行期は終わったが、その移行がもたらした健康悪化の影響は尾を引いている。たとえば以前の医療制度が崩壊し、再構築に時間がかかっているために、感染症を防ぐ力が弱くなっている。一時は過去の病気だと思われていた結核も、一九九二年から感染率が上がりはじめた。世界広しといえども、結核菌との戦いで不利な状況にあるのはサハラ砂漠以南のアフリカと旧ソ連圏だけである。ロシアが結核感染を抑えきれなかったことは実はかなり深刻な問題で、ロシアは今や新種の多剤耐性結核（つまり薬が効かない）の感染源として、世界全体にとっての脅威になっている。[50]

ロシアの死亡危機が悲劇的だというのは、それをもたらしたショック療法が当初の目的を達成できなかったからでもある。結果的にロシア人全体の生活水準や健康水準が向上したのであれば、まだしも慰めになるのだが、実際にはそうなっていない。何百万人という死者を出しながら、ロシアの民営化が何をもたらしたかといえば、ほんの一握りの新興財閥《オリガルヒ》が富と権力を掌握する格差社会でしかなかった。

他国の例を見ればわかるように、漸進的な移行はロシアでも可能だったはずである。たとえば一九八〇年代と一九九〇年代の中国では、共産党がショック療法を退け、経済への国の関与を少しずつ減らし、徐々に民営化を進めていった。そのおかげで中国は二桁の経済成長を続け、二〇〇七年以降の大不況の時期にも揺らぐことがなかった。国民の健康状態も改善され、統計数値はすでに西欧諸国に並ぶほどになっている。中国の一九八五年の平均寿命は六七歳だったが、現在は七三歳である。(51)

なお、市場経済への移行という面を切り離して、急進的な経済改革という面からとらえれば、ショック療法の犠牲国はロシアだけではないことになる。一九八〇年代と一九九〇年代の一連の経済危機の際、ＩＭＦと世界銀行はラテンアメリカやサハラ砂漠以南のアフリカ、そしてアジアの国々に急進的な政策を課した。次の章では一九九〇年代の東アジア通貨危機の際に、そうした政策がどのような結果をもたらしたかについて見ていこう。

第3章　アジア通貨危機を悪化させた政策

一六歳の少女を襲った悲劇

二〇〇一年のこと、タイ西部のカンチャナブリ県で奇妙な現象が起きた。この地域の農家の娘たちが次々と発疹や体重減少、血の混じった咳といった症状に苦しむようになり、その人数が数百人に上ったのである。なかには肺炎や結核などの肺感染症にかかる娘たちもいた。

当時、わたし（サンジェイ）はタイ政府の「移動クリニック」の手伝いをしていた。移動クリニックというのはタイ保健省が運営するプロジェクトで、簡易診療所に改造したピックアップトラックや貨物用バンによる巡回診療サービスである。このときは地元の医師一人と看護師二人が一つのチームを組んでいた。車の荷台に薬や医療用品を積み、ミャンマーとの国境地帯を回りながら、途中の家々に立ち寄って基本的な医療サービスを提供する。この地域は貧しい農民が多いので、無料診療である。

その数年前から、タイはソ連崩壊後のロシアに匹敵するような経済危機に苦しんでいた。一九九七年以降、タイとその周辺諸国では東アジア通貨・金融危機の影響で貧困率が上昇していたのである。

タイ政府は〝最後の貸し手〟であるＩＭＦの緊急融資に頼ったが、その条件として、医療や社会福祉を含む政府支出の大幅削減を要求された。しかしそのような政策を実施するには最悪のタイミングで、バーツ下落に伴う物価の上昇により多くの人々が困窮し、特にカンチャナブリ周辺の農村・山岳地帯では何十万人もの農民が苦しい生活を強いられていた。このタイミングで政府支出が大幅に削られるということは、国の支援が途絶えることを意味する。そして実際、農民たちはこのままでは飢え死にするしかないという状況に追い込まれた。(1)

そうした状況が数年続いたあとの二〇〇一年に、カンチャナブリ県で前述の現象が起きた。移動クリニックの医師が診察したなかに、カンヤという一六歳の農家の娘がいた。この娘も血の混じった咳を繰り返していたのだが、その話によれば、経済危機のあおりで村の暮らしが苦しくなったころ〝都会から来た男たち〟に声をかけられたという。バンコクに行けば、レストランのウェイトレスや縫製工場の女工など、いい仕事がたくさんあると言われた。カンヤは自分が都会で働けば家族に仕送りができるし、食べ物や薬が買えるようになると思い、その男たちについていった。ところが、連れていかれたのはチャオプラヤ川沿いのレストランや工場ではなく、赤線地帯だった。カンヤはそこでドイツ人旅行客を相手に繰り返し売春を強要され、数年後にようやく逃げ出して村へ戻ってきたのだという。

その話を聞いて、移動クリニックの医師はカンヤをはじめ、同じような症状に苦しんでいたカンチャナブリの娘たち全員にＨＩＶ検査を受けさせた。結果はいずれも陽性だった。しかも、何年も放置されていたので、すでに症状が進み、免疫システムが弱くなって結核などにかかりやすくなっていた。

カンヤも同様で、診察を受けたときにはもう手の施しようがなく、その後結核の合併症で死亡した。

こうした例があちらこちらで起きていた。タイでは一九九八年から感染症による死亡率が上がり、その後の五年間で肺炎、結核、ＨＩＶによる過剰死亡者数が五万人を超えた。政府支出の大幅削減が招いた結果である。

アジア通貨危機はどのように起きたか

カンヤの悲劇の元をたどれば一九八〇年代の金融ブームに行き着く。このころ、東アジアと東南アジア〔以下、東南アジアを含めて「東アジア」とする〕の「新興市場」が世界中の注目を集め、世界の対外直接投資のおよそ半分がこの地域に流れ込んだ。外国人投資家は大もうけし、現地も潤った。タイ、インドネシア、マレーシアなどは年率五パーセント、あるいはそれを超える著しい経済成長を遂げた。同時に不動産価格が急騰し、雇用が増加し、貧困率は下がった。大勢の子供たちが（女の子も含め）学校に行けるようになり、数学や理科の成績で欧米の子供たちを追い抜くほどになった。(2)

世界銀行は特に成長著しい香港、シンガポール、韓国、台湾を「アジアの虎」と呼び、ここで起きたことを「東アジアの奇跡」と高く評価して、他の地域もこれを「手本」にするべきだと説いた。(3)

しかし、これが奇跡と呼ばれたのは、実際にそれが奇跡でしかなかったからだとも言える。それがある期間続いたのは、国際金融業界全体が申し合わせて「東アジアの奇跡」という看板を掲げつづけたからだ。ウォール・ストリート・ジャーナルにも、世界銀行はインドネシア政府に懇願されて「インドネシア経済に関する報告書を粉飾し、そのおかげでインドネシアの格付けが上がって投資を呼び込むことができた」という暴露記事が載ったことがある。この記事のなかで、ジャカルタで一五〇人規模のミッションを率いた世界銀行のエコノミスト、デニス・ド・トレイは、「どこの国で活動する場合にも、人々を助けるためには現実問題と折り合う必要があり、それは必ずしも純粋な支援とは一致しません」と述べている。つまり世界銀行は、「東アジアの奇跡」を宣伝することが人々のためになると考えていたようだ(4)。

しかし、誰もがそうした報告書にだまされたわけではない。一部の人々は過剰宣伝を見抜き、その先の危機を予測した。鋭い洞察力で知られるポール・クルーグマンもその一人で、早くも一九九四年に「東アジアの奇跡の神話」について警告を発していた。クルーグマンが指摘したのは、この急成長は本来の投資ではなく外国資本の過剰な流入によるもので、技術力や生産効率の向上につながらず、バブルを呼び起こすだけに終わる恐れがあるという点だった。そして案の定、不動産バブルが発生し、たとえばバンコクでは一九九六年末に二〇〇億ドル相当の住宅が売れ残る事態となった。マンションが建っても空室ばかりという状況である(5)。

一九九七年になると、投資家たちもこの活発な不動産売買はバブルを煽《あお》っているだけかもしれないとようやく疑いはじめ、神経をとがらせるようになった。この状況を見逃さなかったのがヘッジファンドである。ジョージ・ソロスが設立したクォンタム・ファンドは、東アジア諸国の通貨が過大評価されていると判断し、機を見てタイ・バーツを大量に売りに出した〔空売り。値が下がったところで買戻し、利益を得る〕。この動きがきっかけとなってパニックが起き、東アジア一帯で通貨が暴落し、市場が崩壊した。一九九七年から一九九八年にかけて、対ドルでタイ・バーツが七五パーセント、インドネシア・ルピアは八〇パーセントも下落し、あとはドミノ倒しのように通貨の暴落が続いて、地域全体が金融パニックにのみ込まれた。それまでアジア経済に注ぎ込まれてきた外国資本も一気に引き揚げへと転じ――たとえばヨーロッパの銀行だけでも一二〇億ドルを引き揚げた――現地通貨はますます下落した。こうして、一九九八年一月半ばまでに、東アジアの新興諸国の通貨の価値は通貨危機発生以前の半分にまで下がった。[6]

東アジアは大恐慌時のアメリカとよく似た状況に陥った。通貨の下落によって食料品の価格が高騰し、なかでも米などの主食の値上がりが人々の暮らしを直撃した。さらに悪いことに、一九九七年から一九九八年にかけてエルニーニョ現象によりインドネシア、マレーシアをはじめ各地で干ばつが発生し、米などの穀物の収穫量が減り、物価上昇に拍車をかけた。その結果、各国で貧困率が上昇し、たとえばインドネシアでは一九九七年半ばから一九九八年末のわずか一年強で、一五パーセントから三三パーセントへと跳ね上がった。[7]

カンヤの両親が暮らしに行き詰まり、〝都会から来た男たち〟に娘を預けるしかなかったのも、そうした事情からだった。

こうして数カ国で国民が飢餓に瀕する事態となり、街頭での抗議デモも繰り返された。貧困率が跳ね上がったインドネシアもその例で、一九九八年五月にはジャカルタで暴動が起き、これが最終的にはスハルト体制の崩壊につながることになる。また暴動は各地に飛び火し、地域社会は混沌状態に陥った。特に国内の少数派であり、ビジネスを牛耳る特権階級と見なされていた中国人が標的にされた。

暴徒と化した人々は焼き討ち、略奪、強盗などに走り、さらには強姦や殺人まで多発し、一部の都市だけでも一六八件のレイプ事件が確認されている(8)。

暴動は多くの人々に心身の傷跡を残した。だが東アジア通貨危機の影響はそれで終わったわけではない。そのあとにはさらに深刻な事態、すなわち大規模な公衆衛生上の危機が待っていた。しかしながら、それは必然的な結果だったわけではない。東アジア諸国、なかでもタイとインドネシアは医療インフラの整備が遅れていて、特にカンチャナブリ県などの国境地帯はひどく立ち遅れていた。それに比べれば、ロシアのほうがはるかに医療インフラが整っていたが、それでも第二章で述べたように、ソ連崩壊後に人道的大災害が起きた。ということは、東アジアはロシアと同様、あるいはそれ以上に深刻な事態に陥る危険性があると予測できたはずである。そしてアジア通貨危機直後の時点では、旧ソ連諸国と同じ道を歩むのか、それとも別の道を模索するのか、まだ選択の余地が残されていたはずだった。

ＩＭＦに従った国、従わなかった国

一九九〇年代初頭のロシアと同じように、東アジア通貨・金融危機で打撃を受けた国々にもさまざまな国や国際機関から助言が寄せられた。なかでも大きな声を上げたのが国際通貨基金（ＩＭＦ）で、そのＩＭＦがアジア諸国の経済回復のための処方箋を書いた。ＩＭＦは、第二次世界大戦で荒廃したヨーロッパ諸国が復興への手さぐりを始めた一九四六年に設立された国際機関である。ＩＭＦ協定

(Articles of Agreement) には、主要な責務の一部として「為替安定の促進」や「高い雇用水準と持続的経済成長の促進」が掲げられている。つまりIMFは、グローバル市場の不安定な動きを和らげ、急激な変動がもたらす危害から人々を守ることを目的としていた[9]。

しかし、すでにアジア通貨危機以前から、IMFはアメリカの対外政策の一翼を担う機関として広く知られるようになっていた。IMFは危機に陥った途上国の政府に融資を行い、帳尻合わせを助けてきたが、その融資には当然のことながら条件がつけられる。その条件は、一九八〇年代のレーガン=サッチャー時代になると新自由主義に傾き、国営企業の民営化や規制撤廃による自由化、財政支出の削減を求めるとともに、それぞれに厳しい目標まで課すようになった。これらの政策の理論的根拠としては、貧困国における民間産業の振興、政府主導から市場原理への重心のシフト、援助依存体質からの脱却、インフレ防止などが挙げられ、先進国の政治家や投資家の多くはこれが発展に役立つと主張した。これらの政策はいずれもワシントン・コンセンサスに挙げられていて、アメリカ主導の国際経済秩序構築のシナリオに沿ったものだった[10]。

アジア通貨危機の発生によってIMFはジレンマを抱えることになった。なにしろ、この危機でIMFに支援を求めることになった国々はまさにIMFの助言に従ってきた当事国であり、IMFの助言こそがバブルをあおり、その結果として金融危機を招いたようなものだったのだから。そしてIMFは、それまでとは逆のことをこれらの国に言わなければならなくなった。一九九〇年代のロシアと同じ、ワンパターンのショック療法である。要するに、長期の利益のために短期の痛みに耐えましょうという療法である[11]。

この処方箋はワシントンでは合意を得られたものの、アジア諸国の保健医療関係者には不評だった。それはアジア諸国にニューディール政策の模倣を許さず、大幅な予算削減を求めるものであり、そのなかには公衆衛生関連の予算削減も含まれていたからである。ＩＭＦの考え方はこうだった。不況から抜け出すためには国の財政を黒字に保つ必要があり、赤字は好ましくない。財政黒字によって投資家の信用を得られれば、早期の景気回復が可能になり、結果的に人道的大災害を食い止められる。しかし、この理屈が納得できるものでも賢明なものでもないことは、過去の厖大なデータを見れば明らかで、ロシアでもそうだったように、この考え方を強引に推し進めれば経済にも公衆衛生にも多大な損害が出る。(12)

しかしながら、アジア通貨危機の直撃を受けた国がすべて同じ道をとったわけではない。ＩＭＦの政策アドバイスに従って予算を削減した国もあれば、国民の生活を支える社会保護政策に追加投資した国もあった。つまりアジア通貨危機はある種の自然実験の場を提供したのであり、しかもそれは国を超えた規模だったという点で大変貴重なものとなった。そのような自然実験は、第1章、第2章で見てきたように、大恐慌時代のアメリカやソ連崩壊後の旧東側諸国でも見られた。アメリカではニューディール政策の実施状況が州によって異なっていたからであり、旧東側諸国の場合は経済改革の進め方が国によって異なっていたからである。

東アジアにおける自然実験は、まず各国が同じような経済的打撃を受けたところから始まった。多くの国で失業率の上昇、食料価格の高騰、債務増加が重なり、国民の生活や健康への悪影響が懸念された。そのなかで、タイ、インドネシア、韓国はＩＭＦの緊急融資を要請し、一九九七年後半にそれぞれ融資交渉合意にこぎつけた。だがマレーシアは違っていた。国民から抗議の声が上がって大規模なデモが続き、結局当時のマレーシア首相マハティール・モハマドはＩＭＦの支援を拒否した。付帯条件があまりにも多く、しかもその大半がマレーシア国民に害を及ぼす恐れがあるというのが拒否の理由だった。その後マレーシアは独自の道を歩み、予算削減どころか七〇億リンギットの財政出動を行った。その一環でセーフティネットも強化され、金融危機の国民への影響緩和が図られた。つまり、このときの自然実験で、マレーシアは「対照群」の役割を果たしたことになる。[13]

貧困率、自殺率、物価が急上昇

アジア通貨危機の直撃を受けた国々では貧困率が上がった。しかし社会保護政策の予算を削減した国とそうでない国を比べると、後者の貧困率の上昇は前者ほどではなかった。韓国、タイ、インドネシア、マレーシアの四カ国は一九九八年にいずれもＧＤＰが大幅に減少し、韓国で三〇パーセント、タイで二七パーセント、インドネシアで五六パーセント、マレーシアで三四パーセント下がった。しかし貧困率を見ると、前述のようにインドネシアでは一九九七年の一五パーセントが一九九八年には三三パーセントと急上昇し、韓国でも一一パーセントから二三パーセントへと上昇したのに対し、マレーシアは七パーセントから八パーセントと小幅な上昇にとどまり、しかもその後は下降した。もともと社会保護制度が弱かったこれらの国では、ＩＭＦの勧告に従って緊縮政策をとった国とこれを拒否した国の間ですぐに貧困率の差が現れたと考えられる。[14]

また、緊縮政策による貧困率の上昇は精神衛生面でも国民の大きな負担となった。韓国では失業率が急増し、ＩＭＦはI am fired（くびになった）の略だと言われるほどになり、そのあおりで自殺も急増した。韓国の男性の自殺率はその一〇年前から少しずつ上がっていたが、アジア通貨危機後には一気に四五パーセント上昇した。タイでも六〇パーセント以上上昇し、他の死亡率のなかでも突出して上昇幅が大きかった[15]。

また、しっかりしたセーフティネットがないところへ、貧困率の上昇と食料価格の高騰が重なったため、タイとインドネシアでは多くの人々が飢えに苦しんだ。一九九八年には急性栄養失調に陥る母親たちの率が二〇パーセント上昇した。子供に食べさせることを優先し、自分たちは食事をとらずに我慢したためだ。またタイでも、栄養価の低い代替食品でしのがなければならなかったために、一九九八年に貧血症（鉄欠乏性貧血、ビタミンB12欠乏性貧血、葉酸欠乏性貧血など）の妊婦が二二パーセント増えた。輸入粉ミルクの価格は三倍に跳ね上がり、貧しい家ではミルクの代わりに甘くした緑茶を飲ませたという。こうした食料不足、栄養不足により、乳幼児の平均体重が著しく下がって死亡リスクが上がり、体重不足の学童も増加した[16]。

この状況で必要とされたのは、なんといっても緊急食料配給政策である。アメリカではかつて一九三九年にルーズベルト大統領がそのような政策を実施して、二〇〇〇万人を救った。当時アメリカは大恐慌だけではなく、日照りに伴うダストボウル〔砂嵐〕の被害にも苦しめられたが、ルーズベルトの政策には所得補助制度、食料費補助制度、さらには食料安定供給確保のための農業補助制度も含まれていて、これらが多くの人々を救った。ところがＩＭＦの政策はその逆で、通貨危機と干ばつに苦しむ国々に対して食料費補助の削減を求めたのである。さらに、いっそうの市場開放、規制緩和、民営化などを勧告し、これによって国内が混乱し、投機家の暗躍が続き、通貨の下落も続いた。そのため食料事情はさらに悪化し、人々はますます貧困と飢えに苦しむことになった。

特にインドネシアでは、貧しい人々が食料価格の相次ぐ高騰に追い詰められ、怒りを募らせた。一九九八年一月には、ジャカルタ最大のジャティヌガラ市場で女性たちがスティヨソ知事（ジャカルタ特別州知事）を怒鳴りつけるという一幕もあった。「米が一キロ四〇〇〇ルピアまで上がってんのよ！」、「これじゃ二キロしか買えないよ！　これ以上どう払えっていうの！」、「砂糖と小麦粉はどこに消えたんです？　子供にやるミルクさえありゃしないじゃないの！」スティヨソ知事はそれまでIMFの目標に合わせて州の支出を削っていたのだが、この女性たちの激しい抗議に驚き、さっそくミルクを供給するよう部下に命じた。人々のこうした怒りが、その数カ月後のジャカルタ暴動につながった[17]。

同じくインドネシアで、IMFは赤字抑制のためケロシン（灯油）にかかる税金も引き上げさせた。ケロシンは貧困層にとって調理に欠かせない燃料である。当時のIMF筆頭副専務理事スタンレー・フィッシャーは、米の価格は上がらないようにしていると述べて労働者階級への配慮を示そうとしたが、これは何の慰めにもならなかった。米価はようやく安定したといっても高いままで、そこへ燃料まで上がったのでは踏んだり蹴ったりである。燃料がなければ米を炊くこともできない[18]。

一方、これとは対照的だったのがマレーシアである。マハティール首相は、「貿易を伴わない為替取引」こそ通貨危機の原因だと述べ、これを「不要、非生産的かつ不道徳なもの」と断じた。そしてこれを違法とするべきだとし、マレーシア・リンギットへの投機を規制するとともに、対ドルレートを固定した。この政策で投機家の動きが抑制され、食料価格の高騰も抑えられた。またマレーシアは貧困層への食料費補助政策も強化したため、タイやインドネシアのように栄養失調の母親が急増するようなことはなかった[19]。

このように、通貨危機後の東アジアは複数の不況対策論の真偽を問う自然実験の場となり、その結果次のことが明らかになった。貧困に陥る危険性が高まった原因は不況そのものにあった。しかしそれが公衆衛生上の大惨事へと発展したのは、食料費補助や失業者支援の予算が削られたからである。つまり不況の影響をどの範囲で食い止められるかは政策次第ということであり、そのことをマレーシアが示してくれた。マレーシアはIMFや諸外国からの政治的圧力に屈することなく、投機的な資本の流れから国内経済を守り、社会保護政策への支出を増やした。そのおかげで、国民はそれほど苦しまずにすんだ。一方、IMFの処方箋に従って緊縮政策という強い薬をのんだタイ、インドネシア、韓国では、国民がその副作用に苦しめられた。

医療支出削減が招いた悲惨な結果

通貨が暴落した国々では輸入品の価格が高騰したが、なかでも医薬品の価格上昇は大きな痛手となった。鎮痛薬からインシュリンまで、ほとんどの必須医薬品の価格が上がった。その影響で、たとえばインドネシアでは公共医療機関のコストが一気に六七パーセント上がった[20]。

医療費が上がれば、当然のことながら政府の補助を必要とする人が増える。しかしながら、IMFの融資を受けた国々では保健医療支出も削減の対象となった。IMFの勧告に従い、タイ政府は一九九八年に国の保健医療支出を一五パーセント削減した。インドネシアも一九九七年に九パーセント、一九九八年に一三パーセント削減した。プライマリーヘルスケアに絞って言うと、一九九六年から二〇〇〇年までにインドネシアのプライマリーヘルスケアに対する財政支出は二〇パーセント減り、そのうち寄付を除いた純粋な政府支出は二五パーセント減った。[21]

医薬品の高騰と政府支出の削減が重なったことで、医療から人々の足が遠のいた。治療費が払えないために女性や子供でさえあまり医者にかからなくなった。たとえば、インドネシアで医療機関の利用率が最も下がったのは一〇歳から一九歳までの青少年で、利用率は一九九七年から一九九八年にかけておよそ三分の二に落ち込んだ。また、地域によっては公共医療機関の医薬品が足りない、あるいはまったくないという事態も起こり、ジャカルタ近郊のある地域などはおよそ半数の診療所が閉鎖に追い込まれた。抗生物質、鉄分補給薬、避妊用ピルなどがインドネシア全土の公共医療機関で不足した。一九九八年のインドネシア家族生活調査（IFLS）によれば、公立病院・診療所の二五パーセントでペニシリンの在庫が、診療所の四〇パーセントでアンピシリンの在庫が底をついたという。どちらも治療には欠かせない重要な抗生物質である。[22]

また、保健医療支出の削減にはエイズ対策予算も含まれていた。タイでは一九九〇年代前半から感染拡大を食い止めるために積極的な対策が打ち出され、その成果が上がりつつあったのだが、アジア通貨危機で対策費が削られたことで、それまでの努力が水の泡になった。

タイでは一九八〇年代末からHIV感染者が急増し、アジアにおけるエイズ流行の中心地の一つになっていた。一九九〇年にはHIV新規感染者数が一〇万人を超え、その数年後には累計感染者数が一〇〇万人に近づく事態となった〔二〇〇〇年に累計一〇〇万人を超えたと言われている〕。当時、WHOの東南アジア地域事務局長だったワイワット・ロジャナピタヤコーンは、タイの感染が離れた地域へと拡大していること、具体的には都市部から地方へと広がり、それがまた都市部へと戻ってきていることに目を留めた。これをヒントに調査を続けたところ、感染の九七パーセントが性労働者との性交渉によるものとわかった（一九九四年の数字では、タイの性労働者の三分の一がHIV陽性だった）。これはある意味では希望のもてる発見で、おかげでどういう対策をとればいいかが明らかになった。感染の元になっている特定の場所、つまり都市部の売春宿に狙いを定め、性労働者と客にコンドームを着用させればいい[23]。

しかし、それは〝言うは易し行うは難し〟の対策で、人々に簡単に受け入れられるものではなく、しかも政府の腰は重かった。そこでロジャナピタヤコーンは社会運動家のメチャイ・ビラバイジャ——のちに「ミスター・コンドーム」と呼ばれるようになった——の協力を得て、地方政府や地元警察にも働きかけながら、「コンドームなしのセックスは禁止」というメッセージを伝える地道な活動を始めた。二人は各地に足を運んでマッサージパーラーや売春宿に無料でコンドームを配り、売春婦にも客にも着用させる必要があると説明し、拒否すれば営業停止もありうると強い姿勢で説得して回った[24]。

この地道な活動は、その後「一〇〇パーセントコンドーム使用政策」としてラチャブリ県で本格的に実施されることになった。すると驚くほどの効果が現れた。開始から二カ月も経たないうちに、県内の性労働者の新規感染者が一三パーセントから一パーセント以下に減ったのである。[25]

この結果がタイ政府に対する説得材料となった。政府はようやく重い腰を上げ、ここから「一〇〇パーセントコンドーム使用政策」は全国レベルで展開されることになり、ラジオとテレビで一時間おきにＨＩＶ予防メッセージが流されるようになった。もちろんこうした政策実施には予算が必要で、一九九二年に二〇〇〇万ドルだったＨＩＶ感染予防対策費は一九九六年には八八〇〇万ドルにまで増えた。しかしその投資は無駄ではなく、わずか三年で性労働者のコンドーム使用率が二五パーセントから九〇パーセント以上に上がるという画期的な成果が上がった。[26]

ところが、そこで東アジア通貨危機が発生した。ＩＭＦが示した予算削減目標を達成するために、タイ政府はコンドームの無料配布その他のＨＩＶ感染予防対策費用を大幅に削らなければならなくなった。国民の健康増進のための予算が全体で五四パーセント削減されるなか、関係者たちはせめてＨＩＶ・エイズ対策予算を守ろうとしたが、結局一九九八年にＩＭＦの要請で三三パーセント〔インフレ調整後の数字〕削減されたのである。その後も削減は続き、二〇〇〇年までにＨＩＶ感染予防のために国内資金は危機発生以前の四分の一以下にまで下がった。[27]

タイの医療制度に関する研究データを見ても、売春宿へのコンドーム無料配布は一九九六年の六〇〇〇万個がピークで、一九九八年には一四二〇万個にまで下がっている。こうして、成果を上げはじめていたタイのＨＩＶ・エイズ対策に急ブレーキがかかった。タイで報告されたエイズ患者数は、一九九七年には人口一〇万人につき四〇・九人だったが、翌年の一九九八年には四三・六人に増加した。

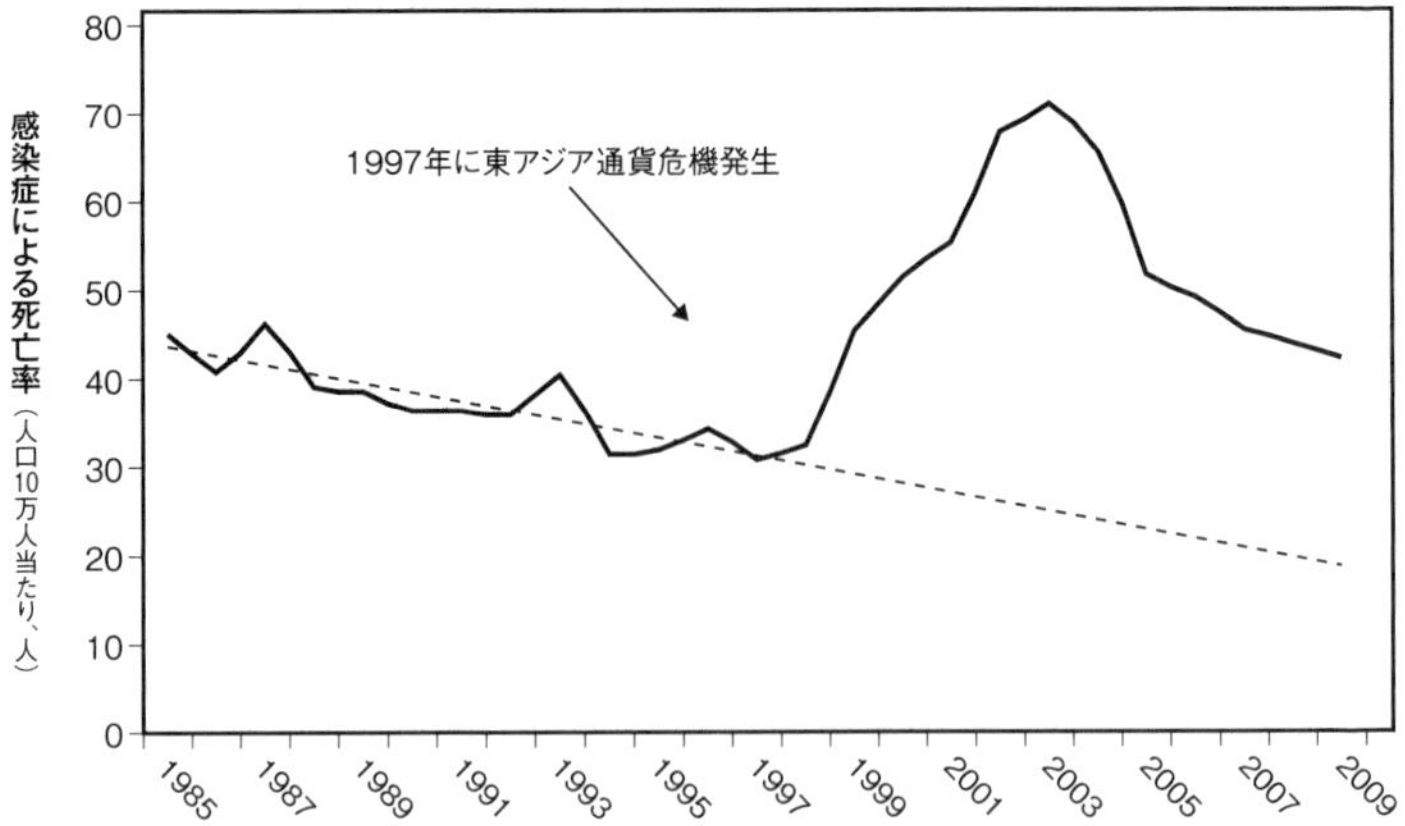

図3-1 タイの感染症死亡率の推移[28]

ＨＩＶ母子感染の予防に必要な医薬品も、予算削減により推定必要量のわずか一四パーセントしか供給されなくなった。その結果、一九九七年に一万五四〇〇人だった母子感染によるエイズ孤児が二〇〇一年には二万三四〇〇人になった。そのうちの、何の治療も受けられなかった孤児たちの半数は、五歳までに死亡した[29]。

図３－１が示すように、タイは感染症予防に真剣に取り組んでいたのだが、東アジア通貨危機を境にその努力が水泡に帰した。タイの感染症による死亡率は、一九五〇年代から一九九六年までの間、年に一〇万人当たり三・二人の割合で減少してきていた。だが減少傾向は一九九七年に止まり、一九九八年からは上昇に転じ、年に一〇万人当たり七・六人の割合で増えはじめた。この時期死亡率が急上昇した主要因は、ＨＩＶ感染者の未治療放置とその合併症である肺炎と結核である[30]。

緊縮政策によって空いた穴をふさぐため、多くの医療ボランティアがタイに入り、ＨＩＶ感染予防や治療に当たったが（サンジェイもその一人）、そうした活動にも限界がある。一部の患者の命を救うことはできたものの、カンチャナブリ県のカンヤのようにすでに手遅れで救えなかった患者も多かった。

一方、マレーシアはタイとは逆の道を歩んだ。ＩＭＦのアドバイスを無視し、一九九八年から一九九九年にかけて医療費支出を実質約八パーセント増やした。それに伴い、公共医療機関の受診者数がおよそ一八パーセント増加した。また、ＨＩＶ対策予算も増え、タイを手本にした母子感染予防対策も導入された。要するに、タイが先鞭をつけた効果的な政策が、タイでは後退し、マレーシアでは前進したのである。そのおかげで、金融危機の間にタイやインドネシアのＨＩＶ感染者が急増したのとは対照的に、マレーシアでは急増は避けられた[31]。

ＨＩＶ感染以外にも目立って悪化したものがあり、それが幼児死亡率である。韓国でＩＭＦがＩ am fired（くびになった）の略だと言われた話はすでに書いたが、Infant Mortality Fund（幼児死亡基金）の略だとする声も上がった。ＩＭＦの政策の実施に伴い幼児死亡率が上昇したからだが、この点はインドネシアも同様である。しかし、国際機関はそうした現実をなかなか認めようとしなかった。たとえば「インドネシアで幼児死亡率が上がっているのではないか？」との指摘に対して、世界銀行は報告書のなかでこう答えている。「今回の金融危機の健康への影響や対応策の効果については、まだしっかりしたデータがなく、全体像を把握することはできない。しかしいくつかの標準的指標から、最悪の事態を避けることができたと推測できる。たとえば、幼児死亡率は一貫して下降傾向にあると考えられる」。しかしながら、英ランセット誌に掲載された詳細な研究報告を見れば、世界銀行の記述が〝不正確〟かつ〝事実無根〟なことは明らかである。また国連人間開発報告書（ＵＮＨＤＲ）のなかでも、インドネシア中央統計庁が二六州中二二州で幼児死亡率が上昇し、平均上昇率は一四パーセントに達したと報告している。そもそも情報源を正確に記載することで定評のある世界銀行が、この件については情報源にいっさい触れていないというのがおかしい。

本来、世界銀行は社会福祉や貧困問題に取り組む機関であるはずだが、このときはＩＭＦの姉妹機関、いわばパートナーという立場のほうが重視されたのだろう。実際この時期、通貨危機やＩＭＦの対応策が東アジアの人々の健康にどのような影響を及ぼしたかという点について、世界銀行は明確な発言を避けつづけた。(32)

もちろん、ＩＭＦの政策がすべて悲惨な結果を招いたわけではなく、疾病の予防に役立ったものもあった。だがそれは主としてアルコール消費量の減少に関するものだった。たとえば、財政黒字化を求められたタイ政府は一九九八年に酒税を引き上げた。タイ国税庁の資料によれば、この引き上げによってアルコール飲料の消費量がその後二年で一四パーセント減少した。

以上のように、東アジアで人々の健康が脅かされたのは、不況が必然的にもたらした結果ではなかった。貧しい人々を飢餓に追いやり、国民を医療から遠ざけたのは、政府予算の大幅削減である。しかもその削減は、効果があまり期待できない政策だけを対象としたのではなく、国際的にも評価が高かったタイのＨＩＶ対策のような、すでに著しい効果が立証されていたものまで対象とした。その結果、この地域での飢えや感染症との闘いは何年も前の状態に逆戻りすることになってしまった。前章で紹介したロシアに次いで、東アジアもまた、健康より財政を優先させるとどうなるかを教えてくれる貴重な事例となった。健康より財政を優先させると、国の発展にとって最も重要な資源——すなわち国民——に危害が及ぶのである。

自然実験の結果には明確な差が

東アジア通貨危機後の数年間、ＩＭＦの融資に頼った国とそうでない国の間では経済状況にも大きな開きが出た。タイ、インドネシア、韓国、マレーシアのなかで最初に景気が回復したのは、ＩＭＦの支援を拒否したマレーシアだった。マレーシアは国が市場に介入するという独自路線を貫いた結果、国民の経済状態や健康状態が他国ほど大幅に悪化することはなく、しかも景気を迅速に回復させることができた。一九九八年には平均所得が下がり、食料品価格が八・九パーセント上がったものの、所得は翌年から上昇に転じ、食料品価格も二〇〇〇年には危機発生以前に比べてわずか一・九パーセント増という水準に戻った。マレーシアに次いで景気回復が早かったのは韓国である。韓国はちょうどマレーシアとインドネシア・タイとの中間のような状態だった。ＩＭＦの勧告に従いはしたものの、もともと経済規模が大きく、政府支出の額も大きかったため、裁量の余地があった。ＩＭＦとの交渉もインドネシア・タイよりは有利に進めることができ、最悪の事態を招くような予算削減は避けることができたと考えられる。(33)

東アジア通貨危機の際にＩＭＦが果たした役割について、ジョセフ・スティグリッツは二〇〇〇年にこう述べている。「ＩＭＦが何をしたかといえば、要するに東アジアの不況をより深刻で、長く、厳しいものにしただけである。現に、IMFの処方箋に最も忠実だったタイは、独自路線をとったマレーシアや韓国よりも悪い状態に陥った[34]」

こうした現実を前にして、IMF内部でも政策の誤りを認める声が上がりはじめた。一九九八年にインドネシアに関するIMFの内部報告書がニューヨークタイムズ紙にリークされたのだが、そのなかでIMFの職員は、自分たちが融資条件として対象国に課した内容が状況を改善させるどころか悪化させたことを認めていた。そこには「(一六の銀行を閉鎖させたことは)銀行制度への信頼回復につながるどころか、新たな〝安全への逃避〟を招いてしまった」とはっきり書かれていて、この措置によって投資資金の引き揚げが加速し、金融機関がますます困難な状況に追い込まれたことも指摘されていた。言うなれば、IMFの政策がパニックを助長することになったということだが、それは単に間接的な脅しが投資家をいっそう不安にさせたというだけではなく、高金利と予算削減で経済が失速することが目に見えていたからでもある[35]。

東アジアの自然実験は明確な結果を残したと言っていいだろう。保健医療関連予算を削減した国では栄養失調やHIV感染が急増したが、予算削減を拒否し、食料費補助やワクチン接種などを続けたマレーシアではそうした事態は避けられた。ユニセフ(国連児童基金)のある報告書も、「インドネシア、韓国、タイとは対照的に、マレーシアで通貨・金融危機の社会的影響が最小限に食い止められたことには疑いの余地がない」としている。独自のデータ分析を行ったオーストラリアの公衆衛生の研究者たちも、この自然実験の結果をこうまとめている。「これらの結果から浮き彫りになったのは、社会保護政策が、それが最も危険にさらされた人々の助けとなるよう考慮されたものであるかぎり、経済危機が健康や医療に及ぼす悪影響から国民を守るために必要欠くべからざる手段だという事実である」。同様に、ジョンズ・ホプキンズ大学公衆衛生大学院の研究者たちも、「社会保護政策は、不況の際に、それが健康や医療に及ぼす悪影響から国民を守るという重要な役割を担っている」と述べている[36]。

東アジア通貨危機から一〇年後に、今度は世界大不況の波がインドネシアを襲った。だがこのとき、インドネシアは過去の教訓を生かし、貧困層への補助金の一部を増額した。そのおかげで、二〇〇八年と二〇一一年に食料と燃料の価格が高騰した際にも、貧困層への打撃を和らげることができた（食料品価格が高騰したのは、サブプライムローン問題が顕在化したあと、投資家が不動産から食料へと投資先を切り変えたからでもある）[37]。

また、ＩＭＦが東アジア通貨危機に際しての政策の不備を正式に認めたのも、この大不況に入ってからのことだった。ＩＭＦが指導した緊縮政策と自由化によって東アジアが当初の試算の三倍に上る経済的損失を被ったことを、ＩＭＦ自らが二〇一二年一〇月に認めたのである。たとえばインドネシアについて、ＩＭＦは三パーセントの経済成長を予測していたが、この誤算により、実際には一三パーセント縮小という結果に終わった。この件ではＩＭＦの専務理事が正式に謝罪したが、すでにＩＭＦの〝支援〟によって多くの命が失われたあとでは、謝罪の言葉など何の意味もない。東アジアの国々の多くは、それが避けられるものなら二度とＩＭＦに頼りたくないだろう。現にこれらの国々は、通貨危機の再発を防ぐべく、アジア債券市場の整備・育成を目指して域内の協力を強めつつある。域内の中央銀行間にはすでに六兆ドルの外貨準備が蓄積されていて、これを各国政府が効率よく利用できるようにする計画も練られている。インドネシアのギタ・ウィルヤワン貿易相はこう述べた。「人は過去から学ぶものです。一九九八年にわが国は苦しい経験をし、わたしもそれを目の当たりにしてきました。ですから今、あのとき直面した数々の困難が教訓として生かされることを、切に願っているのです[38]」

ニューディール政策、ロシアにおけるショック療法、そして東アジア通貨危機の際のIMFの政策——どれをとっても歴史の教訓は明らかではないだろうか。いずれも同じ教訓を残してくれた。それでもなお、社会的弱者に背を向けて財政の健全化を叫べと言うのだろうか？　これからもまた同じような愚かな緊縮政策によって、カリフォルニアのオリヴィア、アテネのディミトリス、スコットランドのマカードル親子、ロシアのウラジーミル、タイのカンヤのような苦しみを、数多くの人が味わうことになるのだろうか？　それとも、これらの教訓を基に、経済の健康と人の健康は二律背反の関係にあるわけではないことを、わたしたちはようやく認めるのだろうか？

第2部 サブプライム問題による世界不況に学ぶ

第十章　アイスランドの危機克服の顛末

小国アイスランドの医療制度が直面した危機

《アイスランドに神のご加護を》

二〇〇八年一〇月六日、この文字がテレビ画面に大きく映し出された。

その画面のまま、「アイスランドの同胞の皆さん……」と国民に呼びかける声が流れてきた。「わが国は今、重大な危機に直面しています。これはそのことを皆さんにお伝えするための特別放送です[1]」

それは〝ゲイル〟の声だった。ゲイル・ヒルマル・ホルデ首相である。アイスランドは人口わずか三一万七〇〇〇人の小さい島国なので、国民に姓がなく、誰もがファーストネームで呼び合う。そのため、首相も〝ゲイル〟が公式の呼び名である〔ホルデ首相は父親がノルウェー人なのでホルデという姓がある〕。

そこで大きな文字が消え、トレードマークの紺のブレザーを着たゲイルの姿が映し出された。国旗の横に立っていて、その前にはずらりとマイクが並んでいる。首相は沈痛な面持ちで、何度も眼鏡に手をやりながらこう言った。

「皆さん、最悪の場合、わが国の経済は銀行とともに混乱の渦に巻き込まれ、国家破綻という結果になるかもしれません(2)」

事態はひっ迫していた。アメリカの住宅ローン問題に端を発した金融危機はウイルスのように世界に伝播し、二〇〇八年には大西洋を越えてヨーロッパの株式市場にも打撃を与え、とうとうこの島国にまでやってきた。その衝撃はアイスランドを根底から揺るがし、多くの識者が国家破綻を予測した。そして案の定、二〇〇八年一〇月のわずか一週間で、アイスランドの大手銀行は軒並み破綻の危機に瀕して国有化され、株価は一〇分の一になり、GDPの何倍にもなる投資が無に帰した。あまりの事態に、国立公衆衛生研究所が自殺の急増を心配し、国内メディアに対して報道内容をもう少し明るい文面にするよう要請したほどである。同年一二月、英エコノミスト誌は「国の経済規模との比で言えば、アイスランドの金融崩壊は世界最悪のものだ」と報じた。実際この状況は、のちにブルームバーグ・ニュースが報じたように、「単にリーマン・ショックに端を発した不況というより、まさに恐慌のレベル」だった(3)。

そのような深刻な事態が目の前に迫っていた一〇月六日、ホルデ首相には、経済のみならず、国民の命と健康も第二次世界大戦以来の危機に瀕することがわかっていたかもしれない。なぜなら、第一に、債務が急増すれば国民皆保険制度が破綻しかねない。アイスランドの医療制度はすべて税金で賄われていて、民間の病院や診療所、民間保険などは事実上存在しない。政府の医療関連予算が底を突いたら医療サービスはゼロになってしまう。第二に、アイスランド・クローナが暴落すれば輸入医薬品が高騰し、ますます予算が足りなくなる。第三に、失業や住宅差し押さえの増加に伴い、うつ病や自殺、心臓発作などが増え、それもまた大きな負担となって医療制度にのしかかってくる恐れがある。

首相はこう続けた。「この状況に多くの人々が衝撃を受け、怒りと不安を募らせていることでしょう。しかしながら、アイスランド国民が力を合わせ、不屈の精神を示す機会があるとすれば、それは今をおいてほかにありません。今こそ皆で手を携え、誰もが人生で最も大切だと思うものを守り、その価値を損なうことなく迫りくる嵐を乗り切ろうではありませんか」

公衆衛生の実験室となったアイスランド

今回の大不況は世界中に波及したので、その波にのみ込まれたという点ではアイスランドは例外でも何でもない。しかし、国の制度や地理的環境が他の国々とは異なっていたという点では例外と言える。だからこそわたしたち二人は、多くの人々がアメリカ、イギリス、ギリシャ、スペインなどに注目するなか、むしろこの小国アイスランドに注目した。大不況の公衆衛生への影響を知る上で、アイスランドは貴重な〝実験室〟になりうると思ったからである。どういうことかというと、第一に、アイスランドは人口の少ない島国で、国民全員がほぼ同じ文化（食文化を含む）を共有している。そのため、大国やEU圏に比べると経済政策の影響がわかりやすい。また、文化だけではなく、アイスランド国民はほぼ全員が同じ健康保険制度の下に置かれているため、通院や入院、死亡にいたるまですべての記録を追うことができる（これとは対照的なのがEU諸国で、さまざまな保険制度が混在する上に利用状況もばらばらで、疾病や死亡の記録を追うのが難しい。特にホームレスなど弱い立場の人々の記録がこぼれてしまうため、どのような人々がどのような要因で病気になったかを突き止めるのは容易ではない)。第二に、アイスランドは北欧式の手厚い社会保護政策を導入していて、食料費補助、住宅支援、再就職支援といった制度が充実していた。国民が政府に寄せる信頼は厚く(少なくともこの危機以前は)、組織やクラブへの加入といった社会参加の度合いも高かった。そのおかげで、世界価値観調査(World Values Survey、世界各国の社会科学者によって行われている国際プロジェクト)でも、一九九〇年代後半以来「幸福度」で第一位にランクされていた(その逆がロシアで、いつも「幸福度」のランクが低い)。この二つの理由から、アイスランドは貴重な実験室となる可能性が高く、しかもわたしたちの仮説を実証するのに最適な場所だと思われた。その仮説というのは、アイスランドが強みとするような制度(なかでも民主的参加、社会的支援、包括的な社会保護政策)が、金融・経済危機に対する国の抵抗力を高めるのではないか、公衆衛生上の大惨事を防ぐ役に立つのではないかというものである[4]。

しかし、アイスランドで起きたことを正しく理解し、わたしたちの仮説を正しく検証するには、この国がなぜアメリカの金融危機の影響を受けたのかを知らなければならない。それがわからなければ、なぜアイスランド政府が社会保護政策の維持か縮小かという選択を迫られたのか、そしてなぜあのような最終的な選択にいたったのかもわからないだろう。

アイスランドが隆盛から凋落へといたる過程

そこでまず、アイスランドの発展からバブルへ、そしてその崩壊へという歴史を簡単に振り返っておこう。

アイスランドはユーロ圏外にあり、独自の通貨アイスランド・クローナを維持する誇り高い国だが、歴史的に見れば決して恵まれた国ではない。この島は最初アイルランド人の僧侶たちに発見され、次いでノルウェーのバイキングによって再発見され、やがてデンマーク人が入ってきて、二〇世紀初頭までデンマーク領だった。その後独立したものの、産業は主として漁業で、一九四〇年代まで西ヨーロッパで最も貧しい国の一つだった(5)。まがりなりにも経済が成長しはじめたのは第二次世界大戦後のことで、それに一役買ったのは観光事業である。世界最大の温泉ブルーラグーンや、ゲイシールの間歇泉が人気となり、観光客が増えた(6)。

一九九〇年代半ばになると、漁業や観光に甘んじるのではなく、他の産業も育成して経済の拡大を図ろうという気運が高まった。このとき政府は他の小国や島々の例に倣い(たとえばケイマン諸島)、「オフショア金融センター」を目指すと決め、その後アイスランドは世界の最富裕層のためのタックスヘイブンへと生まれ変わった。二〇〇〇年代初頭には商業銀行と投資銀行が融合し、通常の融資ではなく、高利回りの金融派生商品に投資して運用するようになった。同時にこのころ不動産バブルが発生し(東アジアが通貨・金融危機に見舞われる前と似たような状況)、首都レイキャビクでは大型ビルの建設ラッシュが始まった。関係者はレイキャビクを大都市にしようと意気込み、「ドバイがやったことはレイキャビクにもできる」と胸を張った[7]。

しかしながら、実際にはこうした仕組み全体にリスクがあった。なかでも海外からの投資先として人気の高かった「アイスセーブ」には大きなリスクが潜んでいた。アイスセーブは民間銀行のランズバンキが始めたネット預金で、六パーセントを超える高金利を掲げていた。イギリスBBCがこれを「今最も有利な預金先」と報じたことも手伝って、ランズバンキの海外支店に申し込みが殺到した。するとその成功を見て、他の銀行も類似の高金利口座を設定して預金獲得に乗り出した。特に目立ったのはイギリスからの資金流入で、高金利と安定性を見込んで三〇万人ものイギリス人が退職金などの預け先にアイスセーブを選んだ。さらにケンブリッジ大学の投資部門や、英国監査委員会（自治体を監査する独立機関）までもが多額の資金をアイスランドの銀行に移し、とうとうアイスランドの三大銀行（ランズバンキ、カウプシング、グリトニル）はそろって世界の上位三〇〇行にランクインすることになった[8]。

二〇〇七年初頭には、アイスランドは世界で五番目に豊かな国になり、一人当たり平均所得がアメリカを六〇パーセントも上回るほどになった。世界からは続々と巨額の資金が流れ込み、その様子をエコノミストたちは「資金大流入」と呼んだ。豊富な資金のおかげで経済活動はますます活発になり、失業率も二・三パーセントまで下がり、ヨーロッパの最低レベルを記録した[9]。

アイスランドの急成長は注目を集め、世界各国から高く評価された。ウォール・ストリート・ジャーナル紙もアイスランドの奇跡は「史上最大のサクセスストーリー」だと称賛し、レーガン政権の経済諮問委員を務めたアーサー・ラッファーも「世界はアイスランドを見習うべきだ」と発言した。[10]

だがアイスランドの実体経済は綱渡りのようなものでしかなかった。海外から巨額の投資を呼び込んだことで経常収支の赤字が拡大し、一九九〇年代の東アジアを思わせる状況となっていた。好景気も建設ラッシュも銀行の融資に支えられていたが、その銀行は海外の金融商品に投資しており、そのほとんどは高利回りを謳いながら、その裏に高いリスクが隠されたものだった（アメリカのモーゲージ証券など）。もちろんこの綱渡り状態に気づいた人がいなかったわけではなく、警鐘を鳴らす声は破綻の数年前から上がっていた。たとえば、「アイスランド経済は噴出寸前の間歇泉経済《ガイザー・エコノミー》だ」と言われるようになっていたし、二〇〇六年にはコペンハーゲンのダンスケバンクが「アイスランド――間歇泉危機」というタイトルで報告書をまとめ、そのなかで、アイスランドは海外資金に依存しすぎていてまさに熱湯が噴出寸前だと警告した。二〇〇七年八月には、ロンドン・スクール・オブ・エコノミクス（LSE）の政治経済学教授ロバート・ウェイドがアイスランドで公開講演を行い、この国の経済戦略がいかに危険なものかを説いたが、政界や財界は「人騒がせな人物」として切り捨てた。金融システムの専門家のロバート・アリバーも二〇〇七年と二〇〇八年にアイスランドを訪問し、「このままではあと一年ももたない」とアイスランド国民に訴えたが、財界はこれも無視した。政府の反応も同様で、〝ゲイル〟ことホルデ首相も二〇〇八年三月の時点ではこう述べていた。「アイスランド経済について、最近一部の国の新聞が否定的な見解を述べていますが、これには驚きを禁じえません。わが国の経済の見通しが明るく、景気は全般的に堅調で、銀行も健全であることは、あらゆる指標や予測から明らかです」[11]

ところが、そのわずか数カ月後にはリーマン・ショックの衝撃波がアイスランド経済に襲いかかり、財務大臣が「すべては水の泡となりました」と述べる事態となった。アメリカでバブルが発生したのは、住宅ローンをパッケージ化したモーゲージ証券（MBS）市場に巨額の資金が流れ込んだからだが、その一方で証券化プロセスが複雑になってリスクが見えにくくなり、健全性が失われ、バブルは崩壊した。アイスランドの銀行は資金の大半をそのアメリカのMBSと株式に投資していたため、アメリカのフォークロージャー危機とその後の株価大暴落に伴い巨額の資金を失った。アイスセーブの預金者たちは不安を感じ、預金を引き揚げはじめた[12]。

彼らの不安は的中し、預金解約の急増とアイスランド株式市場の大暴落によってアイスセーブは二〇〇八年十月に破綻した。アイスランド経済そのものも大きく揺らぎ、GDPは下降に転じ、失業率は上昇に転じた（二〇〇八年から二〇一〇年までにGDPは一三パーセント落ち込み、失業率は三パーセントから七・六パーセントへと跳ね上がることになる）。およそ四万人が住宅ローンを返済できなくなり、差し押さえも一〇〇〇件以上に上った。またGDP縮小と失業者急増によって歳入が減り、社会保護政策の維持も危うくなってきた[13]。

膨れ上がる債務に対処するため、アイスランド中央銀行はヨーロッパ諸国に助けを求めたが、思うような支援は得られなかった。投資のすべてを失った国に、いったい誰が喜んで資金提供するだろうか。支援どころか、敵意をあらわにした国もある。三〇万人もがアイスセーブに預金していたイギリスは、アイスランドがランズバンキの海外支店〔アイスセーブが主な業務〕の預金引き出しを停止すると、反テロリズム法を適用して英国支店の資産を凍結した。在英アイスランド人への風当たりも強くなり、なかにはアイスランド人だと思われることを恐れてフェロー諸島（デンマークの自治領）出身のふりをする人もいた。イギリスとアイスランドの関係は悪化し、一〇月一五日にはこの問題をBBCが取り上げ、《イギリスの思いもよらぬ新たな敵――アイスランド》というタイトルで報道した。その報道のなかであるアイスランド人は、イギリス人から面と向かって罵倒されることもあり、「まるでテロリスト扱いです」とレポーターに述べている。(14)

一方、近隣国との間だけではなく、国内にも軋轢が生じた。国を破綻に追い込んだ一部の富裕層とそれ以外の人々の間の軋轢である。二〇〇八年にいたるまでの〝アイスランドの奇跡〟の過程で、人口の一パーセントにも満たない金融界・実業界のエリートたちに莫大な富が集中した。彼らはロシアの新興財閥《オリガルヒ》のように振る舞い、最新のSUVを乗り回し、キャビアだの日本のマグロだのを堪能し、プライベートジェットまで所有するなど、豪勢な暮らしを満喫するようになっていた。また、彼らが強いクローナを武器に海外からどんどん資金を集めたため、アイスランドの対外債務は九兆五〇〇〇億クローナと、GDPのおよそ九倍にまで膨らんでいた。これは世界で二番目に高い比率である。ところがそのクローナが一ユーロ八〇クローナ（二〇〇七年）から一ユーロ一八〇クローナ（二〇〇八年）まで急落して経済は大混乱となり、煽《あお》りを食って三分の一以上の国民が住宅をはじめ、何らかの資産を失った。しかもアイスランド国民は、アイスセーブ破綻の後始末を税金という形で負担させられるという事態にも直面した。人々は怒りの矛先を政府に向け、平和だった小国は大きく揺れた。議事堂の前で繰り返しデモが行われ、人々は「政府は役立たずだ！」と叫んだ。また、失業率の急上昇に伴い、アイスランドの外国人労働者のなかで最も多いポーランド移民への圧力も高まった。

こうした混乱のなか、映画製作者のヘルジ・フェリクソンはまさに今一つの国家が崩壊しようとしていると感じ、ドキュメンタリー映画『アイスランドに神のご加護を《ゴッド・ブレス・アイスランド》』[15]の制作に着手した。

ＩＭＦへの支援要請とアイスセーブ問題

苦境に立たされたアイスランド政府は、二〇〇八年一〇月一四日にＩＭＦに正式に支援を要請した。西欧の国がＩＭＦに救済を求めるのは一九七六年のイギリス以来久しぶりのことだった。そしていつものように、ＩＭＦからは融資と財政緊縮策がセットになった支援プログラムが提示された。ＩＭＦは二一億ドルの融資の条件としてＧＤＰの一五パーセント相当の歳出削減を要求してきた。

一方、アイスセーブの国外預金者への返済については〔国内預金者に対しては、アイスランド政府がすでに全額保護を宣言していた〕、その後イギリスとオランダの政府が自国の預金者への補償を肩代わりし、アイスランドに対してその分の返済を迫っていた。ＥＵ諸国もこれを後押しし、速やかな返済がＩＭＦ支援の前提条件になるとの圧力をかけた。アイスセーブは民間銀行だったランズバンキ〔金融危機後の一〇月に国有化〕が運営していたものだが、それが今や国家の問題となり、アイスランドは税金を投じて返済を急ぐように求められたわけである。こうなると、ＩＭＦが求める緊縮策も、アイスランドにとっては経済回復のためというよりイギリス・オランダの預金者への返済のためという色合いが濃くなる。その後イギリス・オランダとの交渉でまとめられた返済計画は、二〇一六年から二〇二三年の七年間でアイスランドのＧＤＰのおよそ半分に当たる額〔二〇〇九年ベース。利息を含む〕

を返済するというものだった[16]。

　こうして、アイスランド国民は難しい問題を突きつけられた。一部のビジネスエリートが手を染めたギャンブルまがいの投資は、果たしてその国が、国民が、責任を負うべきものなのか。民間銀行のお粗末な投資判断は、果たして国民全体で尻拭いすべきものなのか。すでに述べたように、この国には一部の富裕層とその他大勢の国民との間に大きな格差が生まれていた。それだけに、これは深刻な問題だった。贅沢三昧に暮らしてきた富裕層が作った借金を、なぜその他大勢の国民が負担しなければならないのか。この国は一八万二〇〇〇世帯からなるが、そのうちおよそ一〇万世帯はリスクの高い投資とは無縁で、大きな負債もなかった。残りの世帯には何らかの負債があったが、たとえば一〇〇万ドルを超える規模の負債となると、該当するのはわずか二四四世帯である。つまりほんの一握りの人々が莫大な金額を動かしていたわけで、それにもかかわらず、国民全体がその結果に苦しむことになり、しかも負債まで背負わなければならないというのである[17]。

　それだけではない。ＩＭＦは保健医療関連の予算を三〇パーセント削減せよと求めていた。ＩＭＦの予算削減の考え方は、経済回復の鍵となる分野に優先的に予算を配分し、それ以外の分野を思い切って削るというものである。それ自体はいいのだが、問題は何が重要かという判断である。驚くべきことに、ＩＭＦのエコノミストたちは医療を〝贅沢品〟と見なしていた。もともとアイスランドは他のヨーロッパ諸国に比べて医療費支出の割合が高かったため、この分野は大幅に削れる、また削ることによって医療の民営化を促すこともできるとＩＭＦは考えた[18]。

　これに対し、二〇〇九年九月末、アイスランドの保健・社会保障大臣が、アイスセーブの返済優先の予算削減という大枠の考え方と、保健医療部門の削減幅が他の部門（たとえば教育や軍事）の倍以上であったことへの抗議を表明して辞任した。

ちょうどその二〇〇九年九月に、オーストリアのバート・ガスタインで欧州ヘルスフォーラム〔欧州の保健政策会議〕が開催された。そのとき、わたしたちがよく知る研究者で、アイスランドの次期保健局長官候補だったグジョン・マグナッソンはこんな冗談を言った。「ＩＭＦと吸血鬼の違いは何だと思う？　相手が死んだら血を吸うのをやめるかどうかってところだよ[19]」

金融危機下での政策選択をめぐる議論

他の国の例からもわかるように、不況に陥ったからといって、それが必ずしも公衆衛生上の災害に結びつくとはかぎらない。しかし結びつく可能性はある。わたしたち二人はアイスランドの公衆衛生がどうなるか心配し、保健医療関連のデータを注視していた。ニューディール政策下のアメリカのような道をたどってくれればいいのだが、ＩＭＦの圧力に負けてロシアのような道をたどる恐れもあった。マグナッソンも同じ懸念を抱いていて、ここは何としても保健医療予算を維持するべきだと強調し、まさにその問題をテーマにした会議を一〇月にレイキャビクで予定しているから、きみたちもぜひ参加してほしいと言った。それはマグナッソンの研究チームとアイスランドの保健・社会保障省が主催する会議で、アイスランド国民の健康が危機に瀕するのを防ぐにはどうしたらいいかを話し合うものだった。そしてマグナッソンは、アイスランドの政策担当者が特に知りたがっている点をいくつか挙げた。たとえば、ＩＭＦが求める大規模な予算削減と医療制度の維持をどう両立させればいいのか。うつ病などの精神的健康障害の増加を防ぐにはどういう政策が必要か。これまでの他国の例では、経済崩壊によってどのような健康上の問題が生じたのか、などである。

残念ながら、マグナッソンは欧州ヘルスフォーラムのあとほどなくして心臓発作で他界したが、わたしたちは彼に敬意を表してレイキャビクの会議に出席した。そして不況が健康に及ぼす影響についてデータを示し、過去に見られた自殺リスクの上昇や、旧ソ連諸国が直面した悲惨な状況、あるいは政府の選択によって運命が分かれた東アジアの例などを紹介した。これらのデータを見るかぎり、たとえアイスランドに多くの強みがあっても、社会保護関連予算を大幅に削減すれば健康リスクが増加することは明らかで、わたしたちはその点を訴えた。

この会議では、緊縮策に賛成、反対それぞれの立場から意見が述べられた。賛成の人々は、緊縮策を実施すれば投資家が安心し、彼らのアイスランド離れを防いで不況の悪化を食い止めることができるので、結果的に公衆衛生上の災害も避けることができると主張した。だがこの主張は理論上のものでしかなく、これまでの不況関連のデータとは一致しない。これまでのところ、思い切った緊縮策が不況に歯止めをかけることを示すデータはなく、数字はむしろその逆を示している。つまり緊縮策によって失業率がさらに上がり、消費がますます落ち込み、経済がいっそう減速したと解釈できるデータばかりである。

このような問題はデータに基づいて客観的に議論しなければならない。公衆衛生の改善や経済全体の回復という観点から、緊縮策と刺激策のどちらがどの程度助けになるかを具体的に検討しなければならない。その際、鍵になるのが「政府支出乗数」と呼ばれる値である。これは政府支出を一ドル増やしたときに国民所得が何ドル増えるかを表す数値で、一より大きければ政府支出がそれなりの経済効果をもつと考えられるが、一より小さければ効果は期待できず、むしろその分を民間部門に委ねたほうが効率がいいと考えることができる。

この政府支出乗数を、当時のＩＭＦのエコノミストたちはどの国についてもおよそ〇・五と想定していた。つまり政府支出の効果は小さいということで、だとすれば政府支出を削ったほうがいいことになる。しかしながら、実はこの〇・五という数字にはしっかりした根拠がなかった。しかもＩＭＦは、どの分野の支出についても乗数は同じようなものだと考えていた。たとえば教育予算も軍事予算も同じような経済効果をもつと想定していた。これはおかしな話である。本来なら分野ごとのデータに基づき、どの削減が致命的なのか、あるいはどの削減なら害が少なく、かつ経済回復が期待できるかを具体的に検討するのが当然ではないだろうか。

こうした場合に求められるのは実際のデータに基づいた現実的アプローチであって、未検証の理屈による数理モデルではない。そこで、わたしたちは実データを用いてＩＭＦの推定値を検証してみた。ヨーロッパ二五カ国とアメリカ、日本の過去一〇年以上にわたるデータから、各分野の政府支出の増額あるいは削減がどのような結果を生んだかを調べ、それをアイスランドの主な政策プログラムに当てはめて分析した。その結果、まず全体で言うと、ＩＭＦが想定していた政府支出乗数が極端に小さく、実際にはおよそ一・七であることがわかった。無理な予算削減は景気後退をもたらしかねないという結果である。

また分野別で言うと、アイスランドの場合、最も乗数が大きいのは保健医療と教育で、どちらも三を超えていた。つまりＩＭＦは緊縮策の全体的な悪影響を過小評価していたばかりではなく、保健医療分野の予算削減が深刻な影響をもたらすという点も見落としていたことになる。逆に小さいのは防衛と銀行救済措置で、どちらも一を大きく下回っていた。これらの数字は納得のいくもので、たとえばアイスランドの防衛支出はその大半が国外に流出してしまい、国内の製造・開発関連の雇用創出にはもはや結びつかなくなっていた。また、銀行救済のための資金投入も、結局はオフショア銀行の口座に納まるだけで、雇用創出や技術開発に再投資されるとは考えにくかった。一方、保健医療と教育関連の政府支出は、短期的にも長期的にも経済的見返りが期待できた。短期的には、いずれの分野も予算をしっかり吸収して、それを教職員や医療関係者の雇用、関連企業の活動に変えることができる。また長期的には人的投資につながり、健康で教育レベルの高い人材が市場に供給されることになる。(20)

同じ二〇〇九年に、わたし（デヴィッド）はアイスランドのジャーナリストからも研究成果の説明を求められたが、そのときにはこう言っておいた。「失速しかかった飛行機から燃料を抜いても何の意味もありません。むしろエンジン出力を上げてスピードアップしなければなりません」。多くの経済学者も専門の立場から同様の懸念を表明し、ジョセフ・スティグリッツもアイスランドのテレビに出演して、「ＩＭＦが財政を絞れと言ってきたら、追い返してしまいなさい」と述べた。しかしながら、アイスランドにはかぎられた選択肢しかなかった。中央銀行が小さく、対外債務がＧＤＰの九倍にもなっていたので、やはり〝最後の貸し手〟であるＩＭＦに頼るしかなかった。

ところが、二〇一〇年に入ると意外な展開が待っていた。ＩＭＦの融資プログラムの第二次レビューの少し前のことだが、大統領のオラフル・ラグナル・グリムソンがアイスセーブの海外預金者への返済に関する法案の署名を拒否し、その判断を国民投票に委ねたのである。(21)

国民が投票で政策を選択した

大統領の拒否権発動にいたる流れは、一年以上前の国民の抗議デモから始まっていたと言っていいだろう。抗議デモは二〇〇八年末以降に繰り返し行われたが、次第に人数が増え、二〇〇九年一月にはとうとう三〇〇〇人規模になり、機動隊ともみ合う騒ぎとなった。とはいえ、全体的に見れば穏やかなデモで、人々は鍋や釜をたたいて訴えたし、国会議事堂に向かって投げたのは火炎瓶ではなく、卵やトマト、あるいは履き古しの靴だった。彼らが求めたのは銀行破綻の原因究明と責任者の引責辞任、事態を傍観していた内閣総辞職、解散総選挙などである。デモ参加者の一人はレポーターにこう述べた。「今ここに集まっているのは〝活動家〟や〝過激派〟ではありません。みんなごく普通の市民ですよ(22)」

デモ参加者が三〇〇〇人というのは少ないように思えるが、考えてみれば人口の一パーセントである。これがアメリカだったら三〇〇万人に相当する人々が抗議したわけで、ある議員がこう述べたのもうなずける。「抗議の声ははっきり届いています。国民が変化を求めていることはわかっています」。そしてその声に押されるようにして、その後内閣は崩壊し、ホルデ首相は辞任した。(23)

こうして国民の抗議の声が大きな流れを生み、二〇一〇年二月に中道左派政権が誕生し、続いて三月六日にはアイスセーブ問題への公的資金投入の是非を問う国民投票が行われた（その是非は緊縮策受け入れの是非とも結びついていた）。アイスランドで国民投票が行われたのは、一九四四年にデンマークからの独立を決定したとき以来のことである。リスクの高い投資や口座に手を出した銀行や投資家、預金者に対して、税金で補償する必要があるのか？　そのために必要以上の予算削減までのまなければならないのか？　この問いに対し、国民投票で九三パーセントがノーと答え、その結果アイスセーブの預金者保護に関する法案は退けられた[24]。

この投票の結果に対し、株式市場はすぐに否定的な反応を示した。その背景には、一九世紀の思想家アレクシス・ド・トクヴィルが指摘した「多数派の専制」への危惧や、おなじみのミルトン・フリードマンの「経済は市場に任せるべきだ」といった考え方が働いていたに違いない。複雑な経済を理解できるのは一部の知識人だけであって、それを〝怒れる群衆〟の手に委ねてもうまくいかないと考えた人もいただろう。あるいは、緊縮策のように痛みを伴う政策は、それがいかに将来のために必要だと説いたところで一般市民には納得できないのだから、国民投票などに委ねるべきではないと考えた人もいるだろう。そうした考え方が正しいとすれば、国民に決定を委ねたアイスランドの政治家たちは舵取りを間違えたことになる。

その一方で、アイスランド国民を後押しする声も寄せられた。たとえば、今回の世界的な経済・金融危機を事前に予測し、警鐘を鳴らしていたロンドン・スクール・オブ・エコノミクス（ＬＳＥ）のロバート・ウェイド（政治経済学）は、アイスランドのメディアに次のような意見を述べた。ニューディールのような公共事業政策にこそ金をかけるべきで、そうすればただ失業手当に頼るだけの人々が増えることもない。仕事に復帰できる人が多ければ多いほど、その人々が収入を消費に回して景気回復に一役買ってくれる。特に若い世代に関しては、失業が長引けば、一度も働いたことがないという一種の〝失われた世代〟が生まれかねないし、あるいは海外に移住したまま戻ってこなくなる恐れもある。また、人々を労働市場の外に追い出さないことが肝心で、企業も解雇ではなく、労働時間の縮小で対処するのが望ましい。さらに、政府は高齢者の基本的ニーズを満たすべく、年金を維持しなければならない。(25)

結局、アイスランドの有権者はアイスセーブ返済にもＩＭＦの緊縮策にもはっきりノー（アイスランド語ではネイ）と言い、その選択の是非は現実の世界で試されることになった。彼らは正しかったのだろうか？　それとも彼らはただ利己的な判断をしただけで、経済に暗く、間違った道を選んでしまったのだろうか？　ウォール街やＩＭＦが言うように、緊縮政策という苦い薬をのむべきだったのだろうか？

不況のせいで健康になった？

その答えを知るために、わたしたちはこの時期のアイスランドについて経済と公衆衛生の両面からデータを追い、予測と現実を突き合わせていった。

まず世界保健機関（ＷＨＯ）欧州事務局が収集したアイスランドの死亡統計を調べたが、二〇〇七年から二〇一〇年までの数字を見ると、その間に最悪の金融危機に直面したにもかかわらず、死亡率は一貫して下がりつづけていた。死因別では市場崩壊後に自殺率が若干上がったものの、統計的に有意な変化ではなかった。一〇万人当たりの数字では、二〇〇七年が一一・四人、二〇〇八年が一二・一人、二〇〇九年が一一・八人と、二〇〇八年に少し上がっている。だが、なにしろ人口がおよそ三〇万人と少ないので、実際の人数は二〇〇七年が三七人、二〇〇八年が三八人、二〇〇九年が三六人であり、意味づけができるほどの変化ではない(26)。

次に病院の記録から、ストレスの指標としては自殺よりも敏感な心臓発作の増減を調べた。それ以前のヨーロッパの不況に関する研究から、金融危機の際に心臓発作の発症率が短期的に上がることがわかっている。また幸いなことに、アイスランドの医療制度はよく整備されていて、緊急治療室(ER)に運び込まれた患者全員のデータがあり、症状まで調べることができる。そして分析の結果、今回のアイスランドの金融危機においては、心臓発作の増加はほんのわずかなものでしかなかったことがわかった。その微増は二〇〇八年の第四一週だけに見られ(これについてはすぐあとで述べる)、しかも、ストレスが原因の心臓発作は一般的には労働年齢の男性に多いのに、アイスランドの場合は女性だけだった。この微増は自殺率の変動と同様、人数や週ごとの変動などから判断して統計的に有意なものとは言えない(27)。

自殺にも心臓発作にも顕著な増加が見られなかったので、わたしたちは首をひねった。一般的に不況時にはストレスの高まりが見られるはずだが、アイスランドの場合はそれが別の形で表れていて、それをわたしたちが見逃しているのだろうか? あるいは調査が早すぎて、影響が現れる前だったのだろうか? これが他の国であれば、生活が苦しくなって医療を受けなかったために統計に表れなかったという可能性もあるが、国民皆保険制度が維持されていたアイスランドでそれは考えにくい。ショック療法を強いられたロシアとは異なり、アイスランドでは国民全員が保険でカバーされていたし、病院や診療所が閉鎖されることもなかった。つまり医療へのアクセスに問題はなかった。

そこで、心臓発作以外に何か症状が出ていないかと別の健康・福祉関連のデータに当たってみたところ、意外なことに上気道〔呼吸器の鼻から咽頭まで〕の疾患が増えていた。ストレスによって喫煙量が増えたのだろうか？　アイスランド人は三人に一人が喫煙者なので、それも考えられなくはない。だがさらに詳しく調べてみると、原因は二〇一〇年四月のエイヤフィヤトラヨークトル山の噴火にあるとわかった。火山ガスが島を覆ったために呼吸器疾患が増えたのであって、金融危機とは無関係だった。[28]

では精神疾患はどうだろう。患者数に増減はなかったのだろうか。その点を調べてみたところ、やはり大きな変化は見られなかったが、二〇〇八年の第四一週に入院者数が少し増えていたことがわかった。先ほどの心臓発作の微増と同じ週である。これを見てわたしたちはなるほどと納得した。第四一週（一〇月六日から一〇月一二日まで）は確かに緊張に満ちた週だった。ホルデ首相が「わが国は今、重大な危機に直面しています」とテレビで国民に呼びかけたのが一〇月六日で、イギリスのブラウン首相が反テロ法（二〇〇一年反テロリズム、犯罪および安全保障法）を適用してランズバンキの英国支店の資産を凍結したのが一〇月八日である。ホルデ首相のスピーチは国民を震え上がらせたし、ブラウン首相が持ち出した反テロ法（二〇〇一年法）はそもそもイスラム過激派対策のための法律で、アイスランド人にとってはショック以外のなにものでもなかっただろう。もちろん、具体的にどれがストレス要因となって精神疾患の入院患者数が増えたのかはわからない。しかしながら、第四一週に心臓発作と精神疾患の発症数が若干とはいえ同時に増えたという事実から、金融危機自体もさることながら、それに対する為政者の態度もまた人々の不安やストレスに影響を及ぼすと言えそうだ。[29]

一方、精神疾患に関しては、データに表れる患者数の増加は氷山の一角にすぎないことがわかっている。うつ病その他の精神疾患に悩む人々のなかで、実際に診察を受けたり入院したりするのはごく一部であり、ほとんどの人は一人で苦しんでいる。そこで、経済破綻が精神衛生にもたらした影響をより広く把握するために、わたしたちはアイスランドで実施された健康調査の結果を分析することにした。さまざまな社会階層から抽出された三七八三人を対象にした継続的調査で、金融危機直前の二〇〇七年と、危機発生後の二〇〇九年に行われた調査である。うつ病の症状についてもWHOが定めた五つの質問項目に対する回答が集計されていて、それによると、うつ病の症状があると考えられる人は金融危機後に男性が一・五パーセント、女性が二・四パーセント増加していた。女性のほうがうつ病になりやすいという傾向は見て取れるものの、この結果はいずれもごくわずかな増加でしかなく、国際基準に照らしてみても統計的に有意なものとは言えない。金融危機の影響を受けやすいという点では、低学歴の人々、独身者、失業者などが注目されるが、そうした人々の間でもうつ病の顕著な増加は見られなかった。総じて、金融危機でうつ病が増えたとはっきり言えるような説得力のあるデータは見つからなかった。[30]

それどころか、この調査結果のなかには、金融危機に見舞われたにもかかわらず、アイスランド人の精神状態が改善されたことを示すものがあった。たとえば、「朝の目覚めが爽快」と答えた人は危機前よりも危機後のほうが多かった。これは、不況で労働時間が短くなり、余暇時間が増えたからと解釈することができそうだ。わたしたちはこの分析の信頼性を高めるために、幸福の研究で知られるケンブリッジ大学のフェリシア・ユペールに分析内容を見てもらった。すると、彼女はデータを検証した上でこう言った。「すばらしい結果じゃありませんか!」

また、この結果は二〇一二年の国連世界幸福度報告書の内容とも一致する（こちらも幸福の研究で有名なロンドン・スクール・オブ・エコノミクスのリチャード・レイナードが編集に携わっている）。幸福度の指標には「国民総幸福」、「幸福度指標」などいろいろあるが、どれを見てもアイスランドは常に上位にランクインしている。二〇一二年の国連世界幸福度報告書でも、幸福度の評価項目の一つである「ポジティブな感情」（幸せな気分）の数値が世界で最も高かった。[31]

では、経済崩壊の危機に直面しながら、アイスランドの人々はなぜ幸福と健康を維持することができたのだろうか?

一つには、不況そのものが健康を後押ししたと考えられる部分がある。先ほど不況による労働時間の減少が精神状態の改善につながったようだと述べたが、ほかにも健康への好影響がいくつも見られた。そう考えたのはわたしたちばかりではない。アイスランドのある経済学者のグループも、国内のさまざまなデータを集めて分析し、わたしたちと同じ結論に達している。たとえば、前述のアイスランドの健康調査には食事、飲酒、喫煙に関する項目も含まれているのだが、その数字を見ると二〇〇九年には二〇〇七年よりもファストフードの消費量が減り、また飲酒と喫煙の頻度が減っていた。これは輸入品価格の高騰と収入の減少によって、人々が酒類やたばこを、あるいは外食を控えるようになったためと考えられる。また、睡眠時間も金融危機以前より以後のほうが長くなっていたが、これも労働時間の減少と無関係ではないだろう。もちろんこれらのデータは、健康改善の原因が不況であることを直接示すものではないが、不況期に保健統計の数字が好ましい方向へ動いたことは事実であり、これらのデータはそれを明らかにするものだった[32]。

ファストフードについては、二〇〇九年一〇月にマクドナルドがアイスランドからの撤退を余儀なくされた。理由は「厳しい経済環境」と「アイスランドならではの運営上の問題」とされたが、端的に言えばクローナの下落によってトマトや玉ねぎの輸入価格が跳ね上がったからである。フランチャイズオーナーの一人は、「ドイツから玉ねぎを一キロ輸入するのに、高級ウイスキーくらいの値段を払わなきゃいけないんですから」と嘆いた。マクドナルドは一例だが、外食産業の多くが輸入品に依存していたため、価格が上がって客足が遠のいた。代わりに人々は家で地元の食材を料理して食べるようになり、ファストフードの消費量減少とは対照的に魚の消費量が増加した。これが人々の健康のみならず、アイスランドの本来の基幹産業である漁業の回復に結びつき、さらには輸出拡大へとつながっていった[33]。

また、酒類については、アイスランドでは以前から専売制がとられていて、一九八〇年代、一九九〇年代には入手が難しい時期もあった。ＩＭＦは経済活性化のために民営化を勧告したが、アイスランド政府はこれを拒否し、専売制を維持した。しかも金融危機で価格が高騰したため、国民にはなかなか手が出ず、不況のストレスを酒で解消するというわけにはいかなかった[34]。

このように、不況には実は健康を促す側面もあると言わざるをえない。では、国民の意思（つまり国民投票）のほうは健康にどのような影響を及ぼしたのだろうか。アイスランド国民はあえて緊縮策を退け、アイスセーブの返済も遅らせたが、その決断は彼らのその後の経済や公衆衛生にどのような影響を与えたのだろうか。

社会保護維持のために行われたこと

アイスランドは国民の健康と福祉を守るために二つの重要な決断をした。ＩＭＦの極端な緊縮策を拒否したことと、自国の社会保護政策を堅持したことである。アイスランドがとった政策はニューディール政策の現代版と言ってもいい。アイスランドは今回の金融危機以前の数十年間で強固な社会保護制度を確立していたが、それを維持するという国民の意思がはっきり示されると、政府は単なる維持にとどまらず、必要に応じて積極的に拡大した。二〇〇七年にＧＤＰの四二・三パーセントだった政府支出は、二〇〇八年に五七・七パーセントに上がり、本書執筆時点でもなおＧＤＰ比で金融危機以前より一割ほど高い水準となっている。しかも、緊縮策を説く人々が言うように、こうした刺激策がインフレ率上昇、負債膨張、海外依存度上昇などにつながったかというと、そうはならなかった[35]。

アイスランド政府は医療制度を堅持した。医療関連予算の大幅削減によって予算の帳尻を合わせるようなことはせず、むしろその逆に増額した。クローナの下落で医薬品の輸入量が落ち込むことがないように、医療関連予算を二〇〇七年の一人当たり三八万クローナから二〇〇九年の一人当たり四五万三〇〇〇クローナへと増やしたのである。これにより基本的な医療サービスが維持され、医療へのアクセスが低下することはなかった。

また食料費補助、住宅支援、再就職支援といった制度も維持された。失業の急増に対しては、主要な労働政策を強化して再就職を後押しする一方、一連の債務免除政策（後述）の対象に中小企業も含めることによって解雇の抑制を図った。これは、その企業の将来の資金繰りにしっかりしためどが立つのであれば、債務あるいは債務の一部を免除するというもので、そのおかげで従業員の解雇を思いとどまったり、あるいは新たに雇ったりする企業が少なくなかった。経済協力開発機構（OECD）の報告書にも、「アイスランド政府は公共職業安定所関連の予算を大幅に増やし、適切なジョブマッチングと職業訓練を促進した」とある。OECDはIMFと足並みをそろえて緊縮策を提言してはいたが、その実施要領はあくまでも「人間の顔をした」ものでなければならないとし、社会保護維持の必要性を指摘していた[36]。

なお、アイスランドの社会保護支出の総額を見ると、二〇〇七年の二八〇〇億クローナ（およそ二二億ドル）から二〇〇九年の三七九〇億クローナ（およそ三〇億ドル）へ——名目GDPの二一パーセントから二五パーセントへ——と増加しているが、この増額分のなかで大きな割合を占めたのが債務免除政策のための予算である。そのうちの中小企業に対する債務免除については前段落で述べたが、個人の住宅ローンについても特別の措置がとられた。具体的に言うと、住宅ローンを抱えた住宅所有者に対して住宅価格の一一〇パーセントを超える部分について債務を免除し、また高金利のモーゲージを抱えた低所得者に対しては国が一時的に補助を与えるという内容で、これは革新的な措置だった。今回の大不況は多くの国を巻き込んだが、国民にこれほど手厚い支援を行った国はほかにない。たとえばスペインでは、事実上破産しても住宅ローンの返済を続けなければならないため、多くの人がホームレスになった。だがアイスランドはその正反対で、債務免除政策によって自宅を手放さずにすんだ人が多く、ホームレス人口が激増することはなかった。所得補助についても、大不況で対象者が増加するなか、政府は政策を維持した。二〇〇七年に四〇〇〇世帯だった受給世帯は二〇一〇年に七〇〇〇世帯にまで増えた。だが国の補助のおかげで、あれほどの金融崩壊に見舞われながら、アイスランドの貧困世帯の割合はほとんど変わらなかった。そうでなければ人口の三割が貧困に陥っていただろう。また、アイスランドの保健・社会保障省は、大不況が国民の健康や福祉にどのような影響を及ぼしつつあるかを監視するため、「ウェルフェア・ウォッチ」と呼ばれる監視委員会を設置しており、この委員会の提言の多くが政府によって実行に移されている。[37]

このように、アイスランドはセーフティネットを維持することで金融危機に立ち向かったが、これを乗り越えることができた理由として、もう一つ忘れてはならないものがあり、それが国民の団結である。金融危機発生直後には、巨額の負債を作った富裕層とそれ以外の人々との間に亀裂が生じたが、その後の国民投票を経て再びこの国に団結の火がともり、国民全員が同じ危機のなかにあるという感覚が共有された。もともとアイスランドは西欧諸国のなかでもとりわけ社会関係資本《ソーシャル・キャピタル》が豊かな国で、誰もが近所で、職場で、そして教会で親しい友人の輪に囲まれている。つまり、ソ連の負の遺産であるモノゴーラドで孤独と荒廃のなかに取り残された人々とはまったく異なり、アイスランド国民は強いネットワークのなかに置かれている。わたしたちも空港に降り立った途端にその雰囲気を感じ、驚いた。前述のようにこの国の人々には姓がなく、誰もがファーストネームで呼び合っているのでなおさらのことだ。また、アイスランド人は家族でサウナやスチームバスに行く習慣があるが、これもまたリラックスのみならず、共同体意識や連帯感を強める役に立っている。金融危機に瀕しても民主主義精神が損なわれず、むしろ高められたのは、そうした背景があったからでもあるだろう。金融崩壊の前にはあれだけ拡大していた所得格差も、危機発生後には一気に縮小し、他の北欧諸国と同レベルに戻った[38]。

結局、未曽有の金融危機に見舞われたにもかかわらず、アイスランドに深刻な〝健康危機〟は発生しなかった。実際、経済崩壊の影響は映画にするほどにもならず、ヘルジ・フェリクソンの『アイスランドに神のご加護を《ゴッド・ブレス・アイスランド》』は不評に終わった。狙いが外れ、アイスランドが崩壊しなかったので、ドラマ性のない、〝刺激が足りない〟映画になったからである[39]。

アイスランドの例は、非常事態であっても、つまり特別措置が必要になっても、民主主義を維持することがどれほど大切かを教えてくれる。厳しい措置が必要なときほど民主主義を堅持しなければならない。自分たちで決めたことならば、それが苦い薬であっても少しは楽にのみ込める。

アイスランドから学ぶべきこと

アイスランドが金融危機に陥った最大の原因は、一九九〇年代と二〇〇〇年代初頭の急激な「金融化」にあった。当時の好調な経済は高リスクの投資に基づいたバブルであって、本当に役立つ商品・サービス・新技術を生み出すものではなかった。だがアイスランド人はただ危機にのみ込まれるのではなく、それを賢く乗り切ることによって、危機を学びの場に変えた。そして今、本来の価値へ、実体経済へと舵を切ることで国を立て直そうとしている。二〇一二年、イギリス経済が保守派の緊縮政策の下で停滞を続けるなか、アイスランド経済は三パーセントの伸びを達成し、失業率も五パーセントを切った。そして同年六月には、予定よりも早く、IMFなどから借り入れた資金の返済も始まった。二〇〇八年以降に引き下げられた格付けも、二〇一二年二月には「異例の危機対応」が評価されて投資適格等級に引き上げられた(40)。

アイスランド政府のユニークな対応が「思いもよらぬ」経済回復につながったことは、IMFでさえのちに認めざるをえなかった(もっともIMFの場合、改革案が出されても、結局はまた以前のやり方に戻ってしまうという繰り返しなのだが)。アイスランドから得られた最大の教訓は、IMFの事後評価レポートの次の個所に示されている。「アイスランド政府は危機後も福祉国家としての根幹を守るという目標を掲げ、そのために福祉を堅持した。それをいかにして財政再建と両立させたかというと、まず歳出削減においては福祉を損なわないように配慮し、また歳入増加においては富裕層への増税を柱とした」。表現が硬いものの、要するに、福利のためにも景気回復のためにも社会保護制度が欠かせないと認めた内容で、これはIMFとしては画期的なレポートだった(41)。

もちろん、アイスランドのやり方を誰もが認めたわけではない。イギリスとオランダはアイスセーブの補償金の支払いを求め、歳出を削減してその分を支払いに回すようさまざまな圧力をかけつづけた。だがアイスランド国民は、二〇〇九年三月に続き、二〇一一年四月の二回目の国民投票でもこの支払いを拒否した。アイスセーブの海外預金者への返済に関する法案はその後何度も練り直されていたが、結局この二回目の国民投票でも六〇パーセントの国民が反対し、法案は通らなかった。英フィナンシャル・タイムズ紙が報じたように、アイスランドの人々は「銀行より国民を優先した」のである。その考え方はアイスセーブ返済問題のみならず、銀行の責任者の追及という形でも表れた。たとえば、グリトニル銀行の元CEOラルス・ウェルディングは違法ローンを提供した罪で起訴され、有罪になった。グリムソン大統領も、「アイスランド政府は国民を救済し、今回の金融崩壊の原因を作った銀行幹部を刑務所に送りました。つまり、アメリカや他のヨーロッパ諸国とは逆のことをしたのです」と述べている。欧米の大手銀行と同じように、アイスランドの主要銀行も「大きすぎて潰せない」と見なされていたが、アイスランド政府は潰れるに任せた。その決断が正しかったかどうかは、結果を見れば明らかである。多くのヨーロッパ諸国が苦しみつづけるなか、アイスランドは景気回復に成功したのだから。(42)

本書執筆中に、アイスセーブ問題はとうとう国際調停に持ち込まれることになった。二度目の国民投票の結果を受け、イギリスとオランダが欧州自由貿易連合（EFTA）の調停に委ねたのである〔二〇一三年三月に、EFTAはアイスランドに費用負担の義務はないとの判決を下した〕。それでもアイスランド政府は態度を変えず、極端な緊縮策を退け、社会保護制度を維持することによって国民の命と健康を守りつづけた。アイスランド国民は銀行が無謀な投資に走るのを手をこまねいて見ていたわけだが、その投資が招いた事態の収拾に当たっては傍観することなく、国民全員が参加して方法を決めた。それを受けて政府も賢い選択をし、それ以上の被害が及ばないように国民を守りつつ、経済を立て直していった。

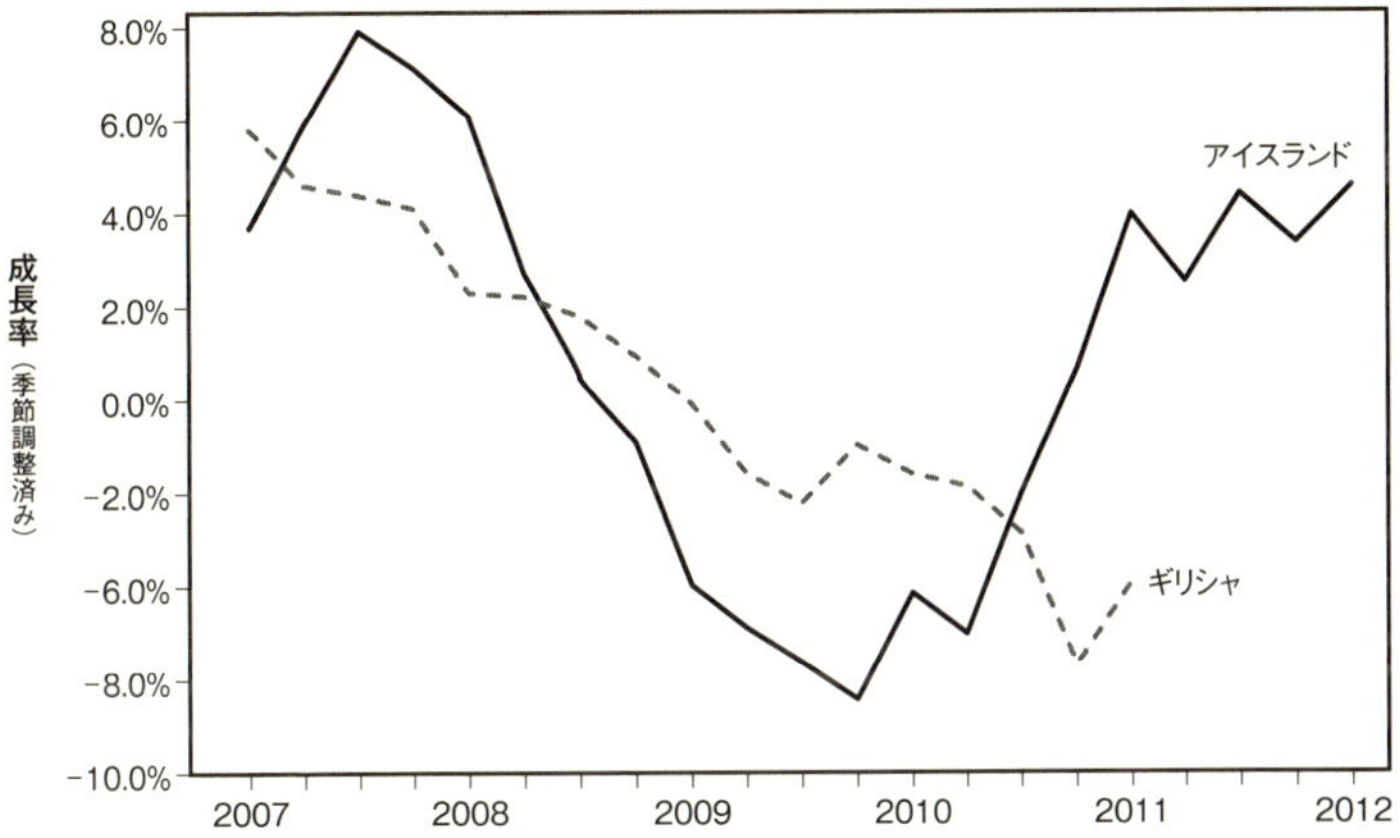

図4-1　金融危機後のアイスランドとギリシャの歩み(44)

しかもそれだけでは終わらなかった。アイスランドは今回の経済崩壊から教訓を得て、再び国家破綻の危機を招くことがないように先手を打ち、憲法を改正した。改正案は二〇一一年七月に作成されたが、その方法もユニークだった。一般市民のなかから立候補して選ばれた二五人の代表が、インターネットを利用して広く国民の意見を取り入れて（クラウドソーシング）まとめたのである。主眼に置かれたのは、天然資源の管理強化と、政治家と銀行の癒着の解消だった。そしてこの改正案は、これまたインターネット上で二〇一二年一〇月に国民投票にかけられた。ソーシャルメディアのアプリケーションを利用して、改正案に関する六つの質問に答えるという方法で、国民の三分の二が草案を新憲法の土台とすることに賛成した(43)。

アイスランドが福祉を維持できたのは、政府が民主主義を第一とし、かつ国民が社会保護維持の意思を明確にしたからだった。その結果、アイスランドはよりいっそう強い社会になった。この章の冒頭で紹介した二〇〇八年一〇月六日のテレビ演説で、ホルデ首相は、「皆さん、最悪の場合、わが国の経済は銀行とともに混乱の渦に巻き込まれ、国家破綻という結果になるかもしれません」に続けてこう言っていた。「しかしながら、責任ある政府は、たとえ銀行制度が崩壊の危機に瀕しようとも、国民の未来を危険にさらすようなことはいたしません」。そのために、アイスランドは厳しい緊縮政策の道を歩まず、住宅支援や再就職支援、医療保険といった主要な制度を支えつづけた(45)。

わたしたち二人の助言が聞き入れられた成果だと言いたいところだが、そうではない。国民の命と健康を守るために必要なデータを見て、必要な措置を講じたのは、アイスランド国民自身だった。アイスランドを救ったのは神ではなく、アイスランド国民である。これとは対照的なのがギリシャで、その違いは図4-1にも表れている。次章ではそのギリシャで何が起きたのかを見ていく。ギリシャは欧州中央銀行(ECB)とIMFから厳しい緊縮策を課せられ、一時的に民主主義が犠牲にされ、その結果アイスランドとはまったく異なる道を歩むことになった。

第5章　ギリシャの公衆衛生危機と緊縮財政

「不況下での緊縮財政」という実験

男前の五十代で元大学教授のロベルドスは、売春婦を必要としていた。いや、客としてではない。ロベルドスとは二〇一二年にギリシャの保健・社会福祉相だったアンドレアス・ロベルドスのことである。この年の五月一日の朝、ロベルドスはアテネ下町のオモニア広場周辺で行われた警察の手入れの指揮をとった。対象は違法売春宿だが、目的はＨＩＶ感染者の売春婦を見つけることにあった。そして、この日に摘発が行われたのは、総選挙が数日後に迫っていたからでもある。

前年の二〇一一年のこと、ギリシャ全土の病院・診療所を対象に行われた性感染症の調査で意外な結果が出た。一月から五月までの新規ＨＩＶ感染者数が前年同時期より五二パーセントも増えていた。ＨＩＶの蔓延は発展途上国の問題だと思われていたし、現にギリシャでは今世紀に入ってからあるレベルに落ち着いていたので、これには誰もが驚いた。しかも西ヨーロッパで増加が見られたのはギリシャだけだった(1)。

このニュースはさっそく世界中のメディアに取り上げられ、ギリシャはやはりEU内の落ちこぼれだったと報道された。二〇一一年末にはBBCまでがギリシャに「ヨーロッパの病人」のレッテルを貼る事態となり〔二〇〇八年の暴動時に続いて二度目。「ヨーロッパの病人」は、もともとは一九六〇～七〇年代のイギリスに貼られたレッテルだった〕、ギリシャは迅速な対応を迫られた。対応しなければならないのは保健・社会福祉相のロベルドスである。だが困ったことに、ギリシャはIMFとECBの勧告を受けてすでに公衆衛生予算を大幅に絞り込んでいて、エイズ対策予算などとっくに削られてしまっていた。しかもタイミングが悪いことに、ロベルドスはちょうど次の総選挙に再出馬すると決めたところだった。ロベルドスの選挙参謀たちは頭を悩ませたが、こうなると結局のところ昔ながらの方法に頼るしかない。性感染症が急拡大した場合にどの国でもうまくいく方法、つまり、弱い立場の人々をスケープゴートにすることである。(2)

ロベルドスはそのために必要な法案を準備した。そして二〇一二年四月に移民法が改正され、「公衆衛生上の危険」があると考えられる場合、本人の同意がなくても性感染症の検査を強要することができるようになった。ロベルドスはさっそくテレビに出て、模範的かつ家庭的な父親の代表を演じ、不況のせいで失われたギリシャ社会の美徳を復活させなければならないと説いた。そして、「社会の迷惑」であり「不衛生な爆弾」でもある売春婦を逮捕すると約束し、それを実行に移したのが二〇一二年五月一日だったというわけである。この日、保健・社会福祉省は拘束した売春婦たちの血液検査を行い、HIV陽性だった二九人の売春婦の写真を公開し、彼女たちこそ「人々に死をもたらす罠」だと非難した。(3)

これはギリシャの悲劇のほんの一面にすぎない。悲劇はほかにもさまざまな形をとって現れた。アテネ中心部のオモニア広場やシンタグマ広場周辺で警察の出動が相次いだのも、不法移民や売春婦の取り締まりのためばかりではない。それは治安維持や暴動鎮圧のためでもあった。シンタグマ広場の周囲には国会議事堂があり、五つ星のホテル・グランドブルターニュもある。このホテルはIMFとEUとECB――通称トロイカ――の専門家チームの定宿の一つで、ギリシャ救済策の詳細がここで話し合われていた。ではこの広場を何から守るのか？　それは広場周辺の路上生活者から、あるいは繰り返し起きる抗議デモからである。

ギリシャでは住宅の差し押さえが急増し、同時に社会保護システムも崩壊したため、多くの人が行き場を失った。ホームレス人口は二〇〇九年から二〇一一年で二五パーセント増加し、同時に殺人事件も増えて、二〇〇七年から二〇一一年で二倍になった。特に目立ったのがオモニア広場などのアテネの下町界隈で、このあたりの建物の壁のくぼみや地下鉄の通気口の上に、数多くの物乞いや麻薬常習者、浮浪児が住みついた。

シンタグマ広場では抗議デモが相次ぎ、二〇一〇年五月には暴動に発展した。財政再建策が話し合われるなか、この日、予算の大幅削減や増税に反対する人々がこの広場に集まり、それが一〇〇人、一〇〇〇人、やがて数千人と膨れ上がって、とうとう機動隊が催涙ガスで応じる事態となった。

要するに、ギリシャの悲劇はアイスランドの逆のシナリオだと考えればいい。〝トロイカ〟の指示の下、ギリシャの民主主義は一時的に呼吸停止状態に追い込まれた。政府は第二次世界大戦以来という厳しい緊縮政策を実施し、社会的弱者の命と健康が危険にさらされた。だが彼らが身を削って支払わされたのは、政府と銀行の愚行の代償である。しかもギリシャ政府は〝健康危機〟が明らかになってもなお、これに対処するどころか事実を否定し、危機は悪化の一途をたどった。

こうしてギリシャはアイスランドとは逆の意味の〝実験室〟になった。無謀な緊縮政策が国民の健康にどういう影響を与えるかは、ギリシャを見ればよくわかる。そのような緊縮政策を強いられるにいたったそもそもの原因は、財政上の数々の失策に、数えきれないほどの汚職、脱税が重なったからだが、これも突き詰めれば民主主義の欠如に行き着く。アイスランドとは異なり、ギリシャでは民意が明確な形で表明されることがなかった。

ギリシャの急成長とその崩壊

ギリシャがこのような混乱に陥った経緯を理解するには、少なくとも四〇年はさかのぼらなければならない。ギリシャの軍事独裁政権が崩壊して民主主義に移行したのは一九七四年のことである。当時ギリシャは欧州内の最貧国の一つだった。だがその後、観光、海運業、農業に支えられて経済は徐々に上向いた。エーゲ海クルーズが人気となってミコノス島やサントリーニ島に観光客が押し寄せるようになり、綿、オリーブ、野菜、果物といった主要産物の輸出量も増えた。ギリシャ経済はゆっくりと、だが着実に成長し、一九八〇年代、九〇年代には平均一・五パーセント弱の伸びを続けた。

その緩やかな成長を急成長へと押し上げるきっかけになったのが、二〇〇一年一月のユーロ導入である。導入と同時にEU諸国から資金が流れ込み、建設ラッシュが始まった。その後の五年間で、E

Uは構造改革基金（域内地域間格差是正のための補助金）としてギリシャのインフラ構築に二四〇億ドルを割り当てた。ギリシャ政府はこれを最大限に活用し、港湾設備の拡充やアテネオリンピックのためのスポーツ施設の建設といった大規模な建設計画を進めた。二〇〇九年に開館した新アクロポリス博物館もその一つである。旧博物館が手狭になったために計画されたものだが、かつてイギリスのエルギン卿が持ち去ったパルテノン神殿の彫刻――エルギン・マーブル――を大英博物館から取り戻すためでもあった。この新博物館建設はヨーロッパ最大の文化プロジェクトとなり、二億ドルが投じられた。[4]

こうしたEUの補助金や外国からの資金流入に、低い税率、低金利が重なったことで、ギリシャ経済は二〇〇〇年代半ばまで驚くほどの活況を呈した。二〇〇六年二月には経済・財務相のゲオルギオス・アルゴスクフィスが「わたしたちは経済の奇跡を成し遂げつつあります」と述べ、この年の経済成長率は七・五パーセントを記録した（ポルトガルやスペインもギリシャと似たような経済状況から出発したが、この時期の経済成長率は二ないし三パーセント前後にとどまった[5]）。

しかし華やかな〝奇跡〟は表面上のことで、その下には問題が隠されていた。高い経済成長率に支えられてインフラ構築は順調に進んでいるように見えたが、実は政府はGDPの五パーセント前後の赤字を出しつづけていた。その原因の一つは歳出過剰だが、もう一つは法人税率の過度の引き下げである。ギリシャ政府は外国企業の誘致を急ぐあまり、二〇〇〇年には四〇パーセントだった法人税を、二〇〇七年までに二五パーセントへと引き下げた。つまりギリシャのマクロ経済政策は健全にはほど遠いもので、好況時に将来の備えをするどころか、浪費ばかりしていたのである。このようなやり方が国民に幸福をもたらすはずもなく、やがてそのつけは命や健康の危機という形で国民に降りかかることになった。

ギリシャを襲った三つのショック

二〇〇八年にアメリカの投資銀行が破綻し、それが世界金融危機へと発展すると、ギリシャもその嵐に巻き込まれた。だがアイスランドとは異なり、ギリシャは一つではなく、三つの衝撃を受けることになった。第一波は「需要ショック」で、ギリシャへの需要が減り、建設プロジェクトにも急ブレーキがかかった。第二波は「粉飾暴露ショック」で、ギリシャの経済統計の粉飾が暴露され、財政赤字の大きさが明るみに出た。そして第三波が「緊縮政策ショック」で、救済に乗り出したＩＭＦとＥＣＢがギリシャに厳しい緊縮策を課した。すでに多くのデータから、ＩＭＦ式の緊縮策は健康危機を招く恐れがあり、かつ景気回復のためにもならないことがわかっていたはずだが（ＩＭＦ自身の資料にも書かれていた）、それにもかかわらず、緊縮策は実施された。

まず「需要ショック」だが、これはアメリカの金融危機より少し遅れてやってきた。もちろんアテネ証券取引所でも二〇〇八年五月から二〇〇九年三月にかけて株価が六〇パーセント以上下落したが、アイスランドのように世界の投資マネーが集まっていたわけではないので、金融崩壊の影響を直接受けることはなかった。しかしながら、一歩遅れて間接的な影響がやってきた。たとえば、金融崩壊で欧米の投資家たちが資産を失ったため、エーゲ海でバカンスを過ごす客が減った。また野菜や果物といったギリシャの農産物への需要も減った。建設プロジェクトも中止が相次ぎ、あちらこちらの工事現場でクレーンが放置される事態となった。こうした負の影響は、欧米の銀行が公的資金で救済されたからといって解消されるものではなく、客足や需要は簡単には戻らない。ギリシャの平均世帯収入は、二〇〇八年にはわずか〇・二パーセントしか下がらなかったが、二〇〇九年には三・三パーセント落ち込み、そこからギリシャは財政危機の泥沼にずり落ちていった。[6]

この需要ショックはいわば前触れで、本格的な衝撃はそれに続いてやってきた「粉飾暴露ショック」のほうである。金融危機以前から、ユーロスタット（EUの統計局）はギリシャの経済統計に何度も懸念を表明していた。たとえば、欧州委員会のある監査では、ギリシャの勘定科目に誤りがあり、政府債務の一部が国の会計の枠外に計上されているとの指摘がなされた。また、ドイツのある監査グループが会計上の不正や誤りを検出するソフトを使って調べたところ、誰かが帳簿を操作して、帳尻合わせのために一部の数字を水増しした可能性があることもわかった。[7]

つまり、ギリシャの財政と経済の脆弱性を示す危険信号は出ていたのだが、投資たちはそれを無視していた。さらにまずいことに、ギリシャ経済の実態はEUの想像以上に悪かった。それが発覚したのは二〇〇九年から二〇一〇年にかけてのことで、まず二〇〇九年一〇月の政権交代で首相の座に就いたPASOK（全ギリシャ社会主義運動）のゲオルギオス・パパンドレウが旧政権の粉飾決算を暴露した。新政権の調査によれば、それまでGDPの三・七パーセントとされていた財政赤字は、実際には一三パーセントに近かった。次いで二〇一〇年初頭には、ギリシャがゴールドマンサックスに巨額の手数料を払って、財政赤字や政府債務残高の隠蔽工作をさせていたことが明るみに出た。これはユーロ導入条件や、導入後のユーロ参加国の財政規律を意識してのことで、ギリシャは過去一〇年間にわたってEUの目をごまかしていたのだが、ゴールドマンサックスの工作があまりにも巧みだったため、EUの監査官にもなかなか見抜けなかったようだ。その後明らかにされた数字によれば、二〇〇七年にGDP比一〇五パーセントだったギリシャの政府債務は、二〇一〇年には一四三パーセントまで膨らんでいた(8)。

ギリシャの実態が明るみに出たことで、ヨーロッパは大騒ぎになった。二〇一〇年四月にはギリシャ国債の格付けがジャンク等級（投資不適格級）に引き下げられた。何が起きているのかわからないという不安から投資家たちは敬遠し、ギリシャ国債は暴落した。ギリシャに希望を抱く余地が残っていれば、投資家が景気回復を助けてくれたかもしれないが、残念ながらそうはいかなくなった。その結果、二〇〇九年に五パーセントだったギリシャの長期金利は二〇一〇年に一〇パーセントを超え、政府債務の返済はますます難しくなり、国のデフォルト（債務不履行）が懸念されるまでになった(9)。

「粉飾暴露ショック」はギリシャ国民に「需要ショック」以上の苦しみをもたらした。もちろん苦しんだのは一般市民で、オフショア銀行に口座をもっているような富裕層ではない。GDPは二〇〇九年に三・一パーセント、二〇一〇年に四・九パーセント落ち込み、失業率は二〇〇八年の七パーセントから二〇一一年の一七パーセントへと跳ね上がった。特に新卒者の就職は困難を極め、未就職率は一九パーセントから四〇パーセントへと上昇。学業を終えた多くの若者たちが、無職のまま社会に放り出されることになった(10)。

ＩＭＦの課した緊縮策をそのまま実施

ギリシャ社会は崩壊の危機に瀕した。国債償還に不安があるばかりか、政府はごみの収集や消防活動といった市民の基本的ニーズに応えることさえ難しくなり、しかもユーロ参加国であるために独自の選択肢はかぎられていた。結局ギリシャはＩＭＦに救済を要請するしかなく、ＩＭＦとＥＵは二〇一〇年五月にギリシャの支援策で合意した。それには財政収支の改善、金融セクターの安定化、構造改革といった条件が付され、例によって収支改善の中心に置かれたのは社会保護制度の削減だった。ギリシャがこれらの条件に同意すれば、ＩＭＦとＥＵが三年間で総額一一〇〇億ユーロの協調融資を行い、その融資でギリシャは国債の償還期限を乗り切ってデフォルトの危機を回避する。また、ギリシャの債権者——なかでもギリシャの建設バブルを煽ったフランスとドイツの銀行——は「ヘアカット」と呼ばれる債務削減を受諾し、元本の五〇パーセントおよび利子の一部も放棄する。そういうシナリオだった[11]。

このような支援パッケージを受けるかどうかは国民的議論を要する問題だが、ギリシャの指導者たちは議論の余地も選択の余地もないと考えた。交渉の最中から、パパンドレウ首相は国民に対し、前に進むにはこの支援策を受け入れるしかないと説得を試みた。ほかに選択肢はない。「崩壊か救済か」のどちらかでしかない。今のギリシャに金を貸してくれるところはほかにないのだと。だが、パパンドレウ首相はこの救済策がどのような痛みを伴うかも理解していて、二〇一〇年五月二日の支援策受け入れ決定のスピーチではこう述べた。「今日のこの決定によって、国民は大きな犠牲を強いられることになります(12)」

ギリシャ救済に当たってのIMFの重点目標は、二〇〇九年にGDPのおよそ一三パーセントだったギリシャの財政赤字を二〇一四年までに三パーセント以下に下げることで、そのために歳出の大幅削減、国営企業の売却、付加価値税の引き上げなどが提示された。歳出削減の骨子としては公務員の解雇、公務員給与の削減、年金の凍結などが挙げられていて、さらに燃料税も一〇パーセント引き上げられる予定となった。いずれも市民生活に直結する問題である。

これらの内容が明らかになると、さっそく市民から抗議の声が上がり、ストライキやデモが相次いだ。五月五日には「今こそ真の民主制を！」をスローガンにする草の根団体の呼びかけに応え、支持政党に関わりなく数千人の人々がシンタグマ広場に集まった。初めは穏やかなデモだったが、やがて警察と衝突して火炎瓶が飛ぶ騒ぎとなり、警察側は催涙ガスで応戦した。これに巻き込まれて近くの銀行で火の手が上がり、死者も三人出る惨事となった。皮肉なことに、この暴動のおかげで警察だけは予算削減・人員削減を免れた。削減どころか、新たに二〇〇〇人が採用されて暴動鎮圧のための特殊訓練を受け、新型の催涙ガスや暴動鎮圧用の装備も補充され、戦車まで配備された(13)。

アイスランドのようにギリシャの人々も国民投票を求めた。だがパパンドレウ首相は社会的弱者を守ると約束し、こう述べるにとどめた。「わたしたちギリシャ人は辛い道のりを歩むことになるでしょう。しかし社会の弱者を守る努力はこれまでにもなされてきましたし、これからももちろん続けます」。結局国民投票は行われず、IMFが条件とした緊縮政策はそのまま実施されることになった。

公衆衛生への影響は当初隠された

わたしたち二人が経済変化の公衆衛生への影響について研究しはじめたのは二〇〇七年のことで、ギリシャの状況が悪くなる前だった。つまりその後の変化を追うための資料はそろっていた。そこで、ギリシャの財政悪化と同時にさっそく手持ちの厖大《ぼうだい》なデータのなかからギリシャ関連のものを抜き出し、新たなデータを追加しながら変化を見ていった。病院、ＮＧＯ、保健・社会福祉省、家計調査などのデータである。経済のほうはすでに失業率の上昇、住宅差し押さえ件数の上昇、個人負債の増加など、危険な兆候が出ていた。いずれも健康の悪化につながりかねないリスク要因である。一方、ギリシャの社会保護制度はかなり弱体化していた上に、ＩＭＦのプログラムによる削減も加わったので、国の助けを求める人々が急増すると対処できなくなる恐れがあった。

データがあるといっても、実のところ、緊縮策の健康への影響を正確な数字でつかむのは難しい。緊縮策をとった場合、だいたいにおいて政府は悪い数字を出さないし、出すとしても相当時間が経ってからでしかない。ギリシャも例外ではなく、政府機関から出てくる資料は医療制度の改善を示唆するものでしかなかった。ある政府報告書などは、効率改善によって医療制度が進歩したと堂々と謳っていた。その一方で、国内外の新聞に掲載された医師たちの事例報告は深刻な事態を伝えていた。

たとえば、二〇一二年一〇月のニューヨークタイムズ紙には、ギリシャの公的医療制度から切り捨てられた患者を救おうとする医師たちの記事が載った。寄付された医薬品や医療器具を用いて無償診療を行う医師のネットワークがあり、その医師たちを取材した記事である。あるとき、そのネットワークからの紹介で、アテネのソティリア総合病院に一人の乳癌患者がやってきた。腫瘍学主任のコスタス・シリゴス医師はその女性患者を診て言葉を失った。腫瘍は見たこともないほど大きくなっていて、皮膚を突き破り、体液が染み出ている状態だった。腫瘍が発見されたのは一年前だったが、この女性はトロイカがいうところの〝医療改革〟の犠牲となって何の治療も受けられず、ただ痛みに耐えるしかなかったという。シリゴス医師はこう語った。「その場の誰もが涙を流しました。癌が進行するとこのような状態になることは皆知っていましたが、実際に目にするのは初めてでした。それまでは、ギリシャ国民なら誰もがもっと早い段階で治療を受けていましたから[14]」

医療費はどのように削られたか

ＩＭＦは緊縮政策の骨子の一つに「医療制度の改革と近代化」を掲げていた。この言葉は医療サービスの改善を思わせるもので、否定的なイメージを抱く人はいないだろう。また、ギリシャの医療制度が改革と近代化を必要としていることは、ヨーロッパの公衆衛生研究家に広く知られた事実だった。しかしながら、それを具体的にどう成し遂げるかというところに問題があった。ＩＭＦの計画は医療や公衆衛生の専門家によって練られたものでもなければ、その助言を取り入れたものでもない。それはエコノミストが中心になり、専門家の意見を考慮せずにまとめたものだった。これでは自動車メーカーの話を一度も訊かずに、政府が勝手に自動車産業の近代化を推し進めるようなものである[15]。

また、ＩＭＦの計画に示された数値目標には納得しかねるものもあった。医療費については、「医療へのアクセスを維持し、かつ医療の質を向上させつつ、保健医療支出をＧＤＰの六パーセント以下に抑えること」が目標で、「短期的にはマクロレベルの引き締めとコスト管理に重点を置く」とされた。しかしこの「六パーセント以下」の根拠はどこにも示されていない。他の西側諸国のＧＤＰ比はもっと高く、たとえばドイツはＧＤＰの一〇パーセントを医療に充てている（ドイツは最も大きな声を上げてギリシャの収支改善を迫っていた）。

「六パーセント以下」をさらに細分化した目標も定められ、それらは表面的には有効な赤字削減手段に見えたが、実際にはかなり危険なものだった。たとえば、処方薬支出額の削減である。ＩＭＦとギリシャの融資契約には「外来処方薬に対する公的支出をＧＤＰの一・九パーセントから一・三パーセントに削減する」という目標が入れられた。これは、ギリシャの医療支出増大の原因を考えればかなり慎重な配慮を要する問題で、やり方によっては医療へのアクセスを妨げることにつながりかねないものだった。

ギリシャの処方薬支出額は二〇〇一年のユーロ導入後に急増した。なぜ急増したのか、その理由はなかなかはっきりしなかったが、やがて賄賂が主な原因だとわかった。薬をどんどん処方してもらうために、製薬会社が病院や医師に〝ファケラキ〟（「小さい封筒」を意味するギリシャ語。つまり賄賂のこと）を贈っていたのである。現金で渡すこともあれば、口座に振り込むこともある。あるいはハワイに形ばかりの会議を設定して招待し、そこで豪華なバカンスを過ごさせたり、社外諮問委員ということにして報酬を支払うなど、製薬会社はあの手この手で医師との関係を作り上げた。(16)

これに対し、ＩＭＦは医薬品価格が上昇傾向にあることは認識していたが、その原因にまでは踏み込まなかった。必要なのは製薬会社のマーケティングや販売方法の規制だったはずだが、トロイカの指示でギリシャ政府が実施したのは病院の予算削減だった。病院側は必要な医薬品・医療用品を調達できなくなり、抗生物質といった基本品目まで不足しはじめた。さらに、購入代金の支払いが滞ったため、製薬会社がギリシャ市場から撤退する騒ぎにもなった。二〇一〇年五月には糖尿病治療薬・製品が専門のノボノルディスク社が撤退し、五万人の糖尿病患者からインシュリンが奪われた。撤退時点でのギリシャから同社への未払金は三六〇〇万ドルに上っていた。こうした撤退はギリシャ国内の雇用喪失にもつながった。[17]

人々は病院に行けなくなり健康状態が悪化

一方、ギリシャ国民の健康状態は、「三つのショック」の第一波を受けてから徐々に悪化していた。二〇〇七年と二〇〇九年に行われたアンケート調査を比べると、健康状態が「悪い」あるいは「非常に悪い」と答えた人が二〇〇九年には二〇〇七年より一五パーセント増えていた（これもアイスランドとは対照的である。アイスランドでは金融危機の間もそれ以前と変わらず健康状態の悪化は見られなかった）。こうしたアンケート調査の結果は総死亡率の変化と相関することがわかっているので、他のデータが入手できないときは、その国の健康状態の指針として広く通用する。[18]

わたしたちはさっそく健康悪化の原因を調べた。すると、二〇〇九年には二〇〇七年より医療機関を訪れた人が一五パーセント減っていた。さまざまな要因が重なって、人々が医療機関にあまり足を運ばなくなっていたのである。まず、不況で生活が苦しくなるなか、前述の理由で医薬品が高くなり、治療をあきらめる人が出た。また自費で治療を受けられない人が民間病院から公立病院へと移ったため、公立病院の患者数が約二五パーセント増加し、待ち時間も長くなってあきらめる人が出た。この状態は、その後IMF主導の緊縮策が始まるとさらに悪化した。政府がニーズ増に対応するのではなく、その逆の手を打ち、臨床医や医師、公衆衛生に携わる職員を三万五〇〇〇人削減したからである。診察を待つ患者の数は倍になり、すぐ三倍になった。待ち時間は耐えがたいほど長くなり、大都市の病院では診てもらえない患者が増えるばかりとなった。一方、給料を減らされた医師たちは、列に並びたくない患者から賄賂をとるという昔ながらの方法で穴埋めをするようになり、貧困層はますます医療から遠ざけられていった(19)。

こうして不況と予算削減が重なったことで、ギリシャの医療事情は徐々に悲惨な様相を呈しはじめた。あまり表には出ないが、特に影響を受けたのは高齢者だったと考えられる。彼らが長年頼りにしてきた医療制度は不況と緊縮策でがらりと変わり、その変化についていけない人が多かった。わたしたちの試算では、この時期に必要な治療を受けられなかった六五歳以上の高齢者は六万人に上ると考えられる。

精神面でもギリシャ国民の健康は悪化していった。自殺者が急増し、特に男性は二〇〇七年から二〇〇九年にかけて自殺率が二四パーセントも上昇した。心のケアを支援する非営利団体によれば、この期間に助けを求める人が倍増していたという。しかし、それらの数字は氷山の一角にすぎない。

ギリシャにはまだ心の病を恥と考える風潮が残っているので症状があっても助けを求めない人が多いし、自殺者はギリシャ正教の教会で埋葬式をしてもらえないので自殺と申告されないことが多いからだ。実はこの時期、ギリシャで原因不明のけがや死因のわからない死亡例が増えていたのだが、その多くは自殺だったのではないかと考えられる。おそらく医師たちが残された家族の名誉を守るために配慮したのだろう[20]。

対策予算削減による感染症の拡大

緊縮策で公衆衛生政策が崩壊に向かうにつれ、感染症の発症率も急上昇した。感染症予防対策予算が大幅に削られた直後から、ギリシャ疾病管理予防センターが相次いで感染症の発生を確認している。たとえば、ギリシャでは蚊が媒介する病気を予防するために四〇年前から殺虫剤散布を実施していて、それが効果を上げていたのだが、これも予算削減の対象となった。すると、中央マケドニアでウエストナイルウイルス感染症〔ウエストナイルウイルスについては第8章を参照〕が大量発生し、二〇一〇年八月に九人死亡した。またこれと相前後して、ギリシャ南部のラコニア県と東アッティカ県でマラリアが発生した。ギリシャでマラリアが発生したのは一九七〇年代以来のことだった。欧州疾病予防管理センター（ECDC）は南ギリシャへの旅行者に注意を促し、マラリア予防薬や蚊よけスプレー、虫よけネットなどの携行を推奨した。このような警告は、従来サハラ以南のアフリカやアジアの熱帯地域への旅行者にかぎられたものだった[21]。

しかし、ウエストナイル熱・脳炎やマラリア以上に衝撃的だったのは、アテネ中心部でのＨＩＶ感染者の急増だろう。ヨーロッパでは数十年ぶりのことである。しかも、ロベルドス保健・社会福祉相が公表した二九人の感染者（売春婦）のデータをよく見ると、そのうち二八人が麻薬患者でもあった。つまり売春による感染ではなく、主として注射針の使いまわしによる感染である。[22]

もちろん、ギリシャ疾病管理予防センターの疫学者たちはその前からＨＩＶ感染拡大に目を光らせていて、感染源も追いかけていた。彼らは都市部の診療所のデータや麻薬使用者の血液検査の結果に注意を払っていたので、ヨーロッパのほかの地域と同様に、ギリシャでも感染の多くが注射針の使いまわしによるものであることはすぐわかった。章の冒頭で述べたように、二〇一一年に入ると感染者が急増し、一月から五月までで新規感染者数が三八四人（前年比五二パーセント増）に達したが、この時点でも性行為による感染はほとんど増えておらず、増えたのは主として注射針による感染だった。しかもそれは増えつづけ、麻薬使用者の間の新規感染者数は七月までに前年の一〇倍に達した。

ギリシャのヘロイン使用量は二〇一〇年に二〇パーセント増えていた。これは苦境に立たされた人々、とりわけ若者たちが（前述のように、若者の失業率は二〇一一年に四〇パーセントに達する）路上生活を強いられ、麻薬に手を出すことになったのが原因である。わたしたちがよく知る研究者で、シンタグマ広場の近くに長く住んでいるある女性も、「アテネの通りで、あんなにたくさん麻薬使用者を見たことなんてないわよ」と言っていた。アテネ警察もこの事実を裏づける資料を公表している。[23]

注射針の使いまわしによるＨＩＶ感染については、ＷＨＯがすでに拡大防止策を一つ見つけていて、各国に対し「注射針交換プログラム」を推奨していた。これは使用済みの注射針・注射器を滅菌済みのものと無料交換するプログラムで、一九九〇年代に行われた数多くの研究から、この方法なら麻薬使用者をそれ以上増やすことなくＨＩＶ感染率を下げることができるとわかっていた。また、用意する注射針は麻薬使用者一人当たり年間二〇〇本程度必要になると試算されていた。ところがギリシャでは、疫学者たちが注射針による感染拡大に警告を発したのとほぼ同時期に注射針交換プログラムの予算が削減され、一人当たりわずか三本しか供給できなくなってしまった。また、前年の二〇一〇年一〇月にアテネで二七五人の麻薬使用者を対象に行われた調査を見ると、この時点ですでに八五パーセントが「麻薬更生プログラム」に登録されていなかった。この状況は緊縮政策によってさらに悪化し、特にアテネをはじめとする都市部では参加待ちの人数が急増し、三年以上も待たされる事態となった[24]。

公衆衛生の危機に政府はどう対応したか

このようにギリシャ国民の健康は脅かされつつあったが、保健・社会福祉省は公衆衛生予算を四〇パーセントも削減され、必要な対策が打てなくなっていた。一方、政治的にはほかにも選択肢があったはずである。国民の命と健康を守るために、アイスランドのような道を歩むことも考えられた。アイスランド国民は、たとえアイスセーブの返済に時間がかかろうとも、公衆衛生といった基本的な予算は維持するべきだという考えをはっきり表明した（そうしなければどうなるかは、アテネのごみ収集問題を見れば明らかである[25]）。

実際、ギリシャでもアイスランドと同じ道を模索する動きがなかったわけではない。二〇一一年一〇月末、パパンドレウ首相は新たな財政緊縮政策を条件とするＩＭＦの追加支援の受け入れをめぐり、ようやくこれを国民投票にかけるという意向を表明した。二〇一〇年以来の緊縮政策が功を奏していないことはすでに国民の目には明らかで、あらゆる予算を削ったにもかかわらず政府債務は増えつづけ、二〇一一年にはＧＤＰの一六五パーセントになっていたし、ＨＩＶ感染拡大といった問題も出ていたのだから、国民投票にかければノーという答えが出ていたことだろう。だが、トロイカやヨーロッパ諸国の指導者から圧力がかかり、結局パパンドレウはこの意向を撤回せざるをえなかった。当初は国民投票を支持していた議員たちもＥＵの意向に押されて反対に回り、内閣不信任案を提出。パパンドレウはかろうじて不信任を免れたが、その後の連立政権樹立の際に首相の座を降りることになった。ＥＵ諸国は、リビアでは民主主義のためにカダフィ政権を崩壊させせながら、民主主義発祥の地であるギリシャでは民主的な投票を阻止したわけである。[26]

また、アイスランドで保健・社会保障大臣が保健医療予算の削減に抗議して辞任したのに対し、ギリシャの保健・社会福祉相ロベルドスは予算削減のなかでどうにかやりくりしようとした。しかしながら、ギリシャの公衆衛生予算は二〇一一年だけでも二四〇億ユーロから一六〇億ユーロへと削減され、その後もさらに削られることになり、やりくりの余地はなくなっていった。感染症が次々と拡大するなか、保健・社会福祉省にはもはやそれらに対処する予算さえなかった。

政府は状況の悪化を見て見ぬふりで通した

二〇一二年三月にアテネで開催された公衆衛生の会議で、わたしたち二人はギリシャ疾病管理予防センターのデータを示し、保健・社会福祉省に対してHIV感染拡大への注意を喚起し、注射針交換プログラムを拡大すべきだと訴えた。すると驚いたことに、保健・社会福祉省の代表者たちは感染拡大に関心を示すどころか、感染者が増えたのは北アフリカや東欧からギリシャに来た移民がもともと感染していたからだと言った。そこで、いやそうではない、感染者の多くはギリシャ生まれだと反論すると、そのあと彼らは知らぬ存ぜぬで通した。

その数週間後には、ギリシャ当局が公然と事実を否定するつもりであることがわかった。英ランセット誌に載ったわたしたちの数本の論文に対して（毎度繰り返すようだが、査読者がデータや分析が適切であることを確認し、かつ重要な内容だと評価した論文である）、ギリシャ当局――ロベルドスの側近たち――が誌上で反論してきた。たとえば、二〇〇七年から二〇〇九年にかけて自殺者が一七パーセント増えたという記述に対して、彼らは今回の経済危機と自殺増加の関連性を否定し、「早まった過剰解釈である」と主張した。だがその元データは保健・社会福祉省が出したものなのだからおかしな話である。その後、別の大学の研究者たちが第三者的な立場から調査を行ったが、いずれもわたしたちと同じ結論にたどりついた。そして、当局が無視だの否定だのを続けている間に、ギリシャの自殺者とうつ病患者はなおも増えていった。それが事実であることは国内外の多くの専門家によって確認されたが、ギリシャ当局の関係者だけは否定しつづけた(27)。

二〇一二年五月の総選挙の一週間前には、ロベルドス自身がギリシャの健康問題について公の場で答弁したが、その内容は選挙向けのものでしかなかった。ロベルドスの主張は、問題の根源は移民にあり、彼らこそが医療制度に負荷をかけている。それは一種の〝社会福祉詐欺〟であり、これを取り締まれば二億三〇〇〇万ユーロの税金を救うことができるというものだった。ロベルドスは国民の外国人嫌悪をあおり、移民をスケープゴートにすることで切り抜けようとしたのである。

だが、その後実施された追加の予算削減は、移民のみならず国民全体を苦しめるものだった。ギリシャの移民向けの保健医療サービスは最初の緊縮プログラムですでに三分の一が廃止されていた。そこへ、二〇一一年一〇月に合意されたＩＭＦの追加支援に伴って二度目の緊縮プログラムが課せられることとなり、しかも需要のほうは急増していたため（それもギリシャ人の需要が）、保健医療サービスは事実上機能不全に陥った。以前は確かに貧しい移民が公的保健医療サービスに頼るという面があったが、この時点では移民にかぎらず、ギリシャ人が助けを必要とする状況になっていたのである。たとえば「世界の医療団」によれば、ギリシャ支部が運営するストリートクリニック（街中の簡易診療所）で治療を受けたギリシャ人は、不況以前は三パーセントだったが、不況後には三〇パーセント近くまで増えたそうだ。さらにノーベル平和賞を受賞した「国境なき医師団」もとうとうギリシャで緊急救援活動を始めた。世界の医療団は主に低所得国を、「国境なき医師団」は主に紛争地域の難民キャンプを活動の場にする団体だが、そうしたＮＰＯやＮＧＯが手を差し伸べる必要があるほど、ギリシャの状況は深刻だった。

わたしたちから見れば、ギリシャの緊縮政策は国にとって最も大事な資源である〝人間〟を犠牲にするものとしか思えなかったが、ギリシャにはそう思わない人々もいた。たとえば、エコノミストのリクルゴス・リアロプロスが二〇一二年一一月に英ブリティッシュ・メディカル・ジャーナル誌に載せた論文は、「ギリシャの経済危機は健康上の悲劇を招いてなどいない」という内容だった。リアロプロスは「公的支援を受けられない人が多くいる」ことや、教会やNGOが「支援の手を差し伸べている」ことは認めたが、「治療を拒否された患者がいるという証拠はない」とした。また、HIV調査、EUの所得・生活状況統計調査、WHO等のマラリア報告書、自殺調査、さらにはリアロプロス自身のチームがこれまでに発表してきたデータを無視した内容になっていた。[28]

奇しくもこの論文が発表される直前に、ニューヨークのNDRI（National Development and research Institutes）〔非営利・非政府の研究・教育組織〕のHIV／AIDS研究の責任者であるサミュエル・R・フリードマンが、二〇一二年のギリシャの状況を次のように説明していた。「ギリシャ政府はまさに今、HIV感染の震源地を作ろうとしています」。またその直後には、欧州疾病予防管理センターのマーク・スプレンガー所長がギリシャの病院や診療所を視察し、「わたしが見てまわったところでは、予算不足で手袋や手術着、アルコール綿といった必需品さえ購入できなくなっていました」と述べた。スプレンガーの所見は厳しいもので、「ギリシャは薬剤耐性菌感染症に関して深刻な状況にあるとは聞かされていましたが、今回の視察で、感染症との闘いにおいてもはや敗北寸前だということがはっきりしました」とまで言った。[29]

このような歴然たる事実をリアロプロスはなぜ否定するのか、その点がどうにも不思議だったが、経歴を調べてみてようやく腑に落ちた。リアロプロスはトロイカの支援条件である緊縮政策実施に当たってのギリシャ側顧問の一人で、かつ保健・社会福祉省から数々の研究助成金を受け取っていた。また、OECDにギリシャの健康データを報告する責任者でもあったが、こちらはなんとも皮肉なことに、リアロプロス自身の主張と、部下がまとめてOECDに提出したデータが合わないというちぐはぐな状況が生じていた。なにしろ二〇〇八年のデータとこの時点での最新データ（項目によって二〇一〇年のものと二〇一一年のものがある）を比べると、幼児死亡率が四〇パーセント、治療を受けられなかったことによる死亡率が四七パーセントも上がっていたのである。つまりリアロプロスはOECDへの報告書の責任者でありながら、その内容には同意していなかったことになる。

保健・社会福祉省による公の事実否定も相次いだ。順番待ちの患者が多すぎる、近くの診療所が閉鎖された、治療費が高騰してとても支払えない等々の理由により、ギリシャ国民が医療サービスを受けにくくなっているといった指摘に対して、当局側はむしろ誇らしげに、「（病院の支出が減ったのは、）財政管理の効率が上がったからだ」と主張した。つまり彼らに言わせれば、より少ないコストでより多くの患者に対応できることになったわけだが、現実はそうではなく、治療を受けられる人が減っただけだった。[30]

政策はさらに現実から乖離していった

ギリシャ政府と医療現場の人々の問題意識には大きな開きが生じていた。現場の人々は予算削減による医療事情の悪化を目の前にし、日々危機感を募らせていた。マラリア患者が出た地域の市長で、医師の資格ももつヤニス・グリピオティスは、政府の対応に憤りを隠さず、「国際機関が公にするまで、なんと保健・社会福祉省の役人は国内のマラリア発生のデータを隠していました」と言っている。市長は市内に患者が出たので国の指導と支援を求めたのだが、関係者の対応はこうだった。「彼らは事実を隠蔽しようとして、わたしのことを頭がおかしいとまで言ったんです！」。「国境なき医師団」のギリシャ・パートナー支部長であるアポストロス・ヴェイジスも、政府の対応に憤りをあらわにした。「この国で警鐘を鳴らすには、いったいどうすればいいんです？」(31)

保健・社会福祉省からは通常の保健統計さえ出てこなくなったため、ジャーナリストたちは独自の調査でその穴を埋めはじめた。報道内容は悲惨なもので、失業や立ち退き、健康悪化などで親たちが追い詰められ、とうとう子供を捨てはじめた（保育園などに置き去りにする）といったニュースや、予算不足で妊娠中の女性のＨＩＶ検査が廃止されたため、数十年ぶりにＨＩＶの母子感染が発生したといったニュースが国内外で流れた(32)。

また、ジャーナリストたちは予算削減がさまざまな形をとっていることも明らかにしてくれた。たとえば、ギリシャ政府はロベルドスが言うところの〝社会福祉詐欺〟に対処するとして、障害者の定義や受給要件を改定して給付対象者を減らしていた。この改定の意図は目につきにくいところにこっそり記されていた。ＩＭＦレポートの末尾の注のなかに次の二文がある（二〇一一年七月のＩＭＦカントリー・レポートの一二九ページ）。「目的は障害年金受給者を年金受給者全体の一〇パーセント以下に抑えることにある。そのために、障害者の定義と関連規則を二〇一一年八月末までに改定する」。この改定が実際どういう問題を引き起こしたかについては、英フィナンシャル・タイムズ紙のアンドリュー・ジャックが取材している。記事にはレストランで働くゾイ・ケゼルヴァという女性の話が出てくる。ゾイには表皮水疱症という珍しい遺伝性疾患に苦しむ娘がいて、以前は毎月四五〇〇ユーロの手当を受け取って娘の治療費に充てていた。表皮水疱症はやけどに似た水泡が皮膚に広がるため、滅菌した注射針での内溶液吸引、特殊な創傷被覆材の貼付による化膿防止など、局所的治療を頻繁に行う必要があり、治療費がかさむ。だがこの改定でゾイは支給対象から外されてしまった。ゾイは自費で娘の治療を続け、取材時点でもう貯金が底をつきかけていた。ギリシャ希少疾患患者会のディミトリオス・シノディノスもこう言っている。「多くの希少疾病患者の障害支援区分が何段階も引き下げられてしまい、その人々は深刻な状況に直面しています[33]」

首都アテネでも事態が悪化し、医師のストライキにまで発展した。アテネ市の二〇〇九年の保健医療支出は一〇六億ユーロだったが、二〇一二年に市はこれを七〇億ユーロにまで削ろうとした。すでにＨＩＶ感染が広がり、ホームレスが急増し、自殺率が上昇し、その他の問題も山積していたにもかかわらずである。医師たちはこの無謀な予算削減に抗議し、二〇一二年二月に二四時間ストライキを実施した。アテネ医師会のヨルゴス・パトゥーリス会長は、政府の極端な医療制度改革が大混乱を招き、どの患者がどの医療サービスを受けられるのかさえもう誰にもわからないと述べた。また薬剤師たちも二日間ストを行い、社会保険基金の支払い滞りに抗議するとともに、これ以上医療予算が削られればどの薬局も閉店に追い込まれると訴えた。

医療事情が悪化の一途をたどるなか、ギリシャ政府はそれを無視しつづけた、ＩＭＦもギリシャ政府に圧力をかけつづけた。データの収集や分析はないがしろにされ、ただ救済策と緊縮政策だけが独り歩きを続けた。二〇一二年一一月末、ギリシャはＩＭＦおよびユーロ圏諸国との間で三度目の緊縮プログラムに合意したが、それにはさらに二〇億ユーロの医療費削減が含まれていた。

ＩＭＦも緊縮策の失敗を認める羽目に

ギリシャは巨額の資金援助を受け、大胆な緊縮プログラムに合意してこれを実施した。それにもかかわらず、二〇一二年に入ってもギリシャ経済は回復の兆しさえ見せていなかった。政府債務残高は増えつづけ、二〇一一年にはＧＤＰの一六〇パーセントを超えた。大規模な資金投入と歳出削減からなぜ成果が上がらないのか、これもまた不思議だったが、この点をニューヨークタイムズ紙は次のように説明している。ＩＭＦとＥＣＢはギリシャに資金を投入したが、その資金はギリシャを経由して、イギリス、フランス、アメリカ、ドイツの債権者たちに戻っただけだった。つまりギリシャ救済策というのは、公的資金でギリシャを救うのではなく、無謀な投資をして（それがギリシャのバブルを煽ることにもなったわけだが）失敗した大手国際銀行を救うことでしかなかった。

一方、緊縮政策に関しては、結局二〇一二年にＩＭＦ自身が間違いを認めることになった。前章で述べたように、ＩＭＦは「政府支出乗数」をおよそ〇・五と想定し、緊縮政策が景気回復につながると考えていた。だが実際に出てきた数字を見るかぎり、想定は外れたと考えざるをえない。そこでＩＭＦは二〇一二年に改めて政府支出乗数を算出し直し、一以上であるという結論に達した（わたしたち二人の推測結果と一致する）。ＩＭＦチーフ経済学者の言葉を借りるなら、ＩＭＦは「緊縮政策が雇用と経済に及ぼす負の影響を過小評価していた」。〝支援〟のはずの救済策は、実際には雇用減少、消費低迷、投資低迷、信用失墜といった負のスパイラルを招き、その弊害が〝健康危機〟となって表れた[34]。

緊縮政策そのものにも問題はあるが、なかでも最悪と考えられるのが、まさにギリシャで行われたような保健医療分野の厳しい予算削減である。そもそもこの分野への公的資金の投入は他の分野よりも効果が出るのが早いのだから、やるべきことが逆である。欧米の過去の例を見ても、保健医療分野は景気低迷期でも成長しうる数少ない分野の一つに入る。ここへの投資は雇用を生み（看護師、医師、技師）、技術開発を促し（実験研究、イノベーション）、根本的な景気刺激策となりうる。

ギリシャに押しつけられた緊縮政策は景気刺激策でもなければ政治戦略でもなかった。それは他のユーロ参加国への、いや世界中への一種の警告――金融界のエリートたちのルールに従わないと困ったことになりますよという警告――だった。ドイツのメルケル首相は、ギリシャ救済策は他のユーロ参加国に対する教訓になると最初から言っていた。「ギリシャがＩＭＦとともに歩むのが楽な道ではないことは、他のユーロ参加国にもわかるでしょう。だとすれば、どの国もこうした事態を避けるために最大の努力をすることでしょう[35]」

ギリシャの悲劇を見れば、緊縮政策によって悪化した経済を立て直すことはできないことがはっきりわかる。緊縮政策は解決策どころか悪化要因になる。

ではほかにどんな道があるかというと、やはり注目すべきはアイスランドの例だろう。アイスランドは強引な緊縮政策を拒否し、むしろ社会支出を増やしたが、そのおかげで経済は回復に向かった。国が破綻に瀕するという未曽有の状況にありながら、アイスランドは保健医療支出を二〇パーセント増やしたのである。また、自国投資家への返済をギリシャに迫ったドイツでさえも、政府高官のなかの数人は、社会福祉予算の削減は愚行だと考えていた。現にドイツは二〇〇九年に、景気対策として五〇〇億ユーロの財政出動を行っている。GDPの一・五パーセントに当たる大型の財政出動だった。また二〇一二年にベルリンで開催された世界保健サミットでは、ドイツの保守派の厚生大臣ダニエル・バールが開会の挨拶のなかで、自国の社会保護制度が経済の支えにもなってきたことに触れ、社会保護制度への投資は経済成長に欠かせないと述べている。[36]

別の角度から言えば、EU諸国は大恐慌以来最悪の市場崩壊を引き起こした銀行に対しては救済を、政府の不正や失策に対して何ができるわけでもなかったギリシャの一般市民には罰を与えた。経済学者のジェームズ・K・ガルブレイスも、ギリシャ国民は一種の〝集団処罰〟を受けたようなものだと言っている。これが処罰だとするなら、ヨーロッパでは前例のない規模である。第二次世界大戦で敗戦国となったドイツでさえ、戦後はマーシャルプランの一環として経済支援を受け、そのおかげで経済復興への道が開けた。[37]

ギリシャの人々が憤り、あるいは絶望したのも無理はない。暴動の件は前に少し触れたが、なかでもとりわけ激しかったものの一つに、二〇一二年一〇月のメルケル首相ギリシャ訪問時のものがある。このときは六〇〇〇人の警察官が警備に当たったが、結局デモ隊と激しく衝突し、催涙ガスで応戦せざるをえなかった。デモ隊側は《メルケルは帰れ！　ギリシャはおまえの植民地じゃない》、《これじゃEUの仲間じゃなくて奴隷扱いだ!》、《おれたちは地獄に突き落とされた》などと書かれた横断幕を掲げ、なかには「第四帝国にノー」と叫びながらナチスの旗を焼く光景も見られた。ドイツは第二次世界大戦後に欧米諸国から助けられたのに、そのドイツがギリシャに緊縮政策を強要したのだから、余計に腹立たしく思うギリシャ人もいたことだろう(38)。

さらに、ギリシャの社会的連帯(アイスランドではこれが重要な役割を果たした)にひびが入ったのも、経済的打撃というよりも緊縮政策の弊害によるところが大きい。その証拠に、大恐慌後に緊縮政策がとられたヨーロッパ諸国で極右勢力が台頭したように、ギリシャでも今回、長く息をひそめていた極右勢力が復活した。「黄金の夜明け《フリスィ・アブギィ》」という極右政党がセーフティネットに開いた穴をふさぐ活動を始め、それを足掛かりに息を吹き返した。党員たちはアテネの通りに出て、飢えた人々のために温かい食事を用意したが、ギリシャ国籍であることを示す身分証明書をもった人にしか提供しない。そして彼らの活動が活発になるにつれ、移民排斥運動も広がっていった。やがて攻撃の対象は移民以外にも広がり、今ではゲイやレスビアンまでターゲットになっている。これはまさに大恐慌時の緊縮政策からファシズムの台頭へ、そして第二次世界大戦へという流れを思い起こさせる状況で、背筋が寒くなる。苦しい状況になると、それを外国人のせいにしたくなるのが人間の常で、ギリシャでも「黄金の夜明け」に支持が集まり、二〇一二年の総選挙では三〇〇議席中なんと二一議席も獲得した。

言うまでもないことだが、今回のギリシャ危機においてギリシャ国民は単なる犠牲者なのかというと、そうではない。多くのギリシャ人は収入以上の生活を謳歌していたし、帳簿をごまかして税金逃れをしていた人も大勢いた。だが経済が悪化したあと、それを健康危機にまで発展させてしまったのはギリシャ政府である。アイスランド国民の健康状態はニューディール時代のアメリカによく似ているが、ギリシャ国民の健康状態はショック療法実施後のロシアに似ている。

まえがきに登場した七七歳のディミトリス・クリストウラスが国会議事堂前で自殺したのは、二〇一二年四月四日の朝だった。ディミトリスは長年薬局を経営し、現役の間年金の保険料をずっと払ってきた。ところが引退生活半ばで突然年金を奪われ、もはや薬代も払えなくなった。薬屋だったのに薬代が払えなくなるとは、皮肉もいいところである。そしてディミトリスには、自殺以外に逃げ道がなかった。

第3部
不況への抵抗力となる制度

くぎがふそくで　ていてつうてず
ていてつふそくで　うまはしれず
うまがふそくで　のりてはのれず
のりてがふそくで　いくさにかてず
いくさにまけて　くにをとられた
なにもかもいっぽんのくぎのせい
『マザー・グース』谷川俊太郎訳

第6章　医療制度改変の影響の大きさ

健康保険を失ったために起きた悲劇

ダイアンはたった一つのとげのせいで人生をふいにした[1]。カリフォルニア州でチャーター・スクール〔自主運営の公立学校〕の教師をしていたダイアンは、二〇〇九年に州が八一億ドルの教育費削減を決めたことで失業し、同時に職場の健康保険を失った。そこで個人保険に加入しようと、失業中の身でも払えそうなものを探し、そのなかからいちばん条件のいい保険を選んだ。しかし、それは免責金額〔その額までは全額個人負担になる〕が高いものだった。免責金額を低く設定すると保険料が高くなるため、ダイアンのように保険料を低く抑えたい場合、免責金額のほうを最高額の年間五〇〇〇ドルという設定にせざるをえないことが多い。だがそうなると、よくよく考えてからでなければ医者にかかれない[2]。

　加入してから一年ほど経ったある日のこと、ダイアンは自宅で大きなとげを踏んだ。古いアパートで、床板がささくれていた。ダイアンは糖尿病を患っていて、小さな傷でも化膿しやすく、壊疽《えそ》の恐れがあったので、この時点ですぐ医者に行くべきだった。

だがダイアンは診療費や処方薬の金額を思い浮かべ、思いとどまった。やがて傷口が赤く腫れ、それが次第に脚の上のほうへと広がったが、それでも医者に行かず、インターネットで見つけた治療法に従って、湯につけ、石鹸で洗い、市販の抗生物質クリームを塗るだけですませていた。

数週間すると全身がだるく、熱っぽくなった。そしてとうとうある日高熱を出し、気を失って倒れた。そのとき頭がコーヒーテーブルに当たり、派手な音を立ててガラスが割れたので、隣人が気づいて九一一に通報した。警察が駆けつけてドアを破って入り、救急車を呼んだ。

こうしてダイアンは、わたし（サンジェイ）が働いていた病院の集中治療室に運ばれてきた。とげを踏んだほうの脚はすでに壊疽が進んでいて、切断するしかなかった。もっと早く治療を受けていれば避けられたはずである。その上、菌が繰り返し血流中に入ったせいで敗血症も重症化していて、血圧は上が八〇、下が四〇まで下がっていた。わたしは心肺停止を防ぐため、カテーテルを頸静脈から右心へ挿入して輸液を行い、昇圧薬〔血圧を上げる薬〕も投与した。また腎不全も起こしていたので、鼠蹊部に透析ポートを埋め込まなければならなかった。だがこの透析が新たな問題を生み、急激に血圧が低下して脳梗塞を引き起こした。

今、ダイアンは介護施設にいる。まだ四七歳なのに、もう話すことも歩くこともできず、右半身はまったく動かない。ダイアンは五〇〇〇ドルという免責金額を気にして医者に行かなかったのだが、皮肉なことに、結局このときの入院費用は三〇万ドルを超え、保険が適用された。しかも半身不随になったため、これから一生涯、年間数万ドルの費用がかかることになり、これはカリフォルニア州の負担になる。今のダイアンには、一定時間ごとに体の向きを変える、排せつ後に体をきれいにする、食事はのどに詰まらないように口の左側（麻痺していない側）からスプーンで食べさせるなど、二四時間の介護が必要になっている。

これは極端な事例ではあるが、決して例外ではない。ダイアンほどの悲劇にはいたらなくても、類似の例はアメリカ中で日々起きている。無保険者や十分な保険に入れない人々のなかには、ダイアンのように免責金額内の自己負担を恐れて治療を遅らせる人々が大勢いる。ごく普通のアメリカ人が、基本的医療を先延ばししているのである。

ダイアンの例が悲劇だと言うのにはもう一つ理由がある。とげを踏んだのがもう少しあとだったら、オバマケアの恩恵を受けていたかもしれないからだ。オバマケアと呼ばれる医療保険制度改革法（PPACA）がバラク・オバマ大統領の署名により成立したのは二〇一〇年三月二三日のことである。ダイアンが加入していたような免責金額の高い健康保険の場合、加入者のおよそ二割が予防医療を受けていなかったが、オバマケアが実施されれば、失業者も含め、誰でも手頃な料金で医療を受けられることになる。もちろん、オバマ改革（医療改革）でダイアンのような悲劇がすべて防げるようになるわけではないが、状況は改善される。ダイアンも、もう少し条件のいい保険に加入できていれば、すぐ医者に診てもらったかもしれない。そうすれば片脚を失ったり半身不随になったりせず、景気回復を待ってまた仕事を探すこともできただろう。

言い換えれば、アメリカではダイアンのような悲劇をこれ以上増やすまいと、オバマ政権が必要な対策に着手した。しかし、それとは正反対の方向へ動いた国もある。イギリスである。もともとイギリスの国民保健サービス（ＮＨＳ）は国民皆保険制度の概念に支えられていて、イギリス国民は経済的苦境に陥っても医療が受けられるようになっていた。しかし現在では、緊縮政策を掲げるキャメロン政権がオバマ改革前のアメリカ方式をまね、ＮＨＳに競争、市場、民営化といった考え方を持ち込もうとしている。

この方向転換がイギリスに何をもたらすかを考えるには、アメリカの医療制度が今回の大不況でいかにひどい状態になったかを知る必要があるので、まずはそこから始めよう。

オバマ医療改革以前のアメリカの医療事情

今回の大不況が始まったとき、アメリカの医療保障制度は国民全体をカバーしてはいなかった。国民の三分の二は勤務先を介して健康保険に加入していたが、それ以外の人々――雇用主から保険を提供されない労働者や、パートタイマー、自営業者など――の場合、公的医療保険制度（メディケアとメディケイド）の対象にもならないとすれば、あとは個人で保険に加入するしかなかった。つまり民間の医療保険に入るのだが、保険料も免責金額も高いので、入れない人も少なくなかった。また、オバマ改革以前には、保険会社は糖尿病、高血圧などの既往症を理由に加入者を制限することができたため、保険料を支払う余裕があっても十分な保険に入れない人が大勢いた。数字で言うと、アメリカの無保険者は四〇〇〇万人に上り、人口のおよそ一三パーセントを占めていた。

大不況が始まると、この医療事情が危機的状況を生み出した。失業者が急増し、新たに六〇〇〇万人が健康保険を失ったからである。無保険者になるのは実に危険なことで、二〇〇九年のある調査によれば、無保険者は保険加入者に比べて早死にする率が四〇パーセントも高いことがわかっている。大不況に入ってからPPACAが成立するまでの間に、健康保険に入っていなかったために死亡したと考えられる事例はおよそ三万五〇〇〇件に上った(3)。

このような状況だったので、大不況下で失業して保険を失った人々の多くは途方に暮れた。民間の保険に入ろうとした人も、およそ三分の一は既往症などさまざまな理由で加入させてもらえなかった。保険料が支払えずにあきらめる人もいた。一方、保険会社側は不況で事業が苦しいとか、さまざまなコストが上がっているといった理由をつけ、保険料をどんどんつり上げた。二人世帯で年間の保険料が二万五〇〇〇ドルに上ることもあった。医療保険大手のウェルポイント社の子会社で、カリフォルニア州をカバーするアンセムブルークロス社などは、この時期に保険料を三九パーセントも引き上げている。アメリカ最大の医師会である米国医師会はこうした動き――自社のもうけにならない顧客を加入させないという意味で「パージング」（浄化、追放といった意味）と呼ばれている――を強く非難したが、止めることはできなかった(4)。

一部の人々は公的医療保険制度の網に救われた。たとえば、四人世帯で年収が二万三〇五〇ドルに満たなければ、低所得者のための公的医療保険制度「メディケイド」に加入できた。しかし、二〇〇九年以降、メディケイドの加入者数が毎年八・三パーセントずつ増える事態となり、一部の（主として共和党の）政治家や官僚から、メディケイドへの政府支出は〝制御不能〟に陥っていると批判の声が上がった(5)。

そこで各州はメディケイドの予算をさまざまな方法で削減しはじめた。たとえば免責金額の引き上げ、診察料・処方箋料の一部自己負担制度の導入、給付金の削減、医療機関への課税、メディケイド職員の新規雇用凍結・レイオフ・減給などである。大不況がピークに達した二〇〇九年には、四〇州がメディケイド予算の削減を決め（一部の州は一会計年度、その他の州は複数年度）、そのうちの二九州はその後第二の削減を追加し、一五州はさらに第三の削減を追加した。[6]

これらの削減の長期的影響を総括するのは時期尚早だが、すでにいくつかの兆候から、国民の健康状態の悪化が懸念されている。また、保険料を抑えようとして免責金額の高い保険に切り替えた人々のなかには、ダイアンのように医者から足が遠のいたという人が少なくない。免責金額の高い保険と低い保険で、加入している世帯が医者にかかる率を比べると、前者のほうが一四パーセント低いという結果が出ている。[7]

また、人々が医療費節約のためにまず切り捨てるのは予防医療である。今回の大不況の間に、健康保険加入者で大腸癌の内視鏡検査を受けた人は約五〇万人減少した。二〇〇九年の三月と四月に行われたある調査によると、持病をもつアメリカ人の五人に二人が、節約のために日常的に必要な投薬をやめてしまっていた。[8]

さらに、不況と緊縮政策によって、ギリシャと同じようにアメリカでも診察や治療の待ち時間が長くなった。特に深刻なのは緊急治療室（ＥＲ）で、これは予防医療を受けない人が増えたことと関係がある。ダイアンのように重体になるまで放っておく患者が増えたことで、一般外来ではなく、ＥＲが混み合うことになったからである。アメリカのＥＲはそれでなくても苦しい状況で、大不況以前からすでに定員いっぱい、あるいはそれ以上の患者を受け入れざるをえなくなっていた。そこへ大不況でさらに患者が増えたため、スタッフの過労は限界に達した。患者にとっても、緊急なのに待たされるのだから、もはや〝緊急〟治療室とは言えなくなった(9)。

要するに、大不況に突入してから、アメリカの医療制度はもはや国民の助けになっていなかった。人々は保険に入れず、治療費が払えないので、予防医療を怠る。その結果ダイアンのような悲劇に見舞われる。また予算削減も重なって医療スタッフが足りず、ＥＲはＥＲでなくなり、医療の質も全般的に下がってきていた。

一方、この状況で得をした人々もいた。保険会社である。二〇〇九年にアメリカの健康保険会社の上位五社は、合わせて一二二億ドルの利益を上げた。これはなんと前年比五六パーセント増である。二〇〇九年には二九〇〇万人が保険を失ったのだが、その同じ年に大手保険会社は五六パーセントも利益を伸ばしていた。しかも利益の伸びは単年度にとどまらず、二〇一〇年九月までに平均でさらに四一パーセント伸び、大不況のなかにありながら、保険業界の過去最高記録を更新した。この利益増は保険会社の営業努力によるものではなく、一部の人々の犠牲の上に成り立った〝濡れ手に粟〟のもうけである。保険料をつり上げたり条件を厳しくしたりして、自社にとって得にならない顧客を「パージング」したことで、保険金の支払いが減り、利益が増えたのである。保険業界では、かつては加入者の多さが成功の鍵とされていたが、それはもう過去のものとなった。ウェルポイント社のＣＥＯアンジェラ・ブレイリーなどは二〇〇八年にこう言いきった。「加入者を増やすために利益を犠牲にすることはない(10)」

金持ちはますます金持ちになり、病人はますます追い詰められて症状が悪化する――これが大不況期にアメリカの医療が置かれていた状況だった。

市場原理が医療を不効率にしていた

かなり前から繰り返し指摘されてきたことだが、医療の世界では市場原理はうまく働かない。ノーベル経済学賞受賞者のケネス・アローも、一九六三年に発表した画期的な論文のなかで、市場原理だけに任せておくと、安くて質の高い医療はなかなか提供されないと述べた。医療は主に次の二点で一般的な市場財とは異なる。一つはニーズの予想が難しいこと。もう一つは思いもかけず高額になる場合があること。たとえば、心臓発作を起こして冠動脈バイパス手術を受けるといったことは、いつ起きるのか事前にはわからない。そのためにいつ金を用意しておけばいいのかもわからないし、少々貯金してみたところで、大きな手術を受ければすぐに底をついてしまう。だからこそ保険に入るのだが、それで問題がすべて解決されるわけではない。なぜなら、保険に入るということは、どういう治療は受けられて、どういう治療は受けられないのかを他人に決めさせることを意味するからである[11]。

一方、民間の保険会社は企業として利益を生むことを求められる。そして利益を増やそうとすれば、方法は二つしかない、売上を増やすか、原価を削るかである。保険会社の売上は被保険者が毎月支払う保険料であり、原価は会社の経費と会社が支払う保険金である。つまり、医療を受けずにすむような人々に加入してもらい、医療を必要とする人々を加入させなければ（前述のパージング）、確実に利益が増える。

　こうして、公衆衛生の研究者が「さかさま医療ケアの法則」（Inverse Care Law）と呼ぶ状況が生じる。一九七一年にイギリスの医師ジュリアン・ハートが唱えた法則で、要するに「医療を必要としている人ほど医療を受けにくく、医療を必要としていない人ほど医療を受けやすい」という状況のことである。このようにサービスの需要と供給が食い違う現象はほかの分野でも見られるが、最もはっきりした形で表れるのは医療分野である。医療が必要になるかどうかは支払い能力とは関係がないのに、医療を受けられるかどうかは支払い能力に左右される。そしてこの悩ましい法則が、アメリカの医療制度を動かしてきた(12)。

　ここで忘れてはならないのは、医療に市場原理を導入すれば効率的になるかというと、決してそうではないということである。この点を誤解している人が多い。前述のように、アメリカの医療制度は多くの人々を締め出してきたが、それにもかかわらず、アメリカの保健医療支出はどこの国よりも多い。今回の大不況期の数字で比べると、他の先進国がGDPの七パーセントから一一パーセントといったところなのに対し、アメリカはGDPの一六パーセントである。しかも状況は悪化の一途をたどっている。一九七〇年のアメリカの保健医療支出は七五〇億ドル（一人当たり三五六ドル）だったが、それが二〇一〇年には二兆六〇〇〇億ドル（一人当たり八四〇二ドル）になっていた。この増加率は同じ期間のインフレ率の四倍以上になる。この率で物価が上がっていたとしたら、今ごろ卵一ダースが一五ドル、一ガロン〔およそ四リットル〕の牛乳が二七ドルになっていたところだ。

　このように、アメリカでは驚くほど医療費が膨らんだが、それは高齢化が進んだからでも、病人が増えたからでもない。たとえば喫煙率はヨーロッパのほうが高いし、高齢化なら日本のほうがはるかに深刻である。史上まれに見るほどの医療費の増加は、肥満でも説明できないし、医療技術が進んで高額になったとか、医療機関の利用率が上がったとか、医薬品の研究開発費がかさんだといった理由でも説明できない。

では何なのかというと、要するに出費に見合う効果が上がっていないだけのことである。アメリカは賢い予防医療などの「ヘルスケア」ではなく、ずっと高くつく「病気のケア」に金を注ぎ込んでいる。そしてその高くつくケアにおいて、医師たちは費用効率というものを考えず、医学的には必要がなくてもCTスキャンを多用したり、人工膝関節置換手術といった金のかかる手術に飛びついたりする。そのほうがもうかるからである。こうした状況から見えてくるのは、結局のところアメリカの医療制度は患者のためにあるのではなく、医療を提供する側――病院チェーン、製薬会社、健康保険会社――のためにあるということではないだろうか[13]。

医療費が間違った方向に使われてきたことは、次の事実からもわかる。アメリカは保健医療支出が世界一でありながら、医療制度の評価では多くの点で標準に達していない。ヨーロッパと比較すると、アメリカでは院内感染や医療過誤の発生率が高く、大病院の受診率〔クリニックで早期治療を受けていれば避けられたはずの重症化による受診〕も高い。総じて、これらの〝本来ならば避けられた〟原因による死亡率は、ヨーロッパより四〇パーセントも高い。人数で言うと、アメリカでは年間およそ四万人の命がお粗末な医療制度のせいで失われている。WHOも、死亡率や患者に強いる苦痛といった観点から、アメリカの医療制度を先進国中最低レベルに位置づけている[14]。

以上が、二〇一〇年にオバマケアが成立する以前のアメリカの医療制度の実態である。そしてそれは、経済危機に対してあまりにも脆《もろ》かった。

国民皆保険制度の国々との比較

これに対し、他の多くの先進国の医療制度はもっと経済危機に強いものだった。カナダ、日本、オーストラリア、そしてほとんどのヨーロッパ諸国は、医療を市場任せにするのではなく、国による国民皆保険制度を土台にしてきた。これらの国々は、医療分野では市場原理がうまく働かず、「さかさま医療ケアの法則」という罠にはまる危険性があることを承知していた。

そうした国々とアメリカとの違いは、今回の大不況でも大きな差となって表れた。アメリカでは何百万人もの人々が医療を受けにくい、あるいは受けられない状態に陥ったが、イギリス、カナダ、フランス、ドイツなどでは、医者に行くのを控えたり、予防医療を受けるのをやめたりした人はずっと少なかった。これらの国々では医療は市場財ではなく人権の一つと考えられていて、職や収入を失っても受けられる医療サービスにはあまり影響がなかったからである。つまり、経済が打撃を受けても、国民が「破産か健康か」という選択を迫られるようなことはなかった(15)。

その違いは医療サービスの利用状況のデータにも表れている。アメリカ、イギリス、カナダ、フランス、ドイツの人々の、大不況の間の医療サービスの利用頻度の変化に関する調査例がある。各国の代表サンプルとして抽出された人々を対象に、「不況になってから、日常的に利用していた医療サービスの利用頻度は増えたか、減ったか、あるいは変わらなかったか」を調べ、その結果をまとめて国ごとに比較したものだ。五〇〇〇人以上の人々がこの調査に答えた。その結果、やはり予想どおり、アメリカではかなりの変化が見られ、五人に一人がそれまで受けていた医療サービスの利用をやめていた。それに比べるとヨーロッパの状況は良好で、ドイツとフランスで少し下がったものの、イギリスではごくわずか（〇・三パーセント）だが上がっていたほどである。また、カナダではまったく変化が見られなかった。つまり、雇用主ではなく納税者が費用を負担する医療制度においては、経済危機によって国民が医療を奪われるような事態は起きにくい。

ドイツとフランスの場合は、医療費の自己負担率が高いため、大不況の影響を少し受けたと考えられる。ドイツにもフランスにも国民皆保険制度があるが、ドイツでは同一の疾病で四半期ごとに一〇ユーロ、フランスでは病院に行くたびに一六から一八ユーロを自己負担することになっている。一方、イギリスでは医者にかかるのも病院で診てもらうのも無料だった。このわずかな金額の差が、利用状況の差を生んだようだ。大不況になってからの医療サービスの利用頻度は、ドイツで四パーセント、フランスでは七パーセント下がっていた。しかし無保険になった人はいないのだから、アメリカよりはずっとましである。

イギリスの国民保健サービス（NHS）の優秀さ

大不況になっても国民に医療を提供しつづけられたという点で、イギリスの医療制度は他国に勝る成果を上げた。そしてそれこそ、国民保健サービス（NHS）の設立者たちが意図したことで、NHSは支払能力ではなく、臨床ニーズに基づいて医療を提供するという理念に立っていた。

NHSが設立されたのは第二次世界大戦後間もない混乱期で、インフラをはじめとして壊滅的な被害を受けたイギリスが、経済を立て直そうともがいていた時期だった。イギリスの政府総債務残高はGDPの四〇〇パーセントを超えていて、これは現在のヨーロッパのどの国よりもはるかに高い（ただしアイスランドを除く）。NHSの土台となったのは、大戦中に設立された公的な医療制度である。それ以前の民間保険が軍のニーズに応えられなかったことなどから、戦時下の緊急対応として設立されたものだった。だが緊急対応とはいえ、この制度は国民から高く評価された。戦後、単独で政権を担うことになった労働党は、福祉の充実を掲げ、戦時下の医療制度を国民全体に拡大し、NHSとして一九四八年七月五日にスタートさせた。当時の労働党の政策パンフレットにはこう書かれている。

「この制度によって、国民全員が医療、歯科治療、介護を受けられるようになります。所得や性別、年齢に関わりなく、誰もがこの制度を利用できます。一部のサービスを除いて、すべて無料です。加入資格等の制限はありません。しかし、これは慈善事業ではありません。国民全員が主に納税者として費用を負担する制度です。この制度があれば、病気になったとき、お金の心配をする必要がありません(16)」

この制度に反対する人々は、設立当初から国を破綻に追い込む内容だと批判していた。だが実際には破綻どころか、この制度がイギリスの経済復興を後押しすることになった。大恐慌時のニューディール政策と同じことである。

その後半世紀以上にわたって、NHSは国民皆保険制度として世界の模範でありつづけ、イギリス国民全員に窓口負担さえない無料の医療を提供しつづけた（外来処方薬・歯科医療など一部は有料）。そして、病人だけが費用を負担するのではなく、国民全員が少しずつ負担することによって個人の負担額を軽減するという、社会全体で医療を支える仕組みが確立された。また、その仕組みの上に立ち、NHSが国民に代わって製薬会社と交渉し、大量購入を条件に価格を下げさせるなど、コスト削減の努力もなされた。イギリスには従来、製薬会社が開業医に金品や旅行を贈り、その代わりに高い薬を積極的に処方してもらうといった慣行があったが、NHSの下部組織として国立医療技術評価機構（NICE）ができてからは、この慣行も改められた。NICEは医薬品や医療技術の費用対効果を評価し、その評価点が高い薬が処方されるようにガイドラインを設けた。医師の報酬も患者数や歩合制で決められるのではなく、高額の固定年俸制となり、医師が患者に予約をとるよう急かしたり、不要な検査や治療を押しつけるようなことはなくなった[17]。

NHSがいかにうまく機能していたかについてはまだ説明し足りないが、結局のところデータを見れば一目瞭然なので、これ以上はやめておこう。最近行われたいくつかの調査によって、イギリスの医療制度は大不況の間に、他国より少ない費用でより多くの命を救ったことが明らかにされている[18]。

イギリスの「医療および社会的ケア法」

しかしながら、今、イギリスはNHSの設立理念を葬り去ろうとしている。保守のキャメロン政権は、ＮＨＳをオバマ改革以前のアメリカのような、利益重視・市場本位の医療制度に変えようとしている。キャメロン政権は発足と同時に、その前の保守党政権、ジョン・メージャー政権時代の政策パンフレットを持ち出してきた。それはＮＨＳを「制御不能の巨大官僚機構」と呼び、「抜本的な改革」が必要だと説くものだった。主執筆者のオリバー・レトウィンは、すでに二〇〇四年の時点で、保守党が政権を握れば五年以内に「ＮＨＳはなくなるだろう」と述べていた。そしてその言葉どおり、キャメロン政権が二〇一一年に議会に提出した「医療および社会的ケア法」の法案は、この過激な政策パンフレットに唱えられた市場原理をＮＨＳに持ち込もうとするものだった。[19]

このような方向転換はとうてい理解しがたい。イギリスの保健医療支出は、政府がＮＨＳ解体に着手する直前の二〇一〇年でも対ＧＤＰ比で八パーセントで、この比率はドイツ（一〇・五パーセント）よりもフランス（一一・二パーセント）よりもアメリカ（一六パーセント）よりも低い。つまり、保守党の主張は現実に基づいたものではなく、単なるイデオロギーである。そこには、市場原理や競争原理、あるいは収益というものさしが、政府の介入より常にいい結果を生むという思い込みがある。[20]

「医療および社会的ケア法」の法案をめぐっては、議会内外で激しい議論が繰り広げられ、なかでも英国王立看護協会とほぼすべての英国医師会（米国医師会のイギリス版）は断固反対の姿勢をとった。しかしながら、この法律は二〇一二年に可決され、政府はさっそくＮＨＳの改革に着手した。その動きを見て、これではＮＨＳの民営化ではないかと食ってかかった人々もいる。しかしキャメロン首相は、この法律はＮＨＳを民営化するものではないと国民をなだめ、「わたしは赤字を削減したいのであって、ＮＨＳを縮小したいわけではありません」と主張した。連立を組んでいる自由民主党党首のニック・クレッグも「民営化はしません」と口をそろえ、保健省のウェブサイトにも、「歴代の保健大臣は皆、NHSを民営化するようなことは決してないと述べてきた」と書かれた。しかしながら、事実を追っていくと別のシナリオが見えてくる。イギリス政府は広範囲に及ぶ医療サービスを着々と民間に移行させている。[21]

こうして、専門の医師たちに代わって、利益重視の民間業者が医療事業を担う機会が増えてきた。「医療および社会的ケア法」の制定から半年後の二〇一二年一〇月、政府はNHSの活動のなかから四〇〇のサービスについて民間への委託を決め、この決定は「NHS史上最大の民営化」と呼ばれることになった。総額二億五〇〇〇万ポンドにも上る〝おいしい〟契約である。しかも、それで狙いどおり効率が上がったわけではなく、アメリカが経験済みのあの弊害——患者を食い物にして利益を上げる——が横行することになっただけだった。

たとえば、生殖医療の分野ではヴァージンという名前（しゃれではなく）の会社がいくつかの契約を獲得したが、するとあちらこちらで問題が起きた。イングランド北西部のティーズサイドでは、ヴァージン社が生殖医療クリニックの業務を請け負い、それ以来、クラミジアのスクリーニング〔クラミジア感染が不妊の原因となることがあるので受診者は全員抗体検査を受ける必要がある〕の検査数が予定をかなり下回るという事態が繰り返し発生した〔これではクラミジアによる不妊を見逃すことになる〕。これは決して難しい業務ではなく、それまでNHSが容易にこなしていたものである。しかもあきれたことに、予定数に満たないとわかるとヴァージン社はスタッフに検査キットを持ち帰らせ、家族や友人に協力してもらって検査数を増やしていた。この件はあるジャーナリストがスタッフへの指示が書かれたメモを見つけたことによって発覚した。また、オックスフォードでもヴァージン社があるクリニックの業務を請け負ったが、すると患者たちから待ち時間が長くなったと苦情が出た。これに対してヴァージン社は、このクリニックは引き継いだ時点で採算が合わなくなっていて、「まだ改善の余地はありますが、すでに成果は出はじめていますし、市議会議員の方々もその点に満足されています」と述べ、その後巧みなPR活動を展開した。[22]

本書執筆中の今、イギリス政府は民間委託に続いて早くも次の一手を打とうとしている。「パーソナル・バジェット」(personal budgets)の適用拡大である。パーソナル・バジェットとは、高齢者・障害者のケアサービス受給者に対して直接現金を支給し、その使い道を本人あるいは家族に選ばせるものだが、政府はこの方式を慢性病患者にも広げようとしている。要するに、国営のNHSのサービスを利用してもらうのではなく、その予算を利用者に回して、自由に使ってもらうという試みである。これに対して関係省庁は、医療サービス提供の方式としてパーソナル・バジェットには数々の問題があると指摘している。セーフガードも整っていないので、今のままでは民間企業や保険会社が利潤追求に走り、患者がその食い物にされかねないという懸念の声も上がっている。だが政府はそうした意見に耳を貸さず、着々と準備を進めている。[23]

このように、「二〇一二年医療および社会的ケア法」はイギリスの国民と居住者に害を及ぼすものだと思われ、現にその兆候が現れはじめている。たとえば、キャメロン政権発足前には、NHSに対する国民の満足度は七〇パーセントを超え、史上最高を記録していたが、発足後わずか二年で五八パーセントにまで下がってしまった。この三〇年間で最大の下落幅である。[24]また、イギリスの医療事情がオバマ改革以前のアメリカに似てきたことを示す兆候もある。たとえば最近、ＮＨＳから委託を受けた民間医療機関が患者を受けつけない例が出てきている。契約で定められた診察件数をこなすと、さっさと閉めてしまうのである。さらに、キャメロン政権が医療改革に着手した初年度に、ＥＲに運ばれる患者数が過去一〇年で最高のレベルまで跳ね上がった。これは、ダイアンのように予防医療を受けない人が増えたからだと考えられる。[25] 英ランセット誌の編集者が警告するように、このままではイギリスで「人がどんどん死んでいく」ことになりかねない。[26]

イギリス国民が医療制度の急激な民営化を最終的に受け入れるかどうかは、今のところまだわからない。しかし、公的制度をいったん市場の誘因メカニズムに委ねたら、それを元に戻すのは、不可能とは言わないまでもかなり難しい。イギリスでは不況を背景にした「緊縮政策と民営化」という影が、社会保護のあらゆる分野に忍び寄りつつあるようだ。

だが、それが有害だというデータがある以上、ここで立ち止まって考えるべきではないだろうか。[27]

医療について「緊縮政策と民営化」の路線を歩みつつあるのはイギリスだけではない。最も極端な例はギリシャということになるだろう。ギリシャの場合は、ＩＭＦが短期間で削減可能な分野として保健医療に狙いを定めたために、計画的かつ大胆な予算削減が行われた。スペインも同じ路線を歩んでいる。スペインにもイギリスと似たような国民保健制度があったのだが、公衆衛生予算の削減に伴い、政府は医療を民間セクターに移しつつある。基本的に無料だった公的医療機関での受診も有料化された。繰り返し述べてきたように、これによって短期的には予算が節約できたように見えても、負担増が人々を医療から遠ざけることになって重症化する患者が増えるので、長期的には節約にならない[28]。また、スペイン政府は健康保険の対象者を「居住者」から「国民」へと絞り、移民を対象外とする政策に転じた。医薬品に関しても、それまで保険が適用されていたものが適用外になる例が多く、さらに深刻なことに、ただもう単純に薬がないという状況さえ起きている。たとえばバレンシア地方では、中央政府が一部の医薬品への補助金を打ち切ったために、薬局の棚が空になる例も見られた。

これらの国々が進むべきなのは、もっと別の道ではないだろうか。それは、イギリス自身が第二次世界大戦後の窮状のなかで、巨額の債務を抱えながらも示してみせた道である。繰り返しになるが、現在イギリス以外にもイタリア、スペイン、そして国際支援機関から圧力を受けているギリシャが、医療制度に関して「緊縮政策と民営化」路線を足早に進みつつある。これらの国々には、NHSの設立者アニューリン・ベヴァンの言葉をぜひとも思い出してもらいたい。ベヴァンはNHSが設立された一九四八年に当時の理念をこう表現した。「わたしたちは今、財政上、経済上の不安を抱えながらも、病人の福祉を最優先に考えようとしています。このような状況のなかにあっても、自分たちが世界で最も文明的な行動をとりうるという事実に、わたしたちは誇りをもつべきでしょう[29]」

第７章　失業対策は自殺やうつを減らせるか

徴税公社に追いつめられ自殺した人たち

二〇一二年五月四日、イタリアのボローニャで女性たちによる抗議デモがあった。白旗を振る一団の女性たちが「国民を自殺に追い込むな！」と叫びながら、国税庁傘下の徴税公社エクイタリア前を行進したのである。このグループは、不況が原因で夫を自殺で亡くし、未亡人となった女性のグループで、「白い未亡人」と呼ばれている。イタリア政府は今回の大不況で緊縮政策をとったが、そのなかで彼女たちの夫は職を失い、あるいは仕事が激減し、税金を払うことができなくなった。そして滞納を続けた挙句、とうとう行き詰まって自殺という道を選んだ。滞納金とともに残された妻たちは一人で苦境に立ち向かわなければならなくなり、何の助けの手も差し伸べない政府に対して怒りと不満を募らせていた[1]。

このグループを率いるティツィアナ・マローネは、「政府はこの事態をどうにかするべきです。今イタリアで起きていることは不公平以外のなにものでもありません」と述べた。イタリア政府が大富豪の脱税には目をつぶりながら、不況で経済的苦境に立たされた人々からは強引に取り立てようとしていることへの抗議である。ティツィアナはこう続けた。「これはわたし個人のための戦いではありません。同じような状況に追い込まれたすべてのイタリア人のための戦いです。残された未亡人のほとんどはどうやったら滞納金や追徴金を納められるのか見当もつかず、途方に暮れています[2]」

このデモは、実はエクイタリアへの二回目の抗議行動で、一回目はティツィアナの夫、ジュゼッペ・カンパニエーロの焼身自殺未遂だった。五週間前の三月二八日に、ジュゼッペはエクイタリアの事務所前でガソリンをかぶり、火をつけた。自営のレンガ職人だったジュゼッペは、エクイタリアから税金滞納の追徴金を二倍にするとの最終通告を受け取ったばかりだった。妻への遺書にはこう書かれていた。「愛するおまえへ。涙が止まらない。今朝は少し早く家を出た。おまえに別れを告げたかったが、ぐっすり寝ていたので起こすに忍びなかった。今日はとんでもない一日だ。どうか許してくれ。おまえたちみんなにキスを送る。愛しているよ。ジュゼッペ」。ジュゼッペは重度のやけどを負い、九日後に死亡した。

失業者が増加すると自殺者も増えるか

イタリアでは大不況に陥った二〇〇七年から二〇一〇年までの間に失業率が三九パーセント上昇し、それに伴い自殺率も上昇した。また「白い未亡人」のデモをはじめとする抗議行動によって、失業者がどれほど精神的に追い詰められているかにも注目が集まった。しかしその一方で、昨今の自殺率の

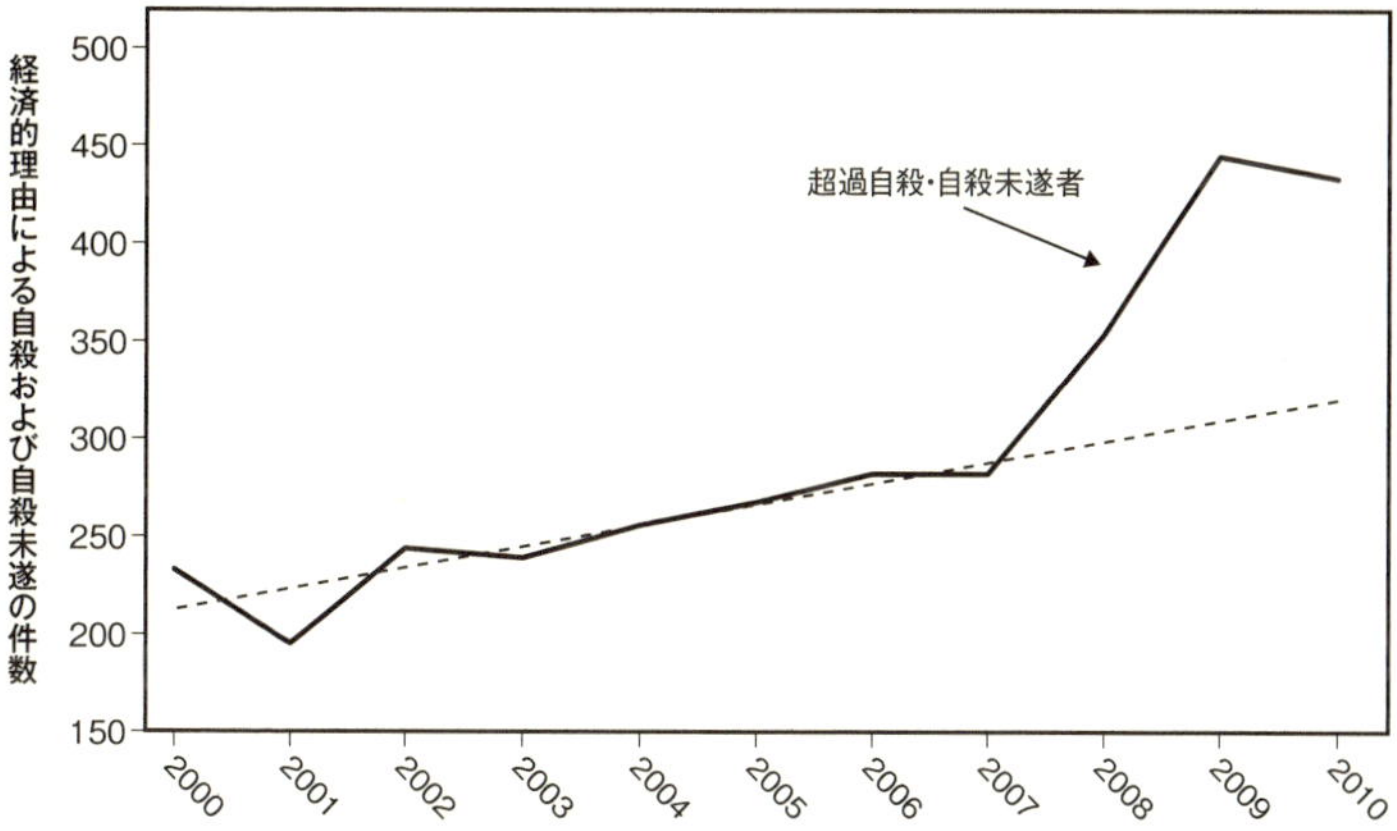

図7-1　イタリアの経済的理由による自殺・自殺未遂件数の推移[6]

上昇は「通常の変動の範囲内だ」と論ずる専門家もいた。[3]

それは本当なのだろうか？　だとしたらなぜここまで悲惨な状況になるのだろう？　わたしたちはその点を明らかにするため、イタリアの死亡率に関するデータベースを調べた。イタリアの場合、個々の自殺について背景まで調べられるようになっている。死亡診断書に自殺にいたった経緯も記載されるからである。たとえば、ある六四歳のレンガ職人の死亡診断書には、クリスマスに失業し、「仕事なしでは生きていけない」という遺書を残してピストル自殺したことが書かれている。一九九〇年代初頭のロシアと同じように、イタリアでも失業によって生きる気力も希望も失い、自殺に走るという例が多く見られた。[4]

わたしたちが調べたところ、この男性のように「経済的理由」によると判断された自殺例は大不況に入ってから急増し、それ以前の増加傾向以上の上昇率を示していた。経済的理由以外の原因による自殺率が変わ

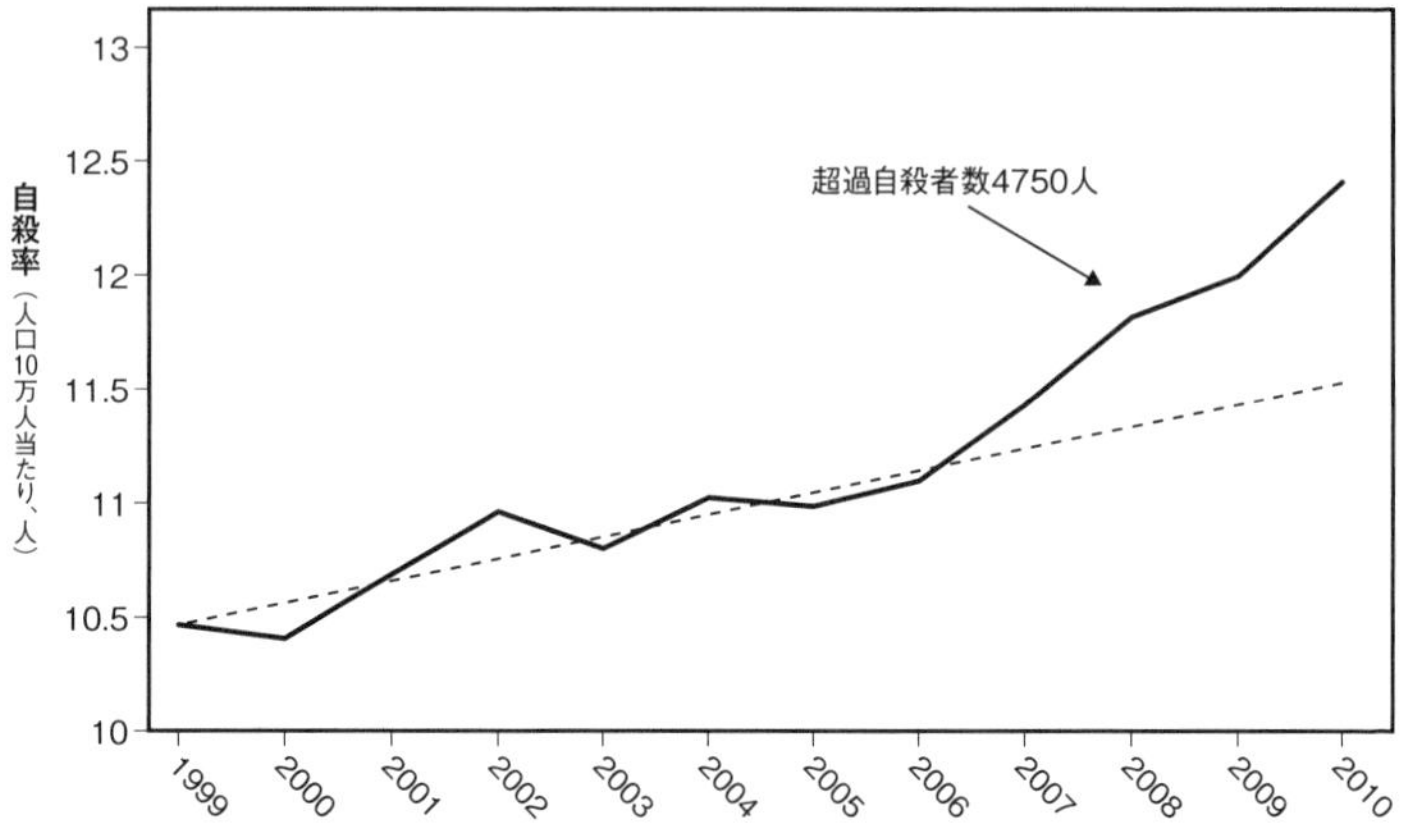

図7-2　アメリカの自殺率の推移[8]

っていないだけに、これが特別な変化であることは明らかである。図7－1に示したように、イタリアの経済的理由による自殺と自殺未遂は、大不況以前からすでに若干の増加傾向にあった。しかし大不況期の二〇〇七年から二〇一〇年にかけては、その増加傾向を上回る自殺者と自殺未遂者が五〇〇人以上出たと考えられる。グラフの実線の急上昇と、大不況の期間（つまりイタリア政府の緊縮政策の期間でもある）が重なっていることに注目していただきたい。

　大西洋の反対側のアメリカでも同じような現象が見られた。図7－2がそれを示している。図7－1と同じように、アメリカでも大不況以前から自殺は増加傾向にあった。グラフの破線は、その増加率が変わらなかったとした場合の自殺率の推移である。これに対し、実線で示したのが実際の自殺率の推移で、大不況に入ってからそれ以前にも増して上昇している。それ以前の増加傾向を上回る自殺者は、大不況期に四七五〇人に上った[5]。

このように、不況が自殺増加の主要因の一つであることは間違いないが、不況でなくても自殺が増えることはあるし、逆に不況だというだけで自殺が増えるわけでもない。イタリアとアメリカの例のように、政府が失業による痛手から国民を守ろうとしなかった場合には、だいたいにおいて失業の増加と自殺の増加にははっきりした相関が表れる。しかしながら、政府が失業者の再就職を支援するなど、何らかの対策をとると、失業と自殺の相関が低く抑えられることもある。たとえば、スウェーデンとフィンランドは一九八〇年代から一九九〇年代にかけて何度か深刻な不況に見舞われたが、失業率が急上昇した時期にも自殺率はそれほど上がらなかった。それは、不況が国民の精神衛生を直撃することがないように、特別の対策がとられたからである。この点はあとで詳しく述べる。

不況になると失業が増えるのはどこの国でも同じで、避けようのないことかもしれない。しかし、自殺率の上昇はそうではない。

失業増加でうつ病も増えた

不況時の失業によって自殺のリスクが高まることは、すでに一九世紀から知られていた。その後、データ収集技術の進歩を受けて、公衆衛生学者と社会学者が失業とうつ病の関係を明らかにした。失業がうつ病、不安症、不眠症、自傷行為などの主要危険因子の一つであることは、今日ではよく知られている。失業するとうつ病になりやすく、特に社会的支援を受けられない場合や、身寄りがない場合にはその傾向が強まる。失業者の自殺率は、就業者のおよそ二倍になる。(7)

しかし一九八〇年代初頭になると、一部のイギリスの経済学者が改めてこの問題を取り上げ、果たして失業によってうつ病になるのか、それとももともとうつ病だった人が失業しやすい傾向にあるのかというテーマを提起した。失業とうつ病のどちらが先かという問題である。この問いに答えるため、長期にわたって大規模な追跡調査が行われた。その結果、どちらのケースもあることがわかった。ある人は失業が原因でうつ病を発症する。ある人はうつ病で苦しんでいたために失業し、失業したことによって症状が悪化する。つまり、失業とうつ病には二重の意味で関係がある。[9]

実際、今回の大不況でも、二〇〇七年から多くの国でうつ病患者が増えはじめた。たとえばスペインとイギリスでは、急性のうつ病の症状を訴えて受診する患者数が急増した。英国王立精神科医学会の公教育長ピーター・バーンもこう述べている。「二〇〇九年には精神医療のあらゆる現場で、つまり一般の診療所でも、総合病院でも、専門の診療機関でも、受診者が増えました。不況によって、多くの人のストレスが我慢の限界を超えたのです[10]」

うつ病の症状を訴える患者が増えると、抗うつ薬の使用量も増える。イギリスでは、二〇〇七年から二〇〇九年にかけて抗うつ薬の使用量が二二パーセント増加した。また二〇一〇年のある調査では、「仕事絡みのストレス」で診療所を訪れた人の七パーセントが、抗うつ薬による薬物療法を受けたことがわかっている。さらに、二〇一〇年の抗うつ薬の処方数は、わずか二年前の二〇〇八年に比べて三一〇万件も増えていた。[11]

スペインとアメリカでも抗うつ薬の処方数が増加した。二〇〇七年から二〇〇九年にかけて、スペインでは日常的に抗うつ薬をのむ人が一七パーセント増えた。アメリカでも大不況期に入ってから抗うつ薬の使用が急増し、なんと成人の一〇人に一人が大不況中に少なくとも一回抗うつ薬を処方された計算になる。ブルームバーグ・ランキングスのある調査でも、抗うつ薬の処方率と失業率との間にかなり強い相関があることがわかった[12]。

しかしながら、統計学的見地から厳密に言うと、これらのデータが示しているのは「大不況の期間にうつ病の薬を必要とする人が増えた」ということでしかなく、失業者が特別にうつ病になりやすかったという証明にはならない。理論的には、失業とは関係なく、大不況で誰もがストレスを感じていたと考えることにそれほど無理はない。たとえば社会全体に漂う不安感とか、人員削減で仕事の負荷が増えたとか、失業するかもしれないという不安などからくるストレスである。つまりこれらのデータだけでは、今回の大不況でうつ病患者が急増したのは失業が原因だと断定することはできない[13]。

そこでわたしたちは、具体的にどういう人々がうつ病の症状で受診したかを調べることにした。取り上げたのは、スペインで不況前と不況期に精神疾患により受診した患者のデータで（不況前の二〇〇六年の受診者七九四〇人と、不況期の二〇一〇年の受診者五八七六人）、スペイン各地の診療所・病院から集められたものである。今回の大不況で、スペインは世界でも最悪の失業率上昇に苦しめられたが、その間もうつ病に関する調査が一貫して続けられていたので、不況前との比較に大いに役立った。そのデータで二〇〇六年と二〇一〇年を比べると、大うつ病性障害の症状で受診した患者は受診者の二九パーセントから四八パーセントに増えていた。また、小うつ病性障害の患者は六パーセントから九パーセントに、パニック発作の患者は一〇パーセントから一六パーセントに、さらにアルコール依存症の患者も一パーセントから六パーセントに増えていた。そして、データを多変量解析モデルを用いて分析したところ、これらの精神疾患の増加と最も関係が深い説明変数の一つが失業であることが明らかになった。また、以前からうつ病だったかどうかや、メンタルヘルスケアを受けやすい環境にあったかどうかなど、他のさまざまな要因を調整しても、この結果は変わらなかった(14)。

やはり失業はうつ病増加の主要な原因だった。しかし、失業が問題だということであれば、抗うつ薬以外にも対処法がある。予防医学の父であるジェフリー・ローズはこう言っていた。「患者が置かれた環境を病気になる前の状態に戻すこと。それ以上に効果的な治療があるでしょうか」。疫学者たちと同様に、公衆衛生学者であるわたしたちが今知りたいのは、多くの失業者が出たときに、どうやってうつ病を治療するかではなく、どうやってうつ病の発症を防ぐことができるかという問いの答えである。

再就職を促す積極的労働市場政策(ALMP)とは何か

さて、アメリカ、イギリス、スペインでは、失業率の急上昇とともに抗うつ薬の処方件数が何百万という単位で増えたわけだが、失業率が急上昇した国ではどこでも同じ現象が見られたのかというと、そうではない。たとえばスウェーデンでは、抗うつ薬の処方の増加率は二〇〇七年から二〇一〇年までに六パーセントと、スペインやイギリスに比べるとかなり低かった。それは、スウェーデンがうつ病に対する薬物療法だけではなく、うつ病の根本原因である失業への対策をとっていたからだと考えられる。

その意味では、大不況のずっと前から、スウェーデンの政治家たちは医師として国民全体に予防医療を施してきたようなものである。彼らが実施したのは、積極的労働市場政策（ALMP）と呼ばれる画期的な社会保護政策だった。〝積極的〟という点で、ALMPは失業者に対する一般的な社会的セーフティネットとは異なる。アメリカ、イギリス、スペインなどで見られる一般的な対策は、主として失業者に対する現金給付であり（働いていたときに失業保険の保険料を月々支払っていた人々が受け取れる失業手当）、これはいわば〝消極的〟な政策である。もちろん失業手当は重要で、これによって失業しても生活を維持することができるわけだが、スウェーデンはそれだけではなく、より積極的な失業対策を考えた。失業者ができるだけ早く仕事に就けるように支援するプログラムである[15]。

スウェーデンのALMPは一九六〇年代から少しずつ築き上げられてきたもので、それには積極的な就職斡旋サービスや職業訓練のプログラムが含まれている。同じALMPでも国によってさまざまだが、スウェーデンのプログラムはとりわけ失業者本人に積極的に職探しをさせるという意味でよく練り上げられたものだった。従業員の解雇に際しては、スウェーデンでは、本人による求職登録のみならず、会社側からも職業センターに通知するシステムになっている。したがって失業者のほぼ全員が登録され、このプログラムに参加することになる。登録されると、職業センターが本人と話し合いながら、三〇日以内に「個人活動計画」を作成する。その後は六週間ごとにジョブトレーナーが登録者と面接し、進捗状況を確認する。つまり登録者は就職活動を続けることを求められ（職業センターが実際に確認する）、それが失業給付を受ける条件になる。

このように、スウェーデンは失業者本人の積極的な行動を促すことに主眼を置いてきた。この国では、失業者はただ国から支援を受けてきたというよりも、労働力でありつづけられるように支援を受けてきたと言うべきだろう。また、この政策には企業側の雇用創出を促すプログラムも含まれている。もちろん、アメリカやスペインの職業安定所が就職支援サービスを提供していなかったわけではない。しかし、これらの国では、支援内容もその目的もスウェーデンのＡＬＭＰほど積極的なものではなかった。たとえば、わたし（サンジェイ）の患者のなかにアメリカ版ＡＬＭＰに登録した男性がいるのだが、三時間待たされた挙句、「履歴書を用意して、シャワーを浴び、スーツを着ること」といった指示が書かれたパンフレットを渡されただけだった。

フィンランドとスウェーデンのＡＬＭＰの効果

今回の大不況以前から、ＡＬＭＰは失業を原因とするうつ病の発症を防ぐのに重要な役割を果たしてきた。フィンランドのＡＬＭＰの例を紹介しよう。フィンランドにはテュエヘン（Työhön「仕事に行こう」の意味）という独自のＡＬＭＰがあるが、二〇〇二年にその効果を検証するためランダム化比較実験が行われた。失業者を二つのグループに分け、片方のグループ（六二九人）には熟練のジョブトレーナーがつくＡＬＭＰに参加してもらい、もう片方のグループ（対照群、六三二人）には職探しに関する資料（ＡＬＭＰで提供されるのと同じもの）だけを提供した。すると、この二つのグループのうつ病の症状に大きな差が出た。すでに三カ月後の比較で、ＡＬＭＰに参加したグループのほうがはるかにうつ病や不安症の症状が少なかったのである。特に差が開いたのは失業前からうつ病のリスクが高かった人々だった。また二年後の比較では、やはりALMPに参加したグループのほうがうつ病の症状がはるかに少なかったが、それにとどまらず、このグループの人々は自己評価が高く、再就職にも自信をもっていて、結果的に対照群よりも再就職に成功した人が多かった。(16)

具体的には、ALMPは少なくとも次の三点で不況下の精神状態の低下を防ぐと考えられる。第一に、可能なかぎり速やかな再就職が可能になる。再就職できれば、うつ病や不安の原因が取り除かれる。実際、失業によるうつ病は、短期間のものであれば、仕事に戻ると同時にすぐ治ることが多い。第二に、失業という事態に単独で立ち向かうのではなく、ジョブトレーナーとの二人三脚で取り組むことができる。しっかりした社会支援があると思えることで、失業者の精神衛生上のリスクはかなり軽減される。第三に、失業者だけではなく、失業リスクを抱えた就業者の精神的支えにもなる。失業の不安を抱える人々も、ALMPがあれば、最悪の場合でもなんとかなるという安心感を抱くことができ、それがうつ病の予防になる。またこの三点に加えて、ALMPは失業率上昇を食い止める役にも立つ〔再就職支援のみならず、完全雇用を促す活動も含まれているため。原注参照〕。つまり、適切に実施されれば経済と健康の両方に役立つ政策になりうる。(17)

前述のように、スウェーデンのALMPは一九六〇年代から少しずつ築き上げられてきたもので、その間に多くの研究成果が取り込まれたため、一九八〇年代には世界で最も進んだALMPとなっていた。政府がどれだけ力を入れてきたかは、この政策への投資額の大きさにも表れている。当時のスウェーデンでは、失業対策のために国民一人当たり年間五八〇ドルに相当する予算が割り当てられていた。これはアメリカ、イギリス、スペインの倍以上になる。また、ただ金額が多いだけではなく、消極的なプログラム（現金給付）よりも積極的なプログラム（就職斡旋や職業訓練など）に優先的に予算が回された。一九八〇年代半ばの数字で比べると、スウェーデンでは全体の約四分の三が積極的なプログラムに割り当てられていたが、アメリカは三分の一、イギリスは四分の一、スペインは約一〇分の一でしかなかった。二〇〇五年にはＯＥＣＤがヨーロッパ諸国の失業対策を比較し、結果をまとめて発表したが、それを見るとスウェーデンの政策が投資額に見合う成果を上げていることがわかる。特に失業時の対応（面接の手配や個人行動計画の作成）の速さはトップレベルだった。[18]

とはいえ、失業対策の真価が問われるのは不況時である。スウェーデンのＡＬＭＰは不況期においても成果を上げたのだろうか？　経済が崩壊して失業が急増しても、自殺率の上昇を食い止めることができたのだろうか？

その答えは一九九〇年代のデータが明らかにしてくれる。この時期スウェーデンは今回の大不況と似たような状況に陥った。一九八〇年代後半の住宅バブルが一九九〇年に崩壊し、一九九一年から一九九二年にかけて金融危機が発生、一一四あった金融機関のほとんどが破綻の危機に瀕した。ＧＤＰも縮小し、就労者の一〇パーセントが失業し、今回の大不況並みの失業率上昇を経験した。[19]

だが驚くべきことに、失業率が急上昇したにもかかわらず、スウェーデンでは一九八〇年代から二〇〇〇年代にかけて自殺率が一貫して減少しつづけた（図７－３参照）。この間にも、政府は国民一人当たり年間三六〇ドルに相当する予算をＡＬＭＰに割り当てていて、失業率と自殺率に強い相関が見られなかったのはその成果だと考えられる。

スペインもほぼ同時期に不況に見舞われ、一九八〇年代と一九九〇年代に失業率がかなり上がった。

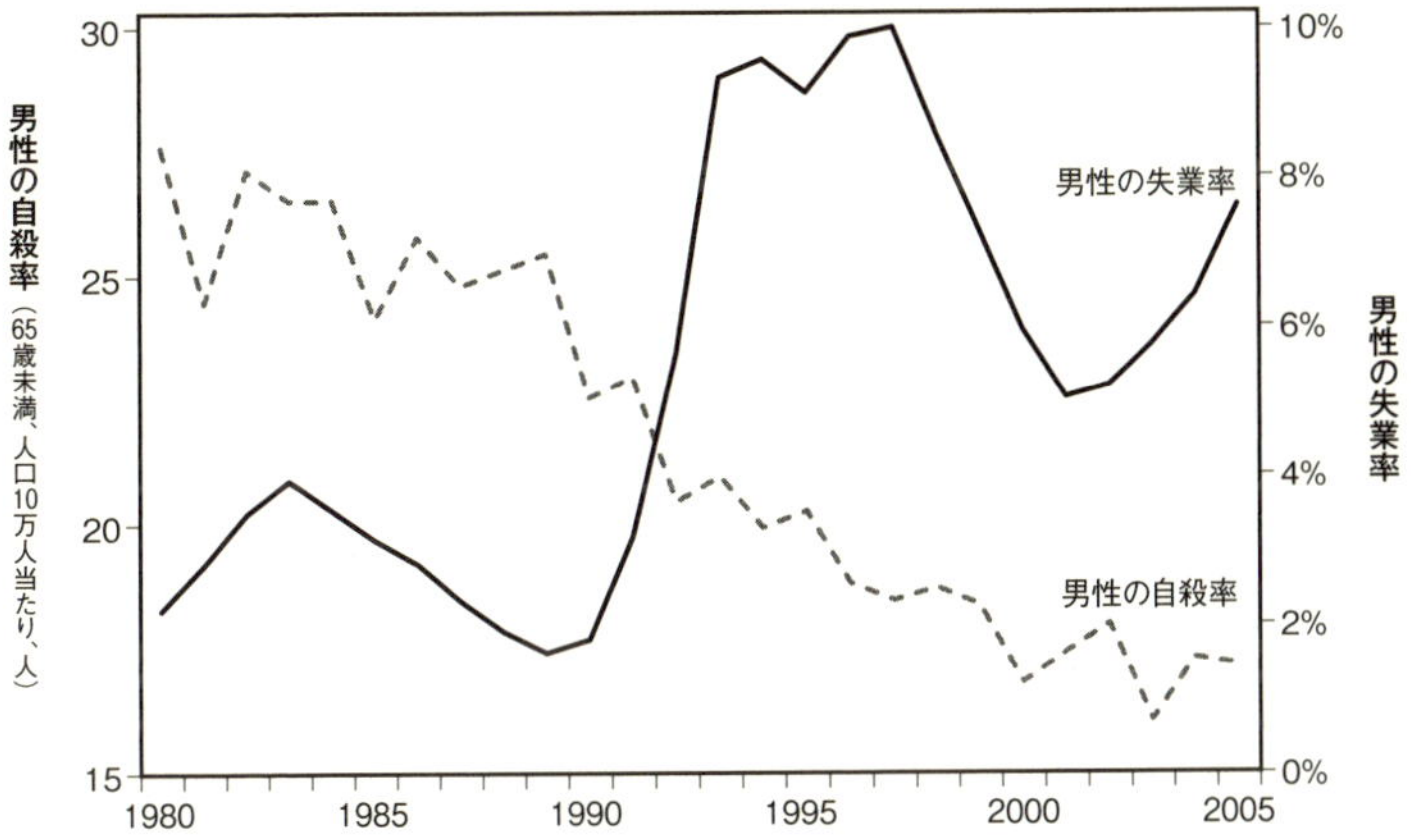

図7-3　スウェーデンの男性の失業率と自殺率の推移（1980-2005年）[21]

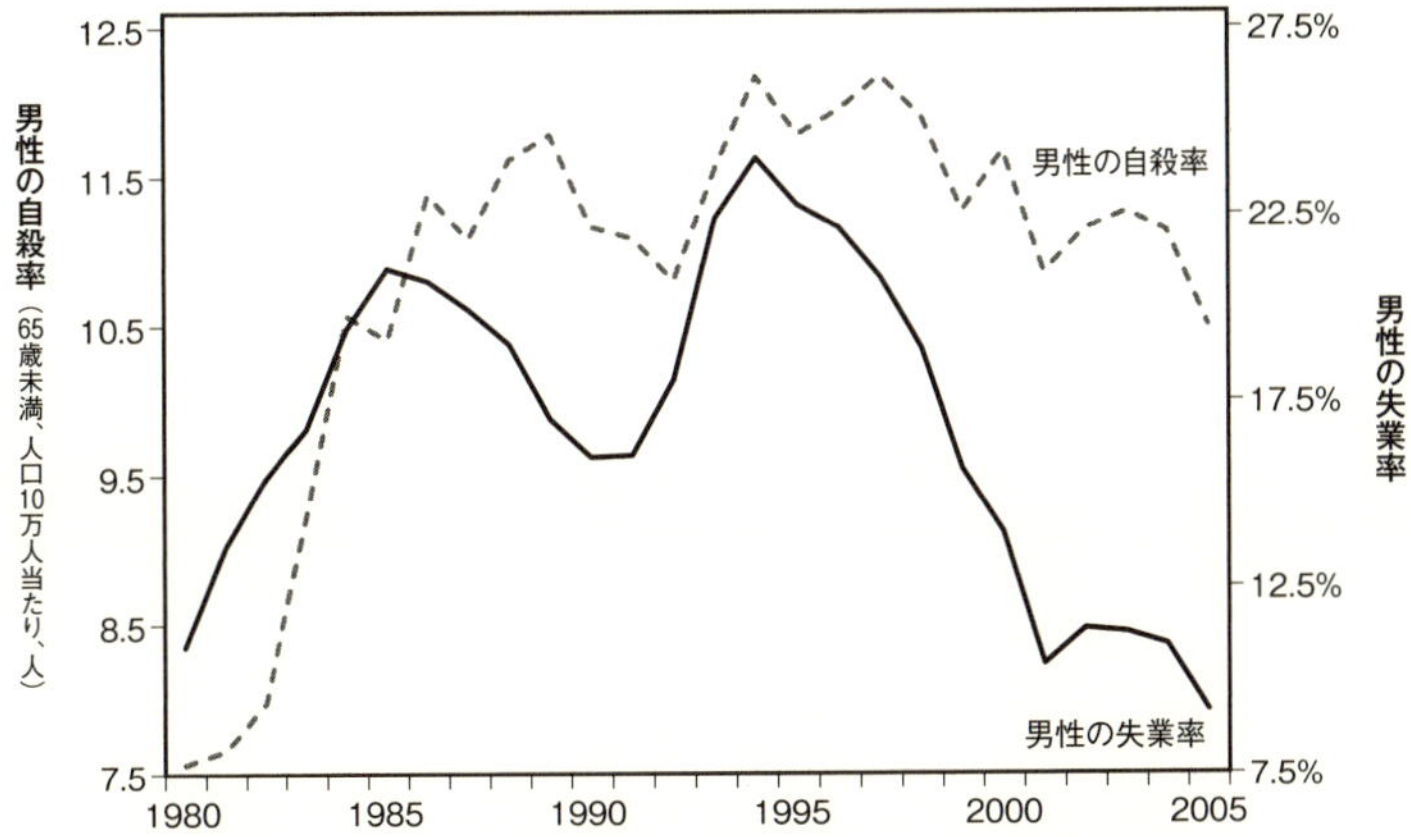

図7-4　スペインの男性の失業率と自殺率の推移（1980-2005年）[22]

しかしながら、失業対策に割り当てられていたのは国民一人当たり年間九〇ドル相当で、しかも主として現金給付に回されていた。その結果、図7－4のように、失業率と自殺率にかなり強い相関が見られた[20]。

ALMPは福祉依存度と自殺率を下げる決定打

以上のように、ALMPは不況時にも大いに効果があると思われるが、わたしたち二人はその点をできるだけ明確にして、ALMPこそ不況時に自殺を食い止める決定打だと断言したかった。そこで、範囲をヨーロッパ全体に広げ、さまざまな失業対策と自殺率の関係を調べた。各国の二〇年分のデータを使って、ALMPとその他の主な社会保護プログラムを比較しながら、不況期の自殺率上昇を抑えるのに最も効果的なのはどのプログラムかを割り出していったのである。比較対象とした社会保護政策には、失業手当（消極的な失業対策）はもちろんのこと、医療サービス、保育支援などの家族支援サービス、住宅手当、老齢年金なども含まれている。

その結果、まず、医療サービスでは失業による自殺リスクを大幅に下げることはできないとわかった。これは予想どおりの結果で、失業といった外的要因によってうつ病が引き起こされている場合、医薬品や治療でリスク要因そのものを排除することはできない。続いて、失業手当等の現金支給でも自殺リスクを下げられないことがわかった。慎重に検証を繰り返した末の最終結論を言うと、自殺リスクを下げる効果が最も高いのはALMPである。つまりこの分析によって、ALMPが適切に実施されれば、不況時の自殺リスクを抑える役に立つと自信をもって言えるようになった。

この研究内容は英ランセット誌に掲載されたが、そこにはALMPの効果に関する試算も入れてある。わたしたちの試算によれば、六四歳以下の場合、失業が一パーセント増えると自殺が〇・七九パーセント増えるが、そこで平均的なALMPに一人当たり一〇ドル相当の投資をすると、自殺の増加を〇・〇三八パーセント低く抑えることができる。

わたしたちがこの研究で使ったデータは、ある種の社会保護政策が命を救うことを明確に示している。たとえば、ALMPに国民一人当たり一九〇ドル以上の投資をした国では、失業率と自殺率の相関がゼロになっていた。スウェーデン、フィンランド、アイスランドでは失業率と自殺率の変動に相関が見られず、一方スペイン、アメリカ、ギリシャ、イタリア、ロシアでは強い相関が見られた理由はまさにここにある。

さらにこの研究のおかげで、それまで不思議で仕方がなかったいくつかの謎にも答えが出た。たとえば、なぜ東ヨーロッパ諸国では失業が自殺に結びつく率が西ヨーロッパ諸国より高いのかという謎である。たとえば、ソ連崩壊後の経済混乱においても、人命への影響には国によって大きな差が出た。西側におけるソ連の主要貿易相手国だったフィンランドは、ソ連崩壊によって対ロシア貿易が三分の一まで縮小した。貿易立国であるフィンランドにとってこれは大きな痛手で、失業率も急上昇し、しかもソ連と同じく強い酒をのむ文化圏に属しているので、自殺が増えてもおかしくなかった。ところが、失業増による自殺率への影響はほとんど見られなかった。一方、ソ連崩壊後のロシア、カザフスタン、バルト諸国では、失業者の急増によって国民の死亡率も一気に上がった。このような結果も、労働市場の保護に力を入れていたか否かの違いによって説明できる。フィンランドを含む西ヨーロッパ諸国は国民一人当たり二六一ドルを投資していたが、東ヨーロッパ諸国では三七ドルだった。[23]

わたしたちはこの研究成果を各地の研究会議で発表してきたが、その際にロシアとポーランドの研究者たちが、自分たちの国は財政が苦しく、ALMPにスウェーデンやフィンランドのような投資をする余裕はないと発言した。しかし、わたしたちの分析では、ALMPを適切に（スウェーデン方式で）実施すると、それが社会福祉関連予算の節約と雇用促進につながり、結果的にはこのほうが安上がりになる。たとえばデンマークのALMPの分析結果を見ても、ALMPの経済的恩恵はコストをはるかに超えている。ALMPによって福祉への依存が減るとともに、労働者の生産性が上がるからだ。デンマークではALMPによって、コストを差し引いても、一一年間で労働者一人当たり二七万九〇〇〇デンマーク・クローネ（およそ四万七〇〇〇ドル）相当の純貯蓄が生み出された。また、ALMPの経済効果に関する二〇〇九年のある系統的レビュー（一九九五年から二〇〇七年の間に行われた九七の研究で取り上げられた、合計一九九のALMPを対象にしたもの）でも、デンマークと同様の結果が出ている。すなわち、ALMPで仕事への早期復帰を促すことによって、福祉への依存度上昇が食い止められるとともに、経済への労働供給量が増え、経済回復の一助ともなっていたのである。

歴史に学ばず事態を悪化させたイギリス

ALMPの効果について確証が得られたので、わたしたちはぜひともそれを多くの政府関係者に伝え、実際の政策に生かしてもらいたいと思った。すると幸いなことに、二〇〇九年に前述の研究を発表したあと、イギリスとスウェーデンからお呼びがかかった。わたしたちは両国の議会の公聴会でデータを示し、意見を述べる機会を与えられた[24]。

同じことを説明したにもかかわらず、両国の反応はあまりにも違っていた。失業によって自殺は増えるが、ALMPがその自殺リスクを軽減するというデータを示したところ、スウェーデンでは誰も驚かず、ある議員からは「なぜそんなわかりきったことをここで発表するんですか?」と質問された。ところが、イギリスの庶民院(下院)で二〇〇九年七月に同じ内容をプレゼンしたところ、議員たちの反応は「失業対策ならすでに政府ができるかぎりのことをやっています」というものだった。

二〇一〇年に保守連立政権が誕生すると、イギリスの反応はさらに硬化した。イギリスでは失業率上昇に伴い自殺者も急増し、二〇〇八年から二〇一〇年にかけてそれ以前の変動傾向を上回る自殺者が一〇〇〇人以上出た。わたしたちはその内容を論文にまとめ、二〇一二年にブリティッシュ・メディカル・ジャーナル誌に発表した。それを見た記者たちがさっそく英国保健省に意見を求めたところ、保健省のスポークスマンはこう言った。「(自殺で)家族を失うのは悲惨なことですから、必要な支援を迅速に提供するなど、自殺防止のためにあらゆる手を尽くしています。新たな自殺予防対策も近く発表する予定ですが、それは医療、刑事司法、救急搬送の専門知識を集約したもので、これによって自殺率の上昇を食い止め、場合によっては自殺率を今より下げることができるでしょう」、とここまでは心強い内容である。しかしスポークスマンはこう続けた。「しかしながら、現在のわが国の自殺率は歴史的に見ても低いレベルにあり、二〇〇五年から変わっていません。モニタリングには三年間の移動平均を用いていますが、これは細かい変動に振り回されることなく、基本的な動向に沿って的確な対策を進めるためです」(インデペンデント紙の例[25])

またしても同じ手口である。読者の皆さんにはもうおわかりのことと思うが、このような平滑化は、以前に英エコノミスト誌がロシアの平均寿命の急激な変化を目立たなくするために使った方法である。移動平均を使うと、実際には死亡率が大幅に急増していてもグラフに突出した山は表れず、ただ緩やかな起伏になる(そう批判されるのがわかっていたので、さすがに五年にはできず、三年にとどめておいたようだ)。保健省のこの見解はホームページにも載せられたが、大学教授や統計学者から批判が出ると、すぐに削除された。

本当に国民のことを考えるなら、イギリス政府もスウェーデンの経験から学ぶことができたはずである。イギリスがなすべきことは、ＡＬＭＰへの投資を増やして失業者を減らす努力をすることだった。だがキャメロン政権はその反対のことをした。緊縮政策の一環として、「積極的労働市場政策」どころか「積極的労働破壊政策」が実施されたのである。たとえば、最も貧しい地域で公共部門の仕事が減らされたり、民間の従業員解雇を容易にする施策が打たれたりした。二〇一〇年に政府の委託で作成されたある報告書には、「一部にはただ気に入らないからという理由で解雇される例も出てくるだろう」と予測し、しかしそれは景気を刺激するために「支払うべき代償」だと書かれている。いったい大量の失業者がどうやって経済を押し上げるというのだろうか?　もちろんこの報告書には、その点に関する説明はない[26]。

二〇一〇年までの自殺者の増加から学ばなかったイギリス政府は、続いて全国民を対象に緊縮策〝実験〟を行うことになった。その結果もまた、やがて自殺関連のデータにはっきりと表れた。アメリカ同様、イギリスでも大不況下の二〇〇七年に失業が急増し、自殺者も増加したが、二〇〇九年には雇用が回復し、自殺者も減りはじめた。しかし、二〇一〇年に誕生した新政権が大胆な財政緊縮策を打ち出し、二〇一一年単独でも公共部門で二七万人という大規模な人員削減を行ったため、今度は不況による自殺ではなく「緊縮策による自殺」が急増している[27]。

歴史に学ばない者は歴史を繰り返すとよく言われるが、残念ながらそのとおりになった。以前見られたスウェーデンとスペインの違いは、わたしたちの予測どおり今回の大不況でもまた再現された。スウェーデンでは二〇〇八年以降も自殺率が下がりつづけているが、スペインでは自殺率が再び急上昇した。

以上、イギリス、アメリカ、アイスランド、ギリシャ、イタリア、スペイン、スウェーデンの自殺率の推移を見てきたが、そこからわかったのは、不況期であっても自殺の増加を防ぐ手だてがあるということだ。大不況以前に、あるいは大不況に入ってからでも、失業者の就職支援のために適切な措置がとられていたなら、これほど自殺が増加することはなかっただろう[28]。しかも自殺者数は氷山の一角にすぎない。自殺者が一人いれば、その背後には一〇人の自殺未遂者、一〇〇人から一〇〇〇人のうつ病患者がいると考えなければならない[29]。

スウェーデンとフィンランドの実績からわかるように、失業が精神衛生上のリスクを伴うものだとしても、それが自殺という結果を生むかどうかは国の政策次第である。また、うつ病患者や自殺者・

自殺未遂者の増加といった問題を医療で解決できると考えるのも誤りである。もちろん抗うつ薬のおかげで、失業という現実に立ち向かう元気を取り戻す人も少しはいるだろう。しかし、うつ病の根本原因が失業である場合、そこをどうにかしなければ患者は減らない。スウェーデンはそれを理解していたからこそ、ＡＬＭＰに積極的な投資を行ってきた。

緊縮政策の犠牲になって自殺に追い込まれた夫や、その妻である「白い未亡人」たちの苦しみを忘れてはならない。データを見れば、どの道をとるべきかははっきりしている。あとは行動あるのみではないだろうか。

第8章　家を失うと何が起こるか

突然現れた奇妙な病気

二〇〇七年五月のこと、カリフォルニア州カーン郡の郡庁所在地、ベーカーズフィールドでカラスが死にはじめた。

ベーカーズフィールドといえば、サンフランシスコとロサンゼルスを結ぶ内陸の都市で、夏の猛暑で知られるが、それ以外にはこれといった特徴もない。カリフォルニアの住人にとっても、給油か、安いインド料理で腹ごしらえするために立ち寄るといった場所でしかなく、話題になることもない。そのベーカーズフィールドが鳥の大量死のせいで突如話題に上ることになった。

まず、プールに死んだカラスが浮いているという通報が何件か寄せられた。続いて、木から鳥が落ちてきたという目撃情報が相次ぎ、やがてツバメの群れが彗星のように空から降ってくるさまがテレビで放送される事態となった(1)。

鳥が次々と死んでいくというだけでも恐ろしいが、やがて人間にも奇妙な症状が現れはじめたため、住民はパニックに陥った。奇妙な症状というのは体の震えである。なかにはいわゆる「ミオクローヌス」と呼ばれる発作的な筋肉痙攣《けいれん》を起こす人もいて、その様子はまるで悪霊にとりつかれたようだった。また、意識もうろうとなったり、ごく一部には麻痺状態に陥る人さえいた[2]。

真夏を迎えたときには、すでにかなりの人数がこの症状を訴えてベーカーズフィールド記念病院にやってきていたが、何の病気かはわからなかった。ポリオではないかと言う人もいれば、神の怒りに触れたのだと言う人もいた。

患者の症状を和らげようと試行錯誤するなかで、一種の熱中症ではないかと考えた医師もいた。その夏のベーカーズフィールドは記録的な暑さで、乾燥もひどかった。その前の冬の降雨量が一九八八年以来の最低記録で、いつもならシエラ・ネバダ山脈の雪解け水を運んできてくれるカーン川もすっかり干上がり、ひび割れた泥の道と化していた。市の外れにあるトラック停車場で、アーカンソー州から来たトラック運転手が熱中症で死亡したといったニュースも流れた[3]。

しかし、それは熱中症ではなかった。数週間後のこと、CDCが支援するカリフォルニア脳炎プロジェクト（CEP）の研究者が患者の髄液を検査したところ、原因が明らかになった。ウエストナイルウイルスだった。

ウエストナイルウイルス蔓延の原因と大不況

アメリカでウエストナイルウイルスの大量感染が見られたのはこれが初めてではない。以前にもニユーヨークやテキサスで見られ、そのときも鳥の大量死から始まった。

ウエストナイルウイルスは主に蚊によって媒介される。たとえば感染した鳥を蚊が刺すと、ウイルスが蚊の唾液腺に蓄えられ、続いてその蚊に刺されることによって鳥、馬、人間などが感染する。ただし、ウイルスを蓄えた蚊に刺されても必ず感染するわけではなく、また感染しても症状が出るのは二割ほどである。症状は発熱・頭痛・体の痛みなどで、発疹が出ることもある〔ウエストナイル熱〕。軽症ですむ場合もあるが、重症化することもあり、特に高齢者や免疫力が低下している人は脳の感染症〔ウエストナイル脳炎〕を起こし、死にいたる場合もある。

しかしながら、ベーカーズフィールドで蚊による感染症が蔓延するのは珍しいことだった。大規模な感染例は一九五二年にさかのぼり、このときは西部ウマ脳炎ウイルスが鳥から蚊を介して人間に広がり、八一三人が死亡した。これをきっかけに、アメリカ公衆衛生局とカリフォルニア州保健省によって「蚊媒介性ウイルス監視および対応計画」(Mosquito-Borne Virus Surveillance and Response Plan)と呼ばれる対策がとられた。また、のちにCDCによって前述のCEPも立ち上げられ、州内および州周辺の不可解な脳炎について、症例や死亡例の監視・研究に当たっていた。

これらの監視データに照らしてみても、このときのベーカーズフィールドでの感染は異例のものだった。猛暑でカーン川が干上がり、流域の水たまりもなくなっていたので、蚊が繁殖するはずがない。実際、この地方に多いクレクス・タルサリス(*Culex tarsalis*)という蚊の発生数は、科学者による捕獲調査によれば、過去五年間の平均を下回っていた。蚊以外に鳥による媒介も考えられ、アメリカカケスとメキシコマシコがウイルスを媒介することで知られているが、これらの鳥もこの夏、猛暑と水不足で個体数が減っていた。以上を考え合わせると、二〇〇七年の夏にここでウエストナイル熱が発生するリスクは非常に低かったはずである。

ところが、ベーカーズフィールド一帯では八月末までに新たな感染者が一四〇人近くも出た。前年は五〇人だったので、二・八倍である。死者も二七人に上った。当時、カーン郡の保健衛生官代理を務めていたクローディア・ジョナはこう述べた。「一人感染者が出たと思ったら、あっという間に広がりました。感染などほとんど起きないはずの年に、全米最多の患者が出たんです」[4]

この事態を受けて、当時カリフォルニア州知事だったアーノルド・シュワルツェネッガーは、カーン郡を含む三つの郡に非常事態宣言を出した。このとき、カリフォルニア州では州財政が底をつきかけていて、知事は金策に走っていたのだが、それでもウエストナイルウイルスの感染を食い止めなければと、ベーカーズフィールド一帯の蚊の駆除作戦に六二〇万ドルを割り当てた。[5]

カーン郡保健局の職員も対策を急いだ。ベーカーズフィールドの各世帯に注意書きを郵送したり、テレビコマーシャルを打ったりして、蚊が活発に活動する明け方と夕方には家から出ないように、また日中でも外出の際は、特に子供と高齢者は肌を出さないよう呼びかけた。そんなわけで、酷暑にもかかわらず、長袖に長ズボンという服装が頻繁に見られるようになった。さらに八月九日の午後八時三〇分には、数機の飛行機がまるでアクロバット飛行のように市の上空を低空飛行し、ビルや住宅が霞むほど殺虫剤を散布した。[6]

感染拡大の原因を探るための調査チームも作られた。カリフォルニア大学の疫学者からなり、蚊の専門家のウィリアム・ライゼンが率いる「カーン郡蚊その他媒介生物管理チーム」(Kern Mosquito and Vector Control team）である。このチームはさまざまな可能性を検討した結果、「干ばつによって水場がかぎられ、そこに多くの鳥が集まったために、蚊との接触が増えたからではないか」と推測した(7)。

この推測が正しいかどうか確かめるため、チームは空撮によって、鳥の死骸が多く、かつ蚊が大量発生している場所を見つけようとした。しかしカメラがとらえたのは鳥が密集する水場ではなく、まったく予想外のものだった。ベーカーズフィールドを上空から眺めると、濃い緑色の長方形や円形があちらこちらに見えたのだ。いったいこれは何なのか？

写真を拡大してみると、それは住宅の庭のプールやバードバス〔小鳥の水浴び用水盤〕、ジャグジーなどで、全体の六つに一つが濃い緑色になっていた。調査チームのメンバーはさっそく〝濃い緑色〟のある家を一軒ずつ訪ねて回った。だがどの家も、チャイムを鳴らそうがドアをノックしようが誰も出てこない。それもそのはずで、よく見ると「売り家」あるいは「差し押さえ物件」という看板が掲げられていた。そして、それこそがウエストナイル熱蔓延の原因だった。打ち捨てられた空き家の庭の三一のプールから、ウエストナイルウイルスに感染したボウフラ（蚊の幼虫）が四〇〇〇以上見つかった。

こうしてカラスの大量死に始まったベーカーズフィールドの謎が解けた。この都市では、ウエストナイルウイルスが蔓延する前に住宅の差し押さえが蔓延していた。つまり「フォークロージャー危機」が起きていたのである。アメリカの住宅バブルは二〇〇六年にピークを迎え、その後は崩壊へと向かい、二〇〇八年までに住宅ローンの債務不履行件数が二二五パーセントも増えた（二〇〇六年から二〇一三年までに六〇〇万軒以上の住宅が差し押さえられることになる)。なかでもひどかったのがカリフォルニア州だが、ベーカーズフィールドはカリフォルニア住宅バブルの中心地の一つだったので、バブルがはじけると住宅ローン危機の中心地ともなった。ベーカーズフィールドの住宅ローンの債務不履行件数は三倍に跳ね上がり、この増加率は全米の都市のなかで八番目に高かった。住宅所有者のおよそ二パーセントが債務不履行に陥り、人口約三〇万人のこの都市で五〇〇〇軒以上の家が差し押さえられた。家が銀行によって差し押さえられると、庭の手入れなど誰もしなくなる。やがて雑草が生い茂り、プールの水は淀み、藻が水面を覆い、蚊にとって願ってもない産卵場所となっていた(8)。

フォークロージャー危機の健康への影響

しかし、フォークロージャー危機がこの都市の公衆衛生にもたらした弊害はウエストナイル熱だけではなかった。もっと深刻だったのはホームレスの増加である。家を失って車上生活や路上生活、その他の厳しい環境で暮らさざるをえなくなると、健康状態は当然のことながら悪化する。ホームレスの人々は強いストレスにさらされる上に、体調を崩しても薬をのまず、医者にも行かない場合が多い。シェルター(緊急一時宿泊施設)にも入れないという最悪の状況になると、暴行を受ける、凍死する、精神障害を起こす、薬物を乱用するといったリスクが高まり、その先に待っているのは刑務所か病院、運が悪ければ死体安置所である(9)。

こうしたリスクを減らすには、公営住宅の提供と住宅手当の支給が最も効率がいい。しかし各国の対応は大きく異なり、それが国民の健康状態にも大きな差を生んだ。特にアメリカとイギリスは大不況になってからどちらも政権交代による政策転換があり、それがフォークロージャー危機への対応にも、その結果である国民の健康状態にも大きな違いをもたらした。まずアメリカの場合、オバマ政権下で二〇〇九年に「米国再生・再投資法」(American Recovery and Reinvestment Act)が成立し、その一環として住宅差し押さえを路上生活に直結させないための社会保護プログラムにも予算が割り当てられた。これが功を奏し、その後数カ月で、家を失ったことが原因の重症化(そして高額入院)、早死に、感染症の発症が著しく減少した。これとは対照的だったのがイギリスで、二〇一〇年に発足したキャメロン政権は大規模な予算削減に着手し、住宅支援予算も削られた。すると、アメリカほど住宅危機が深刻だったわけでもないのに、家を失う人が増加し、重症化による高額入院や感染症の発症が急増した。

この結果からも明らかなように、住む場所があることは健康の必要条件であり、これは今さら言うまでもない。ホームレスの人々は、社会のなかの最も弱いグループに属する。住む場所がある人に比べて四〇年も寿命が短いという調査結果も出ている。また、さまざまな病気を抱えながら、適切な治療を受けられないことが多い。さらに結核などの感染症にかかりやすく、まず彼らが感染し、そこから地域全体に広がっていくという事態も起こりうる。健康の悪化とホームレス状態とは密接な関係にあり、どちらが原因かはっきりしない場合もある。だがどちらが原因であろうとも、この二つが重なると結果は同じで、死亡リスクが極端に高くなり、多くの人が苦しみを背負うことになる。[10]

家を失いそうになるだけで健康は悪化する

家を失うことと疾病の関係は以前から知られていたが、今回の大不況で新たにわかったこともある。それは、実際に家を失う前の段階でも、差し押さえになるリスクが高まるだけで健康に悪いということだ。ローン返済が厳しくなり、どうにかして支払おうと四苦八苦した人々の間では、極度のストレスが原因の自殺と鬱病の増加が見られた。また、返済のために食料品や医薬品への支出を削った人も多かった。五一歳以上のアメリカ人を対象としたある調査によると、二〇〇六年から二〇〇八年までの間に、住宅ローンの返済を滞納した人はそうでない人に比べて鬱病になる率が九倍高く、食料不安（低収入などにより必要な食料品を確保できず、十分な栄養がとれない状態）に陥る率が七・五倍高く、薬を買わなくなる率が九倍高かった。いずれも持病などの影響を調整したあとの数字である。[11]

このように、差し押さえのリスクに直面した人々はその多くが薬も買わず、健康管理を疎かにしていた。その結果、病状を悪化させて合併症等を引き起こし、ERを利用する率も高かった。この点はフィラデルフィアで大規模なケースコントロール研究（結果が生じた集団と生じなかった集団について、過去にさかのぼって背景を比較する研究方法）によって明らかにされた。家を差し押さえられた人々とそうでない人々について、差し押さえ以前にさかのぼり、年齢、性別、居住地域、健康保険の加入状況が同等な場合の入院率を比較したのである。その結果を見ると、二〇〇五年から二〇〇八年までの間に抵当権実行通知を受け取った人は、受け取らなかった人に比べ、それ以前の入院率が高かった。

具体的には、抵当権実行の二四カ月前から六カ月前までのER利用率が、五〇パーセント高かった。その際の症状で最も多かったのは、高血圧と、糖尿病による腎不全で、どちらも薬をきちんとのんでいれば入院は避けられたはずのものだった[12]。

もちろん、実際に住宅を差し押さえられて立ち退かなければならなくなると、ますます健康に害が出て、ERを利用する率もさらに上がる。特にアリゾナ、カリフォルニア、フロリダ、ニュージャージーの各州では、差し押さえの発生率とERの利用率の間に強い相関が見られた。全米のジップコード〔アメリカの郵便番号〕別データを分析したところ、二〇〇五年から二〇〇七年にかけて――フォークロージャー危機のピークだが、まだ失業率は上がっていなかった時期――差し押さえの発生率が高かったジップコードほどERの利用率も上がっていた。しかもそれは、各地区の住宅価格、失業率、移民、過去のER利用率といった要素を調整した上での数字である。平均すると、差し押さえが一〇〇件増すごとに、ERの利用や入院が、高血圧で七・二パーセント、糖尿病の合併症で八・一パーセント増加していた。しかも五〇歳未満の、まだ高齢とは言えない人々の利用増が目立つ。ちなみに、二〇〇九年の全米のER利用者数は二〇〇七年より六〇〇万人も多かった[13]。

以上のように、アメリカでは住宅の差し押さえが人々の健康悪化につながったが、なかでも深刻な影響を受けたのは、家を失っただけではなく、その後身を寄せる場所がなかった人々である。そして、不況時にそのような状況に追い込まれる人がどの程度出るかは、結局のところ政府の対応、すなわち住宅セーフティネットにかかっている。

大不況でアメリカのホームレスが激増した背景

バラク・オバマが大統領に就任した二〇〇九年当時、フォークロージャー危機は悪化の一途をたどっていた。住宅バブルの崩壊で差し押さえが急増し、二〇〇七年の四七六世帯に一件から、二〇〇九年半ばの一三五世帯に一件へと三倍以上になっていた(14)。

差し押さえの急増は、すでに過剰な負荷がかかっていたアメリカの公営住宅制度にいっそうの負荷をかけることになった。見落とされがちなことだが、バブル崩壊以前にアメリカのホームレス率はすでに上がっていた。二〇〇五年のハリケーン「カトリーナ」と「リタ」によって、ニューオーリンズやテキサス州沿岸部を中心に数千世帯が全壊し、ホームレス率が史上最高レベルに達していた。

つまり、フォークロージャー危機以前から、アメリカの住宅支援制度は需要の増大に対応できていなかった。全米二三の大都市に関する二〇〇七年のある調査で、公営住宅プログラムのうちの半数が収容能力不足に陥っていたことが明らかにされている。家を失っても、親戚や友人を頼って身を寄せる場所を確保できた人もいたが、そうではない人も少なくなかった。大不況以前でも、家を失った人のおよそ四割は車上生活や路上生活を余儀なくされ、あるいは人間が暮らせるような場所ではないところで寝泊まりするしかなかった。その状態を、全米ホームレス連合事務局長のニール・ドノヴァンは当時こう表現していた。「アメリカの住宅セーフティネットはほころびかけているのではなく、もう影も形もないのです(15)」

そこへフォークロージャー危機が起き、ホームレス人口がさらに増加した。ピークを過ぎた二〇〇八年から二〇〇九年にかけてでも、なお五〇万世帯以上の住宅が新たに差し押さえられ、それが原因で少なくとも二万人、ホームレスが増えたと考えられる。二〇〇九年だけでも、約一六〇万人（およそ二〇〇人に一人）のアメリカ人がシェルターを利用した。だがそれ以外に、シェルターにも入れず、使われていない倉庫、公園、車、裏通りといった、およそ住居とは言えない場所に追いやられた人が二五万人以上もいた〔ホームレスの定義や調査方法はさまざまで、数字にも数十万人から数百万人という幅がある〕[16]。

子供たちもフォークロージャー危機の犠牲になった。いや、むしろ大人よりも子供の犠牲者のほうが多かった。二〇〇七年から二〇一〇年の間に、アメリカでは家のない子供が一二〇万人から一六〇万人に増えた。およそ四五人に一人の子供が通常の住宅以外での生活を強いられていたことになる。ある報道によると、特に差し押さえが多かった町では、スクールバスが通常のルートを外れてウォルマートの駐車場に寄っていたという。家を失った親たちがそこにバンを停め、車上生活を始めていたからだ。そうした生活で子供たちがまず悩まされるのは南京虫と疥癬《かいせん》だが、それは健康問題のほんの序の口でしかない[17]。

車上生活や路上生活によって、安全や健康は大きく損なわれる。最悪の場合は死にいたる。アメリカで大不況の間にホームレスだった人々は、その他のアメリカ人に比べ、薬物乱用による死亡率が約三〇倍、暴力による死亡率が一五〇倍、自殺率が三五倍高かった。総じて、大不況の間のアメリカのホームレスの人々の平均寿命は、戦時下のシエラレオネやコンゴとほぼ同じレベルだった[18]。

状況を改善させたアメリカの対応

オバマ以前のアメリカの状況を理解するには、サンフランシスコのフォークロージャー危機の実態が参考になるだろう。二〇〇七年から二〇〇八年にかけて、サンフランシスコ市の住宅政策はフォークロージャー危機によるシェルターの需要増に対応できず、順番待ちの人数が一・五倍に増えた。カリフォルニア州のデータを用いたある分析によると、差し押さえ一〇〇〇件当たり約三七世帯がシェルター利用者として登録されたと推定される。これは貧困水準を調整したあとの数字なので、本来ならば支援など必要のない人々が、フォークロージャー危機によってホームレス状態に追いやられたことがよくわかる。そして、収容力不足でシェルターに入れない人が増えるにつれ、今度はその人々の健康悪化によって医療制度への負荷が増えていった[19]。

具体例を紹介しよう。わたし（サンジェイ）がサンフランシスコの住宅・都市衛生クリニックで働いていたとき、トーマスという四十代の男性がけがや鬱病の発作で何度もやってきた。トーマスは家を失ってアルコール依存症になり、酔っ払ってけんかに巻き込まれたり、襲われて身ぐるみはがれたり、あるときなど地下鉄の駅の構内で階段から落ちたりして、そのたびにERに運ばれてきた。わたしは酒をやめろと言ったが、耳を貸さない。このトーマスはサンフランシスコ市の「緊急外来頻繁利用者リスト」に載っていた。これは要するに、市に過度の費用負担をかけている市民のリストである。

トーマスのような患者に対して、わたしたち医師にできることはかぎられている。治療はできるが、それは根本的解決にならない。同僚の医師もこう言っていた。ホームレスの患者に治療を施すのは医学的症状への対処でしかなく、ホームレスという状況を変えられるわけではないので「癌患者にアスピリンを与えるようなもの」でしかないと。ホームレスであるかぎり、高血圧や糖尿病の治療を続けることは難しい（負担率の高い薬をのみつづけることができない）。また、ホームレスであるかぎり、不安と絶望から逃れることはできず、薬物やアルコールとの縁が切れない。その結果、身体的にもさまざまなトラブルを起こすことになり、それをすべて治そうとすれば両手に余る種類の薬が必要になるし、たとえ服用できたとしても、ホームレス状態では薬の効果が思うように上がらない。

彼らにとっての最善の薬は、言うまでもなく住居である。「ハウジング・ファースト」（まず住居ありき）、つまり何よりもまず住む場所を提供し、それから他の問題に対処するという政策をとらなければ解決できない。住む場所を提供するには先行投資が必要だが、政策が本来の意図どおりに実施されれば、長期的にはそのほうが安く上がるし、人命も多く救える。

アメリカの民主党政権はこの路線をとった。オバマ大統領は就任早々大規模な景気対策を打ち出し、それが「米国再生・再投資法」としてまとめられて二〇〇九年二月に成立したが、このなかには総額一五億ドルの「ホームレス化防止と迅速な住宅供給政策」（ＨＰＲＰ）も含まれていた。この政策は差し押さえを受けた人のホームレス化を防ぐとともに、住宅再取得を支援しようとする試みで、この政策に則って各州が該当する市民を洗い出し、住居を探す手伝いや費用面での支援を行った。また、米国住宅都市開発省（ＨＵＤ）がシェルターや長期滞在用の公営住宅を増やした。[20]

トーマスもこの政策で救われ、無事普通の生活に戻ることができた。それまでクリニックの医師や看護師がどれほど手を尽くしても、トーマスの鬱病が改善することはなかったのだが、サンフランシスコ市の「住宅へのダイレクトアクセス」（Direct Access to Housing）という制度に助けられてアパートが見つかると、著しい改善を見せた。この制度はかなり前からあったが、申し込みの急増に対応できず、機能不全に陥っていた。それが今回の政策で息を吹き返したのである。家が見つかると、トーマスは禁酒会にも参加するようになり、とうとうアルコール依存症も克服した。現在、トーマスは地元のレストランでシェフのアシスタントとして働き、家賃も税金もちゃんと払っている。ERに運ばれてくることもなくなった。

サンフランシスコ市はトーマスに〝安定した住居〟を提供することによって、結果的には税金を節約できたと言っていい。ホームレス状態のまま放置すれば、トーマスはERを頻繁に利用しつづけ、場合によって刑務所の厄介にもなったかもしれない。その経費を考えると、質素なアパートの費用のほうがずっと安上がりである。統計上も、サンフランシスコの「住宅へのダイレクトアクセス」のような制度は、多くの場合、医療費（ときには刑務所の運営費）を抑えることにつながり、市や州の財政負担が軽減されたことが明らかになっている[21]。

同じように、ニューヨーク、デンバー、サンディエゴ、シカゴ、フィラデルフィアの各市長も、連邦政府の景気刺激策に後押しされて「ハウジング・ファースト」政策を積極的に推し進めた。その結果、たとえばフィラデルフィアでは、政策の運営費と住居提供の費用を差し引いても、住居提供を受けた人一〇〇人当たり年間四二万一八九三ドルの予算が節約できた[22]。

アメリカでは二〇〇九年から二〇一一年にかけて経済も不動産市場も低迷したままだったが、ホームレス化防止政策が各地に行きわたるにつれ、ホームレス人口は減少した。二〇一〇年には新たに一九〇万件の差し押さえがあったにもかかわらず、ホームレス人口は減ったのである。この年、ホームレス化防止政策によって全米で七〇万人が、さらに二〇一二年までに一三〇万人が、ホームレス化の危機から救われた。[23]

状況を悪化させたイギリスの対応

一方、前述のように、大不況の間にアメリカとは対照的な動きを見せたのがイギリスである。イギリスでは古くから、住宅問題は公衆衛生の範疇だと考えられていた。したがって、政府の住宅政策も公衆衛生政策の一部とされ、一九五一年までは保健省の下に住宅局が置かれていた（住宅局は一九五一年に分離され、住宅・地方自治省に組み込まれた〔一九七〇年まで〕）。これは保守党が国民保健サービス（ＮＨＳ）の力を弱めようとしたからだとも言われている）。また、大不況以前のイギリスでは、コミュニティ・地方自治省がアメリカの「ハウジング・ファースト」によく似た社会住宅供給プログラムを運営し、効果を上げていた。条件に該当する国民には月に最高で数百ポンドの住宅給付金が支給され、大金ではないにしても、住む場所を維持する助けとしては十分なものだった。このプログラムにより、イギリスではホームレス率がアメリカの五分の二に抑えられていたし（イギリスはおよそ五〇〇人に一人、アメリカはおよそ二〇〇人に一人）、特に二〇〇〇年以降はホームレス率の低下に拍車がかかり、二〇〇七年までにおよそ半分に減っていた。[24]

その後、イギリスでも住宅バブルが崩壊し、アメリカと同じようにフォークロージャー危機が起きた。労働党のブラウン政権下にあった二〇〇七年から二〇〇九年までの間に、住宅の差し押さえ件数は二万五九〇〇件から四万八〇〇〇件へとほぼ倍増した。それでもまだこの時点では、イギリスの社会住宅政策がホームレス化を防ぐとともに、ホームレスになった人々が再び住む場所を確保できるよう支援していたので、ホームレス人口の減少傾向は続き、二〇〇七年の六万三一七〇世帯が二〇〇九年には四万二〇世帯にまで減った。

しかし二〇一〇年以降、数字は下降から上昇に転じた。保守のキャメロン政権が誕生し、セーフティネット予算を削減しはじめたからである。政権が発足した二〇一〇年に、さっそく財務大臣のジョージ・オズボーンが一連の財政緊縮策の一環として五年間で八三〇億ポンド（約一〇兆六七〇〇億円）の歳出削減を行うと発表した。そのうち八〇億ポンド（約一兆三〇〇億円）はアフォーダブル住宅政策予算〔家計に無理がない手頃《アフォーダブル》な価格で賃貸・購入できる住宅。またはそのような住宅の供給を奨励すること〕の削減だった。これは保守党が掲げた「大きな政府から大きな社会へ」という構想に基づくもの、つまり政府の役割を縮小し、代わりに地域社会の役割拡大を求める考え方に基づくものである。政策パンフレットにはこう説明されていた。「（この歳出計画の）基本にある公共サービスの抜本的改革は、中央政府から地方に権限を委譲するとともに、税金をできるだけ有効に活用することによって、すべての人がそれぞれの役割を果たす〝大きな社会〟を構築するためのものです」。また住宅支援予算の削減については、景気回復のために財政健全化が求められるこの時期に、多くの人が必要もないのに住宅給付金を受け取り、制度を不正利用していると説明された。しかしながら、この考え方は間違っていて、実際にはこの予算削減計画が景気回復どころか不況を長引かせ、同時に住宅危機を悪化させ、さらには健康問題まで悪化させることになった。前年の二〇〇九年には労働党政権が「アフォーダブル住宅」を二万二〇〇〇棟以上建設し、支援を待っていた一八〇万世帯を救済したのだが、労働党の公営住宅拡充政策は二〇一〇年の政権交代によってイギリス各地で止められてしまった[25]。

住宅手当も削減され〔上限が設定された〕、かろうじてやりくりしていた世帯の多くが苦境に陥った。大不況の間も住宅給付金申請者の九三パーセントは職に就いていたが、家賃の値上がりに対応できるほどの収入はなかった。

結果的に、キャメロン政権の財政緊縮策はおよそ一万世帯をホームレス状態に追いやることになった。アメリカとは異なり、イギリスではそれ以前の労働党政権の住宅政策のおかげで、フォークロージャー危機によってただちにホームレス人口が増えたわけではない。ホームレス人口が減少から増加に転じたのは、住宅支援予算の削減が始まった二〇一〇年のことである。そしてそれ以後、アメリカでホームレス化防止プログラムが功を奏してホームレス人口が減少したのとは対照的に、イギリスではホームレス人口が三〇パーセント増加した[26]。

しかし、キャメロン政権はこうした結果に驚きはしなかった。むしろ政府にとっては予想どおりのことだっただろう。すでに二〇一〇年の時点で、社会保障諮問委員会（ＳＳＡＣ）が、住宅支援予算の削減は「国民の財政的苦境、家庭崩壊、立ち退きにつながり、ひいては住宅支援以外の予算をひっ迫することになる」と予測し、「そもそもこれは、政府が言うように、社会保障体系の効果的で理念に基づいた改革だと言えるのだろうか」と疑問を投げかけてさえいた[27]。

こうした政策が国民の健康に及ぼす影響についても、キャメロン政権は理解していたはずである。二〇一〇年の保健省の報告書に次のような内容が記載されていた。ホームレスの人々の平均寿命は四五歳で、それ以外の人々が八〇歳を超えるのに対し、あまりにも短い。また、性別・年齢が同じ人を比較した場合、（たとえ一時的にでも）ホームレス状態になった人は、そうでない人に比べて、五年以内に早死にする率が四・四倍になると推測される。ホームレス人口の増加によって膨らむ費用が、長期的には予算の削減額を上回るという点も指摘されていた。さらに、住宅支援予算削減が景気減速につながることも早い段階からわかっていた。ホームレスを支援する慈善団体「シェルター」の報告によれば、住宅支援の政府支出乗数は三・五で、住宅支援予算を一ポンド削るごとに国の経済規模が三・五ポンド縮小する。実際、すでに二〇一一年の時点で、住宅支援予算削減の影響により住宅建設・維持管理関連の職が二〇万人分失われたと推定されていた。[28]

このように、政府は緊縮政策による人的損失や経済的損害を理解していたはずであり、だとすれば、あえて強行した理由はほんのいくつかしか考えられない。一つはイデオロギー、すなわち経済や住宅市場への政府の関与は少ないに越したことはないという信条である。もう一つは、政府債務を削減すればやがて景気が押し上げられ、その際にホームレス化その他の問題が多少生じるとしても、それは「やむをえない犠牲」であるという思い込み、つまり短期的な苦しみは長期的な果報をもたらすという思い込みである。

だが、現実は「やむをえない」ですむほど甘くない。緊縮政策の悪影響は統計上にもすぐに表れた。ロンドンでは路上生活者の増加に伴って結核の罹患率が上昇し、二〇一一年には前年より八パーセント多い二七九人の新たな患者が確認された。健康保護局（HPA）のある結核の専門家によると、「結核にかかりやすいのはロンドン市民のなかでもごくかぎられたグループの人々で、そのなかには路上生活者、薬物およびアルコール乱用者、そして在監者が含まれます」。つまり、路上生活そのもの以外にも、薬物の注射針の使いまわしや刑務所での感染が問題とされるわけだが、後者二つも路上生活と密接な関係がある。そしてこの三つの集団がまず結核にかかり、そこからロンドン全体に感染が広がり、二〇一二年にはHPAの局長が「今現在、結核が公衆衛生上の最大の課題になっています」と述べるほどの事態となった[29]。

住宅セーフティネットの縮小が招いた深刻な事態は結核患者の増加だけではない。緊縮政策が実施されてから、ほかにもホームレス人口の増加に伴うさまざまな問題が発生している。二〇一〇年から二〇一一年にかけてロンドンの若年層の路上生活者が三二パーセント増加したが、これに伴い、暴行、レイプ、薬物乱用の報告件数が増加した。おまけに景気が回復しないので、雇用機会も増えず、若年層にとっては踏んだり蹴ったりである。景気は回復するどころか、緊縮政策によっていっそう減速し、一六歳から二四歳までの失業者数は一〇〇万人を突破して過去最高を記録した[30]。

ヨーロッパ諸国はどのように対応したか

前述のように、アメリカとイギリスでは対照的な政策がとられ、その結果はホームレス人口の推移にも表れた。アメリカでは効果的な住宅支援策が実施され、大不況のなかにあっても多くの国民がホームレス化の危機から救われた。一方イギリスでは、それ以前の政策のおかげで、大不況に突入してもしばらくはホームレス率が低く抑えられていたが、政権交代で住宅支援予算が大幅に削られると、ホームレス率は上昇に転じた。

この相反する二つの政策――財政刺激策か財政緊縮策か――のどちらをとるかという選択は、イギリス以外のヨーロッパ諸国でもそれぞれに葛藤を生んだ。結果から言えば、ECBやIMFからの圧力を受けて厳しい緊縮政策を推し進めた国では、住宅危機による健康被害もひどかったことが明らかになっている。そして最も深刻な被害を受けたのは、やはり社会的弱者であるホームレスや障害者だった。

典型的な例がギリシャである。ギリシャはIMFの緊縮プログラムに従い、ヨーロッパでも最大規模の住宅支援予算削減を強いられた。その結果、ホームレス人口が二五パーセント増加し、アテネの下町に路上生活者があふれて薬物が横行し、HIV感染者が急増した。また、二〇一〇年七月と八月にはウエストナイルウイルスも蔓延したが、これはヨーロッパでは一九九六年と一九九七年のルーマニア以来の大規模なものだった(31)。

ヨーロッパでも国によって統計のとり方が異なるので、ホームレス人口を単純に比較することはできない。しかしながら、事実上、住宅支援予算を削減した国ではいずれもホームレス人口が増加しており、この点は特筆に値する。アイルランドもギリシャに次いで大幅な住宅支援予算削減を実施したが、その結果、それまで下がってきていたホームレス率が一気に六八パーセントも上がった。スペインとポルトガルも不況になってからかなりの予算削減を行い、ホームレス率が上昇した。バルセロナのホームレス人口は二〇〇八年が二〇一三人、二〇一一年が二七九一人と推定され、三年間で三九パーセント上昇している。ポルトガルも同様で、二〇〇七年から二〇一一年の間に二五パーセント上昇した[32]。

対照的だったのはフィンランドで、この国では住宅支援予算を削減するどころか、二〇一五年までにホームレス人口をゼロにするという目標が掲げられ、さっそく二〇〇八年に一二五〇戸の住宅がホームレスの人々に提供された。この政策はとにかくまず住まいを提供しようという考え方――サンフランシスコの「ハウジング・ファースト」と同様――によるものだが、住宅供給にとどまらず、ソーシャルワーカーがホームレスの人々の社会復帰を支援するというところまで踏み込んだものとなった。こうした積極的な政策ははっきりと数字に表れた。イギリス、アイルランド、ギリシャ、スペイン、ポルトガルでホームレス人口が増加した二〇〇九年から二〇一一年の間に、フィンランドではホームレス人口が減少の一途をたどった[33]。

予算削減へと舵を切ったその後のアメリカ

なお、アメリカでは前述のように、フォークロージャー危機の健康被害を抑えるために有効な手が打たれ、着実に成果を上げていたのだが、ここにきてその成果が台無しになる恐れが出てきている。二〇一一年、連邦議会が住宅都市開発省の住宅支援政策予算を三八億ドル削減したのである。これによって、住宅都市開発省の予算はブッシュ政権時代の低レベルよりさらに一〇パーセントも下がってしまった。ブッシュ政権は、イギリスの保守党と同じイデオロギーに則って社会的支援の予算を大幅に削減し、その後一〇年間、住宅都市開発省の予算は最低レベルにまで落ち込んでいた。今回の議会の決定はこの当時への逆戻り、いやそれ以上の打撃を与えるものだと言える(34)。

こうした政局の下、今アメリカは、ホームレス人口に対して提供可能な住宅があまりにも少ないという状況に陥っている。たとえば、ダラス市が二〇一一年五月に補助金つき住宅の申し込みを受けつけたときには、五〇〇〇世帯分のアパートに対して二万一〇〇〇人が押しかけ、八人の負傷者が出る騒ぎとなった。オークランドでも、一万世帯分の公営住宅に一〇万人が申し込んだ。ニューヨークでは家賃補助が打ち切られたため、ホームレスのためのシェルターが人であふれかえる事態となっている。毎晩四万一〇〇〇人がシェルターを求めて集まっていて、これはニューヨーク市始まって以来の記録である。結局シェルターに入れない人々は路上にさまよい出るしかない。こうした事態が各地で見られるため、アメリカのホームレス人口は二〇一三年に再び上昇に転じ、五パーセント増加すると予想されている(35)。

フォークロージャー危機は今もなお全米で続いていて、なかでもカリフォルニア州とフロリダ州は相変わらず差し押さえ件数が多い。フロリダ州では二〇一一年に二万五〇〇〇軒（約三五〇軒に一軒）を超える住宅が差し押さえられたが、その後も差し押さえ件数は高いレベルで推移している。フォークロージャー危機の中心地の一つであるフロリダ州デュバル郡では、二五四軒に一軒の住宅が差し押さえられ、その結果二〇一一年にホームレス人口が新たに一〇パーセント増加した。以上は本書執筆時点での最新データである(36)。

ホームレス人口の増加に伴い、フロリダ州の結核の罹患率は二〇年来のアメリカの最高記録を更新した。フロリダ州デュバル郡のジャクソンビル市では、新たな結核患者が九九人確認され、少なくとも一三人が死亡している。さっそくＣＤＣが調査したところ、原因はやはりホームレス人口の増加にあるという。ホームレスのためのシェルターが混み合い、そこで感染が広がったと考えられるそうだ。ロンドンと同じ状況である。[37]

一方、ＣＤＣの職員がフロリダ州の結核に取り組んでいる間に、カリフォルニア州では別の感染が報告された。こちらは結核ではなくウエストナイル熱で、場所はまたしてもベーカーズフィールドである。

ベーカーズフィールドでは二〇〇七年八月にウエストナイルウイルス非常事態宣言が発せられ、さまざまな対策がとられて事態はいったん落ち着いたはずだった。ところがその後、再び状況が悪化していた。カリフォルニア州の財政が危機的状況に陥り、州政府が緊縮政策に大きく舵を切ったからである。二〇〇七年の感染発生のときにはいくつかの州立大学にホットラインが設けられ、感染を食い止める役に立ったのだが、これも予算削減で廃止された。また公衆衛生関連の職員の約一五パーセントが解雇された。なんと、あのカリフォルニア脳炎プロジェクト（ＣＥＰ）も、二〇一一年に活動停止に追い込まれていた。このプロジェクトこそが二〇〇七年にベーカーズフィールドを救うきっかけを作ったのだが、それを考慮する余裕もなくなったらしい。[38]

そして二〇一二年六月、ベーカーズフィールドで再びカラスが死にはじめた。意識もうろうの状態で病院に運び込まれた七〇歳の女性の腕には蚊に刺された跡があった。ウエストナイル熱が戻ってきたのである。だが今回は連邦政府も州も当てにできない。ベーカーズフィールド市は独力で立ち向かわなければならない。

結論　不況下で国民の健康を守るには

国民の命は経済政策に左右される

序文でも述べたように、わたしたちは「ボディ・エコノミック」という言葉を念頭においてこの本をまとめた。「ボディ・ポリティック」を捩《もじ》った造語である。「ボディ・ポリティック」を辞書で見ると、「ある政府の下に組織された集団。集合体としての国民」などと定義されている(1)。

そこでわたしたちは、「ある経済政策の下に組織された集団。その政策に影響を受ける集合体としての国民（ないし人々）」のことを「ボディ・エコノミック」と呼ぼうと決めた。

ボディ・エコノミックは単にある人々が属している国の経済政策を意味するだけではなく、経済政策がその人々の健康に与える影響をも含む。疫学者であるわたしたち二人は病気の本態や原因、影響を調べるのが仕事だが、同じことをボディ・エコノミックにも応用し、政府の予算編成や経済政策の選択がその国民の生死、病気への抵抗力、死亡リスクなどをどう左右するかを調べたわけである。

もちろん経済政策それ自体は病気を引き起こす細菌でもなければウイルスでもない。それはいわば病気の〝原因の原因〟であり、ある人が健康上のリスクにさらされやすいかさらされにくいかを分ける要因である。経済には、人々がアルコールを暴飲するようになる、ホームレスシェルターで結核に感染する、鬱病になるといったリスクの程度を高めたり低めたりする力がある。高める方向に働けば死亡リスクが増大するが、低める方向に働けばそれは保護となり、ホームレス状態から脱したり、人生を立て直す人が増え、死亡リスクは減少する。だからこそ、たとえわずかな予算変更であっても、それがボディ・エコノミックに――ときには予想外の――大きな影響を及ぼすことがある。

不況下での緊縮財政は景気にも健康にも有害

では、たとえば財政緊縮策か財政刺激策かという選択は、どのような影響を健康に及ぼすのだろうか。本論で述べてきたように、これについては今回の大不況で世界規模の自然実験が行われた（まだ続いている国もある）。同様の自然実験は大恐慌の際にも、ソ連崩壊後にも、東アジア通貨危機の際にも行われたが、今回もまた同じような結果となった。緊縮政策をとった国は大きな代価を支払うことになり、それは数字となって保健統計にはっきり表れた。つまり経済政策の結果は、経済成長率だけではなく、平均寿命の伸縮や死亡率の増減にも表れる。

キャメロン政権が実施したような緊縮政策が臨床試験並みの厳しい基準で審査されるとしたら、そもそも試験を行うことさえ認められないだろう。とっくの昔に却下されているはずである。なにしろ

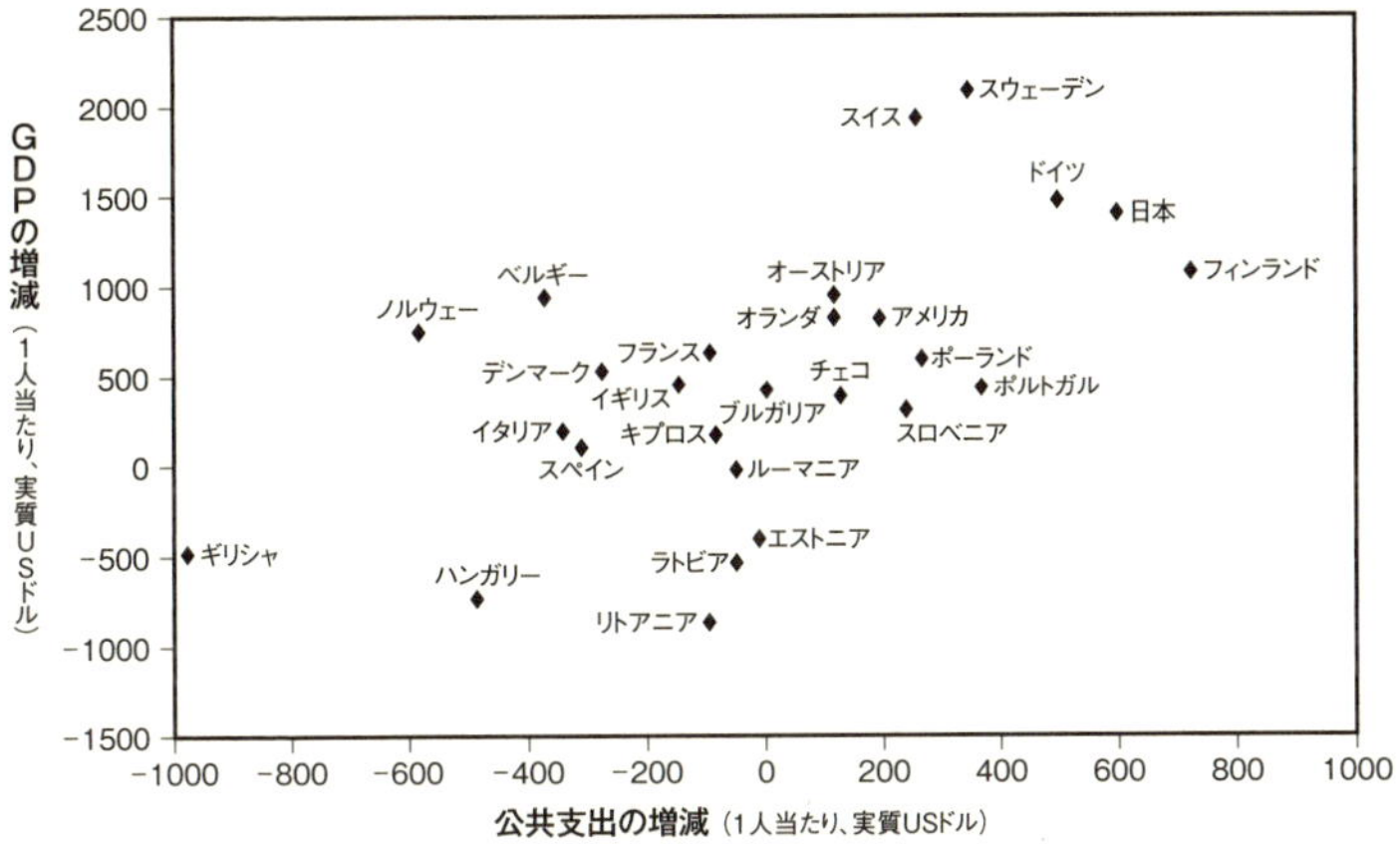

図C-1　公共支出の増減と景気回復（2009年から2010年）(3)

緊縮政策の副作用は危険で、患者の命を奪うことさえあり、しかも効果のほうははっきりしないのだから。不況の際に国民を守るには、緊縮政策ではなく、もっと現実的な実証済みの政策が求められる。本論で繰り返し説明してきたように、社会保護は命を救う。そして社会保護政策を正しく運営すれば、それは財政を破綻させることにはならず、むしろ景気を押し上げる。

　緊縮政策の提唱者たちは、すでにデータとして明らかになっている健康上、経済上の影響をひたすら無視してきた。ときには自ら作成したデータさえ無視し、あるいはさまざまな理由をつけて否定してきた（IMFもそうだった）。そして今もなお、ボディ・エコノミックの治療のために緊縮政策を処方しつづけている為政者がいる。

　これまで緊縮政策が失敗してきたのは、それがしっかりした論理やデータに基づいたものではないからである。緊縮政策は一種の経済イデオロギーであり、小さい政府と自由市場は常に国家の介入に勝るという思い込みに基づいている。だがそれは社会的に作り上げられた神話であり、それも、国の役割の縮小や福祉事業の民営化によって得をする立場にいる政治家に都合のいい神話である。(2)

ここでもイデオロギーから離れ、事実や証拠に基づいて説明しよう。図C－1を見れば、全体的傾向として緊縮政策が経済成長を妨げ、不況を長引かせることがわかる。逆に、公共部門への支出を増やした国は景気回復も早かった。

また、緊縮政策の副作用として、不況の長期化以上に深刻なのが健康被害である。緊縮政策は不況そのもの以上に人体にとって有害である。オリヴィア、ブライアン、ディミトリス、ウラジーミル、そしてカンヤは、緊縮政策の犠牲者のほんの一例にすぎない。彼らが体や心に受けたダメージは、その後どれほど経済が活況を呈しようとも、もはや元に戻すことができない。緊縮政策支持者は短期の痛みに耐えれば長期的利益がもたらされると言うが、その痛みは人命であって、取り返しがつかない。

そもそも緊縮政策は選択肢の一つであって、それしか方法がないわけではない。過去を振り返って見ても、今回よりもっと苦しい不況で、政府が緊縮政策以外の道を選択した例がある。たとえばニューディール政策は、最悪の時期に公衆衛生上の危機を防いだ。またこのとき実施された政策の一部は、その後の社会保護制度の基本になった。第二次世界大戦後のイギリスも同様で、政府総債務がＧＤＰの四〇〇パーセントを超えていたにもかかわらず、赤字縮小のための予算削減などはなされなかった。むしろ政府は、経済学者で社会改革者のウィリアム・ベヴァリッジ卿が「五つの巨人」と呼んだもの、すなわち貧困・疾病・無知・不衛生・怠惰への対応に積極的に取り組んだ。一九四八年時点の英国経済は崩壊寸前だったが、当時の労働党は国民保健サービス（ＮＨＳ）をはじめとする社会保護政策を実施し、それを足掛かりにして無事債務危機を脱した。

ところがこうした過去の経験は生かされず、今回の世界的な大不況では多くの国がニューディール政策の逆の道を歩んだ。アメリカでも、二〇〇九年にはオバマ大統領の米国再生・再投資法によって多くの人が助けられたものの、この刺激策はおおむね終了し、すでに政治家たちは社会保護予算を削りにかかっている。それも、二〇〇九年以降の景気回復に役立ったものや、国民の命を救ったものを含めてである。またイギリスでは、キャメロン政権がかつて世界中の手本とされたNHSに市場原理を持ち込み、まともに機能しない制度に変えようとしている。さらに、ギリシャでは厳しい緊縮策がHIV感染急増やマラリア感染発生という事態を招いたにもかかわらず、IMFとECBは今なお圧力をかけつづけている。[4]

その一方で緊縮政策を拒否した国もあった。アイスランドやマレーシアの例である。アイスランドで見られたのは民主的な選択の例で、史上最悪の銀行危機に見舞われ、国際社会から緊縮政策を迫られたにもかかわらず、国民の声がこれを退けた。アイスランド国民の「ノー」は物議を醸したが、彼らの選択が正しかったことはすでに結果が証明している。少数の市民の声が社会全体に広がり、国民が自らボディ・エコノミックの治療に当たったということで、そうすることによって彼らは国の未来を変えた。市民が団結すればこうしたことも不可能ではない。

民主的な選択は、裏づけのある政策とそうでない政策を見分けることから始まる。特に国民の生死にかかわるようなリスクの高い政策選択においては、判断をイデオロギーや信念に委ねてはいけない。統計学者のW・E・デミングは、「神の言葉は信じよう。だがそれ以外の者は皆データを示すべきだ」

と言ったが、政治家は事実や数字よりも、先入観や社会理論、イデオロギーに基づいて意見を述べることが多い。それでは民主主義はうまく機能しない。正しくかつわかりやすいデータや証拠が国民に示されていないなら、予算編成にしても経済政策にしても、国民は政治家に判断を委ねることができない。その意味で、わたしたちはボディ・エコノミックの治療法の選択において、この本が民主化への第一歩となることを願っている。

不況下での政策決定はどうあるべきか

緊縮政策の負のスパイラルを断つためには新たなニューディール政策――つまりニュー・ニューディール政策――が必要である。最初のニューディール政策は成功し、その後も別の名前で同様の政策が成果を上げてきた。新たなニューディール政策は、緊縮政策から距離を置き、もっと健康的なボディ・エコノミックを目指すものでなければならない。そしてその柱になるのが次の三点ではないだろうか。

一　有害な方法は決してとらない

ギリシャ時代の医師の職業倫理に関する宣誓文で、今なお医療専門家の指針となっている「ヒポクラテスの誓い」のなかに、「害があるとわかっている治療法は決して選択しない」という一文がある。社会経済政策も人体に影響を与えるからには、この誓いを胸に刻んで立案・実施に当たるべきだろう。

また前述のように、民主主義を本当の意味で機能させるには、政策の効果と副作用がわかっていなければならない。その意味では、政策に関しても新薬や新しい医療機器と同じような厳しい評価がなされて当然ではないだろうか。そうなって初めて、わたしたちは〝情報を得た上での決断〟を下すことができる。今回の大不況でも、たとえばこの政策を実施すれば財政赤字が短期的に〇・三パーセント下がるが、その代わり二〇〇〇人の死者が出ると推測される、といった正直な情報があったとしたら、政策への優先順位のつけ方も違っていたはずである。

社会経済政策の審議の過程で、何らかの形で公衆衛生の観点からチェックがかかるようにしなければならない。健康にかかわるすべての政策について、健康への影響が具体的に検討されるような仕組みを作るべきである。本来は国の行政機関のなかに「健康責任局」といったものがあるべきで、さらに同様の部署が行政の各段階にあることが望ましい。製品や医薬品の安全性を確保する機関はどの国にもあるのだから、それに類するものと考えればいい。健康責任局の使命は、政府の政策を分析・評価し、どの政策がどのような影響を公衆衛生にもたらすかを国民に知らせることである(5)。

二　人々を職場に戻す

不況時の最良の薬は安定した仕事である。不況下においては、失業、あるいは失業への不安が健康を悪化させる強力なトリガーとなる。株価はいずれまた上がるだろうが、失業という問題はなかなかハードルが高く、景気が回復しても全員が元の状態に戻れるわけではない。だからこそ、積極的労働市場政策（ALMP）のようなプログラムによって、不況下においてもできるかぎり失業者を職場に戻す努力をしなければならない。またそうしたプログラムがあることで、失業への不安が軽減され、鬱病患者や自殺者の増加を抑えることができる。またALMPが効果を上げれば、失業手当を受ける人が減り、労働供給も増えるので、経済にとっても助けになる。

もちろん不況時には仕事が減るのだから就職は難しい。したがって、雇用創出のための刺激策も必要になる。ケインズが――おそらくは少し皮肉を込めて――主張したように、失業者をそのままにして失業手当を払うより、その分の紙幣を瓶に詰め、失業者の半分を雇って穴を掘って埋めさせ、残りの半分を雇ってその瓶を掘り出させるほうが、景気対策として有効である〔実際のケインズの記述では掘り出すほうはレッセ・フェールで、金の採掘のイメージになっている〕。だがこれはもちろん、ほかに方法がないならばという話であって、労働力を活用して経済を押し上げたいなら、的確な刺激策を打たなければならない。その際には、本論で述べたように、保健医療と教育の分野の政府支出乗数が高いことが鍵になる。保健医療の分野では、一ドルの公共投資が経済を三ドル押し上げる。その逆に、防衛や銀行救済措置の乗数は一を下回るため、景気対策にはならない(6)。

三　公衆衛生に投資する

病気に苦しむ者がいれば、家族が看病する。ボディ・エコノミックも同じことである。不況で国民が苦しんでいれば、政府はその国民を看病するのが基本である。失業や貧困から守り、支払い能力ではなくニーズに基づく医療を提供する。しかもそのほうが国にとっても節約になる。ダイアンの例を思い出してほしい。不況が原因で国民の一部が医療へのアクセスを断たれるようなことは、あってはならない。国民の側も、不況でも、いや不況だからこそ、公衆衛生予算を守れと政府に要求するべきである。そうしなければイギリスのようになってしまう。

疾病予防対策は普段は国民から注目されない。それがどれほど重要なものかわかるのは、たいてい手遅れになってからである。アメリカのCDCやヨーロッパの同種の組織は地道な活動でさまざまな病気からわたしたちを守ってくれているが、そのことに拍手喝采する人はあまりいない。ベーカーズフィールドでウエストナイル熱が発生したときも、これに歯止めをかけたのはカリフォルニア脳炎プロジェクトだったが、そんな有効なプロジェクトでさえその後予算が削られた。感染症等の疾病対策は重要極まりないものであり、これを怠ると甚大な被害につながりかねない。そうした対策には厖大な調査と迅速な対応が求められ、そのためには公共部門がしっかりとかかわっていなくてはならない。保健医療事業を安易に民間に移行するとどうなるかは、アメリカの例を見れば明らかである。結局民間企業は不況下の人々を救うことができず、アメリカの公衆衛生局はその後始末に追われることになった。不況だからといって、国の公衆衛生プログラムを削減してはならない。不況のときこそ、維持しなければならない。

経済を立て直す必要に迫られたとき、わたしたちは何が本当の回復なのかを忘れがちである。本当の回復とは、持続的で人間的な回復であって、経済成長率ではない。経済成長は目的達成のための一手段にすぎず、それ自体は目的ではない。経済成長率が上がっても、それがわたしたちの健康や幸福を損なうものだとしたら、それに何の意味があるだろう？　一九六八年にロバート・ケネディが指摘したとおりである。

今回の大不況について次の世代が評価するときがきたら、彼らは何を基準に判断するだろうか？それは成長率や赤字削減幅ではないだろう。社会的弱者をどう守ったか、コミュニティにとって最も基本的なニーズ、すなわち医療、住宅、仕事といったニーズにどこまで応えられたかといった点ではないだろうか？

どの社会でも、最も大事な資源はその構成員、つまり人間である。したがって健康への投資は、好況時においては賢い選択であり、不況時には緊急かつ不可欠な選択となる。

謝辞

こうして一冊の本を仕上げることができたのは、長年にわたってともに働き、厳しい目と豊富な知識で内容を精査し、常に変わらぬ支援と助言を寄せてくれた多くの同僚のおかげである。なかでもマーティン・マッキーには大いに助けられた。マッキーは大切な友人で、今回の研究にも骨身を惜しまず協力してくれた。公衆衛生学と真摯に向き合うその姿勢はいつもわたしたちの手本だ。ほかにも多くの協力者に礼を言いたい。彼らの助けがなければ、研究をここまで進めることはできなかった。アダム・クーツ、クリストファー・マイスナー、マーク・シュルク、プライス・フィッシュバック、デヴィッド・テイラー＝ロビンソン、ベンジャミン・バー、アレクサンダー・ケンティケレニス、イレーネ・パパニコラス、マイケル・マーモット、ロベルト・デ・ヴォッツリ、マリナ・カラニコロス、アレクセイ・ベスドゥノフ、ヨハン・マッケンバッハ、ローレンス・キング、ホセ・マーティン＝モレノ、ヴィチェンテ・ナヴァロ、マイケル・ハルヘイ、ジェイコブ・ボア、カレン・シーゲル、クリス・マクルーア、マルガリダ・ギリ、ミケル・ロカ、デヴィッド・マクデイド、デヴィッド・グンネル、シュー＝セン・チャン、ジャン・セメンザ、ゴードン・ガレア、アーロン・リーブス、パトリック・ハム、そしてベン・ケイヴ。また、執筆途中の各段階で時間と労力を割き、建設的な意見や助言をくれたウラジーミル・シコルニコフ、シグル・シグルゲイルスドッティル、シャー・エブラヒム、ロン・ラボンテ、ジョン・トンプソン、マーガレット・ホワイトヘッド、ボー・ベルグストロームにも感謝する。残念ながら査読者の名前をすべてここに挙げることはできないが、わたしたちの分析を確かなものにしてくれたのは彼らであり、その労に心から感謝する。
編集と校正に当たってくれたモリー・クロケットの並々ならぬ助力に心から感謝する。また、わたしたちと出版界との橋渡しをし、企画書の作成も手伝ってくれたミシェル・スプリングにも感謝する。執筆の最終段階でデリーでの宿を提供してくれたシャー・エブラヒムとフィオナ・テイラーにも心から礼を述べたい。

デヴィッドから――両親のダニーとマーギット、妹のミシェルのいつも変わらぬ支えに感謝する。また、わたしが研究を続けてこられたのは、次の方々の見識と指導のおかげである。メアリー・リッジウェイ、ロウェル・レヴィン、マーク・シュレジンジャー、ラリー・キング、ポール・シュルツ、クリストファー・マイスナー、そして前述のマーティン・マッキー。彼らに特別の感謝を捧げたい。さらに変わらぬ友情でわたしを支えてくれたクリス・ロッカミー、エリザベス・ラッシュ、ルイス・キャロンにも心から感謝する。

サンジェイから――「読め、読め、読め、何でも読め」とフォークナーのように多読を勧めてくれた両親、文章の書き方を教えてくれたクリスティーヌ・バローン、科学の楽しみを教えてくれたリー・マレク、実験的精神を教えてくれたルドルフ・タンジ、そして政策研究の手本であるノーム・チョムスキーに感謝する。また、いつも社会正義とは何かを思い出させてくれるポール・ファーマー、戦いの選び方を教えてくれたジム・ヨン・キム、学問的探求とは何かを教えてくれるジョセフ・デュミット、そしてその文才でわたしを刺激してくれたアニタ－・デサイ、アラン・ライトマン、ジーン・ジャクソンにも心から感謝する。医学と疫学の師であるリック・アルティス、R・ダグラス・ブルース、ジェラルド・フリードランド、エドワード・カプラン、シャラド・ジャイン、スタントン・グランツ、ロバート・ラスティグ、ジャック・ファークハーに感謝する。批判的科学の模範であるジョン・イオアニーディス、公衆衛生学のための情熱と団結心を絶やさないスタンフォード大学予防研究センターの職員全員に感謝する。ジェイソン・アンドリュース、C・ブランドン・オブナガフォー、ジェイ・ヴァレラス、ラッセル・バイザー＝テリー、サンディープ・キショア、エイミー・カプチンスキー、グレッグ・ゴンサルベス、ダンカン・スミス＝ロールバーグ・マル、そしてネパールのNGO、ニャヤ・ヘルスの皆さんの友情と支援に感謝する。サンディ・クローズ、ヴィジ・サンダラム、リチャード・ロドリゲス、そしてニュー・アメリカ・メディア社の皆さんの励ましと建設的批判に感謝する。そしてもちろん、徹夜の連続にも文句一つ言わず、ここぞというときに知恵を貸してくれて、励まし、寄り添ってくれる最愛の妻、パラヴ・ババリアに感謝を捧げる。

この本は編集チームの努力なくしては刊行にたどりつけなかった。厳しくかつ優しい目で編集に当たり、原稿の完成度を上げてくれたベイシック・ブックス社のララ・ハイマート、土壇場の編集会議で仲間として支えてくれたノーマン・マカフィー、知性と歴史の知識と細部を見逃さない鋭さで助けてくれたペンギン・ブックス社のトマス・ペンに感謝する。ケイティ・オドネルとベイシック・ブックス社の皆さんには何から何までお世話になった。カレン・ブラウニングとペンギン・ブックス社の皆さんのプロデュース力に、またアイリス・タップホルムズとハーパー・コリンズ社の皆さんの知恵と調整力に感謝する。最後に、最高に頼りになるエージェント、コンヴィル・アンド・ウォルシュ社のパトリック・ウォルシュと彼のチームに深く感謝する。

訳者あとがき

これは二人の若い学者の意欲的な活動から生まれた本で、公衆衛生学の分野から行政に、さらには政策決定の場に一石を投じ、英米を中心に話題を呼んでいる。

著者のデヴィッド・スタックラーとサンジェイ・バスは、十数年ほど前から経済と健康の関係を研究してきた。具体的には経済危機と死亡・疾病動向の関係だが、この関係を調べれば調べるほど、人々の健康や生死を左右するのは経済危機そのものではなく、危機の際の対処法にあることが明らかになってきた。二人はその観点からさらに厖大なデータを分析し、結果を一〇〇本以上の論文にまとめて発表してきた。本書はその成果をわかりやすく、広く一般の方々に紹介しようとするもので、数字そのものよりも、「わたしたちは何に目を向けるべきか」を示唆することに重点が置かれている。

デヴィッド・スタックラーはオックスフォード大学の政治経済学・社会学教授で、ロンドン大学公衆衛生学・熱帯医学大学院や南アジア慢性病研究ネットワークなどの研究員も務めている。サンジェイ・バスはスタンフォード大学医学部疫学研究センターの〝バス研〟のリーダーで、数学モデルを用いて公衆衛生政策の改善方法を研究する傍ら、国連やWHOの仕事もこなしている。スタックラーの専門は公衆衛生学と政治社会学、バスは医学と数学・統計学であり、この組み合わせが研究の方向性を決めたといっていいだろう。ではなぜこの二人が共同研究をするようになったかというと、まえがきにもあるように、経済的困窮のなかで健康を損なうとはどういうことかをそれぞれが身をもって体験していて、大学院で出会ったときにすっかり意気投合したからである。

この二人は行動する学者であり、学会発表や講演のみならず、調査、政府機関への働きかけなど、さまざまな活動のために世界各地を飛び回っている。本書にはアメリカ、イギリス、ロシア、東南アジア、アイスランド、ギリシャなどの事例が出てくるが、いずれも研究内容の紹介というよりルポルタージュに近いタッチで書かれていて読みやすい。それは著者が何らかの仕事で現場に居合わせたから、あるいは調査のために現地を訪れたからでもあるが、それ以上に〝現場〟の感覚を忘れずに仕事をしているからではないだろうか。

大不況や経済危機に見舞われるたびに、わたしたちは「財政赤字のなかで不況にどう対処するのか」という問題に直面する。リーマンショックに端を発する世界大不況でも多くの国でこの問題が再燃した。だがそこから先は政治理論や経済理論の応酬に発展するのが常で、本当に対処を要する問題が見過ごされ、あるいは無視されることも少なくない。そこで著者は別の角度からこの問題に切り込んだ。理論ではなく、過去の現実のデータから論点をあぶり出すこと。過去に実施された政策によって、国民の生命・健康・幸福に実際どういう影響が出たのかを慎重に分析し、そこからヒントを得ることである。もちろん死亡率、自殺率、うつ病発症率、感染症発症率などにはさまざまな要因がからんでいるため、分析は簡単ではないし、都合のいい分析・解釈も横行する。しかし二十一世紀の今、何といっても幸いなのはすでに十分な量のデータがあることで、しかも統計学が進歩しているのだから、方法を間違えなければ（思い込みに惑わされなければ）貴重なヒントを得ることができるはずである。

世界各国の保健衛生関係者がこうした取り組みを進めているにちがいないが、その先頭を行くスタックラーとバスが今回この本を通して何よりもまず明らかにしたかったのは、ある種の政策が文字どおり〝人命を奪う〟という点である。そのような政策は多くの場合、「ほかに選択の余地はない」、「少し我慢すればこの難局を切り抜けられる」と説明されるが、あとから振り返ってみると、実はその〝少しの我慢〟で多くの人命が奪われていたという例が少なくない。たとえ我慢が必要だとしても、何を我慢するのかを間違えてはいけないし、その点で政治論・経済論が先走りするようなことがあってはならない。本書は基本的に問題提起の書であって、経済政策の細部に踏み込んでいるわけではないが、「人命にかかわる問題をイデオロギーで考えていてはいけない」という警鐘を鳴らしている点が高く評価されている。

論文とは異なり、この本のなかでは数字やグラフは最小限にとどめられている。また本文中の数字の一つ一つに十分な背景説明が付されているわけでもないので、興味をもたれた方はぜひ著者の論文を参照いただきたい。また、日本はどうなのだろうと思われた方々のために、参考までに自殺率と医療費のグラフをご紹介しておこう。世界標準から見た場合、日本の課題として頭に浮かぶのは自殺率の高さと高齢化に伴う医療費増大の問題ではないだろうか。これらに経済危機が重なれば深刻化する恐れもある。二〇一三年の日本の自殺死亡率の高さは世界第一〇位だった。それにはさまざまな要因があるが（内閣府の自殺対策推進室の資料などを参照）、経済との関係性も低くはない。訳者あとがき図1から4をご覧いただくとわかるように、失業率や倒産件数の推移と自殺率の推移は無関係とはいえず、本書で紹介されているスウェーデンのようにはいっていない。また医療費増大のほうはこれからが正念場で（訳者あとがき図5にあるように、GDP比では2011年で8・15パーセントとOECD諸国のなかでも高いほうではなく、高齢化が急速に進行している割には善戦している。ただし、GDP比が低ければいいというものでもない）、日本が世界に先駆けて知恵を絞らなければならない問題である。その際に注意しなければならないのは、本書が教えてくれているように、「競争原理を導入する」が独り歩きを始めるととんでもない結果になるという点である。

訳出には臼井美子と橘明美の二人で当たったが、この本には多岐にわたる情報が詰め込まれているため、それをほぐしながらまとめる作業になった。未整理な個所が残っているかもしれないが、せめて著者の真摯な研究態度が伝わっていればと願っている。また、編集に当たられた草思社の久保田創氏には、論文の入手やこの訳者あとがきのためのグラフ作成など、多岐にわたりお世話になった。わかりやすい見出しが入ったのも久保田氏のおかげである。心より感謝申し上げる。

二〇一四年九月

（訳者を代表して）橘明美

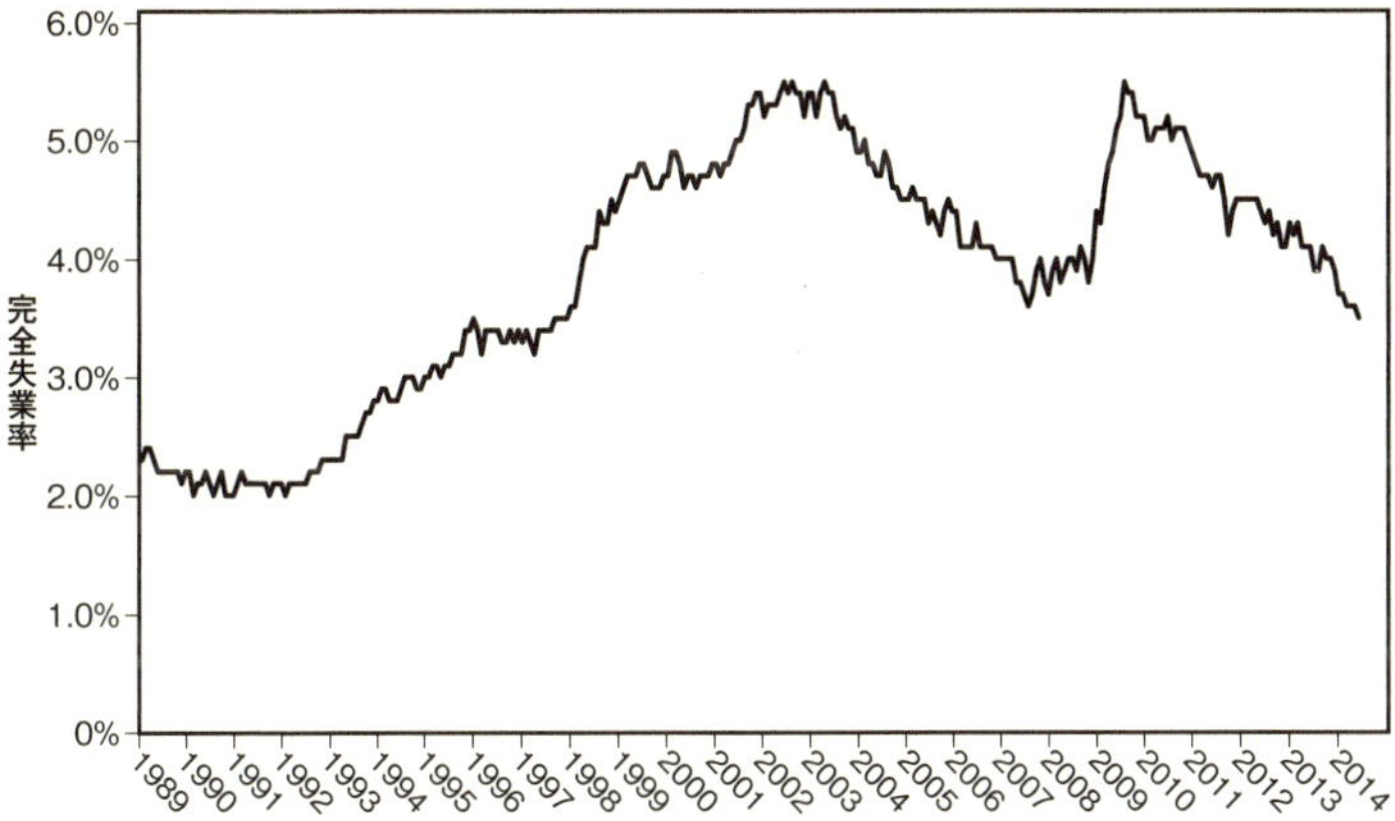

訳者あとがき図-1　日本の失業率の推移(出典:総務省統計局)

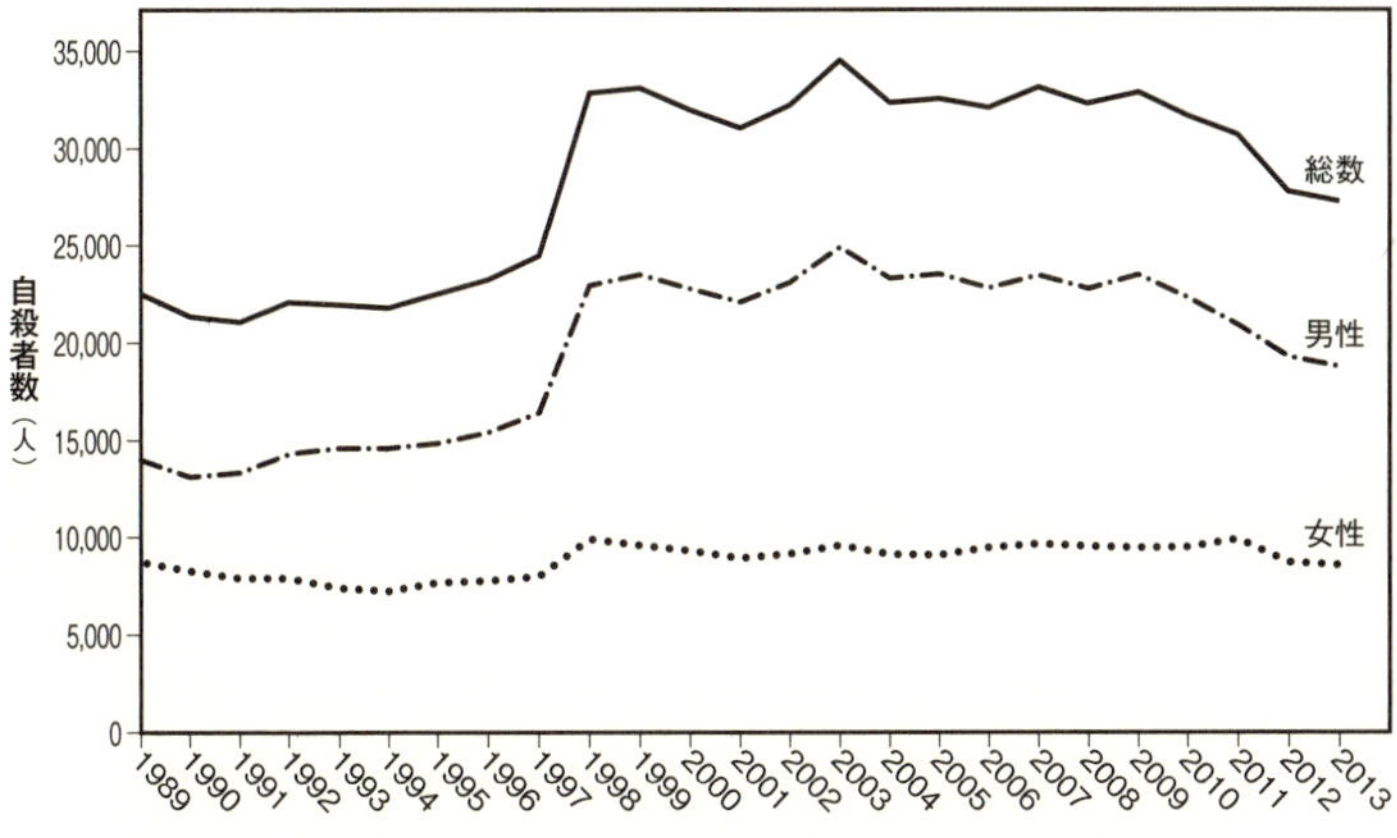

訳者あとがき図-2　日本の自殺者数推移(出典:内閣府自殺対策推進室)

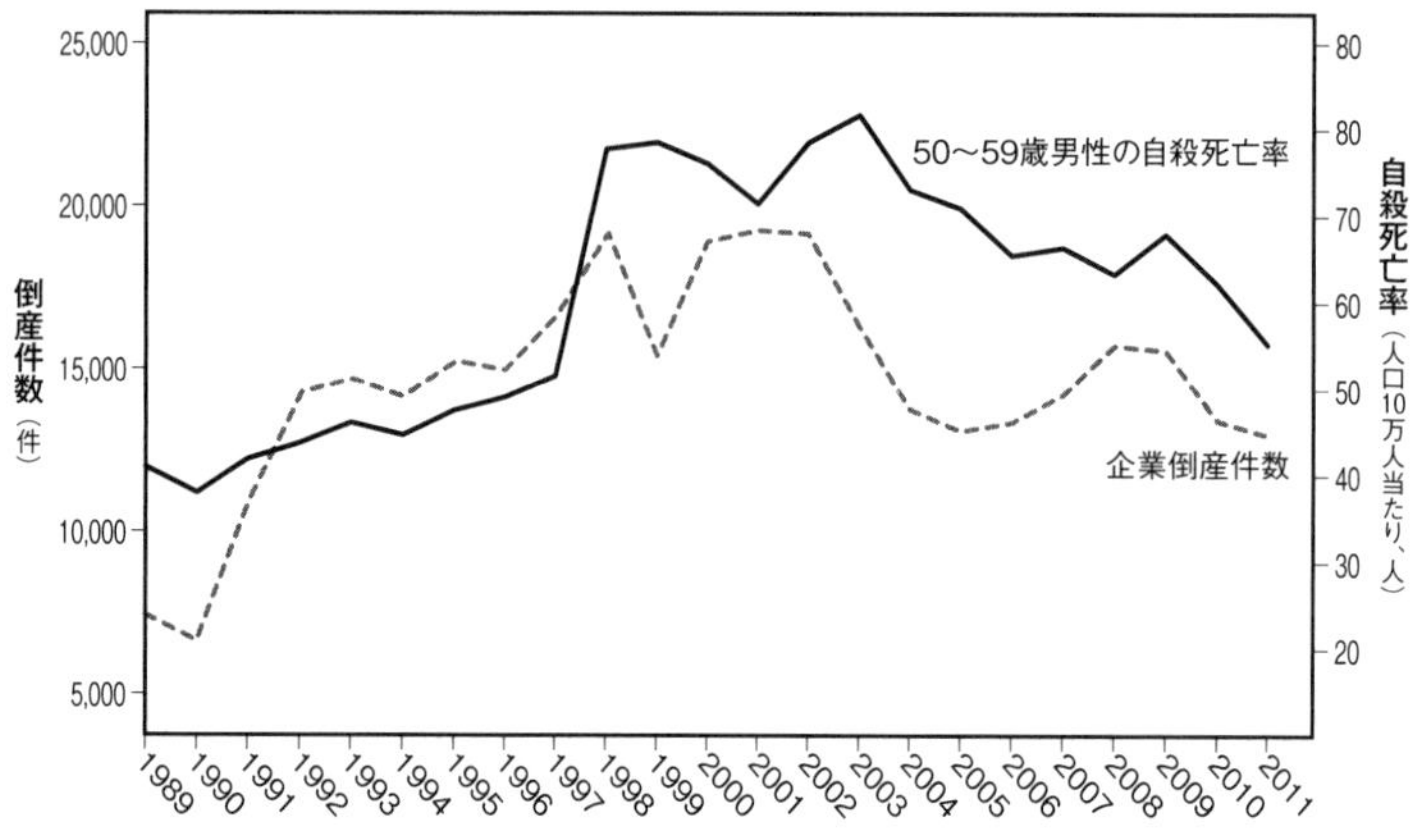

訳者あとがき図-3　日本の50〜59歳男性の自殺死亡率と倒産件数の推移（出典:平成24年版自殺対策白書）

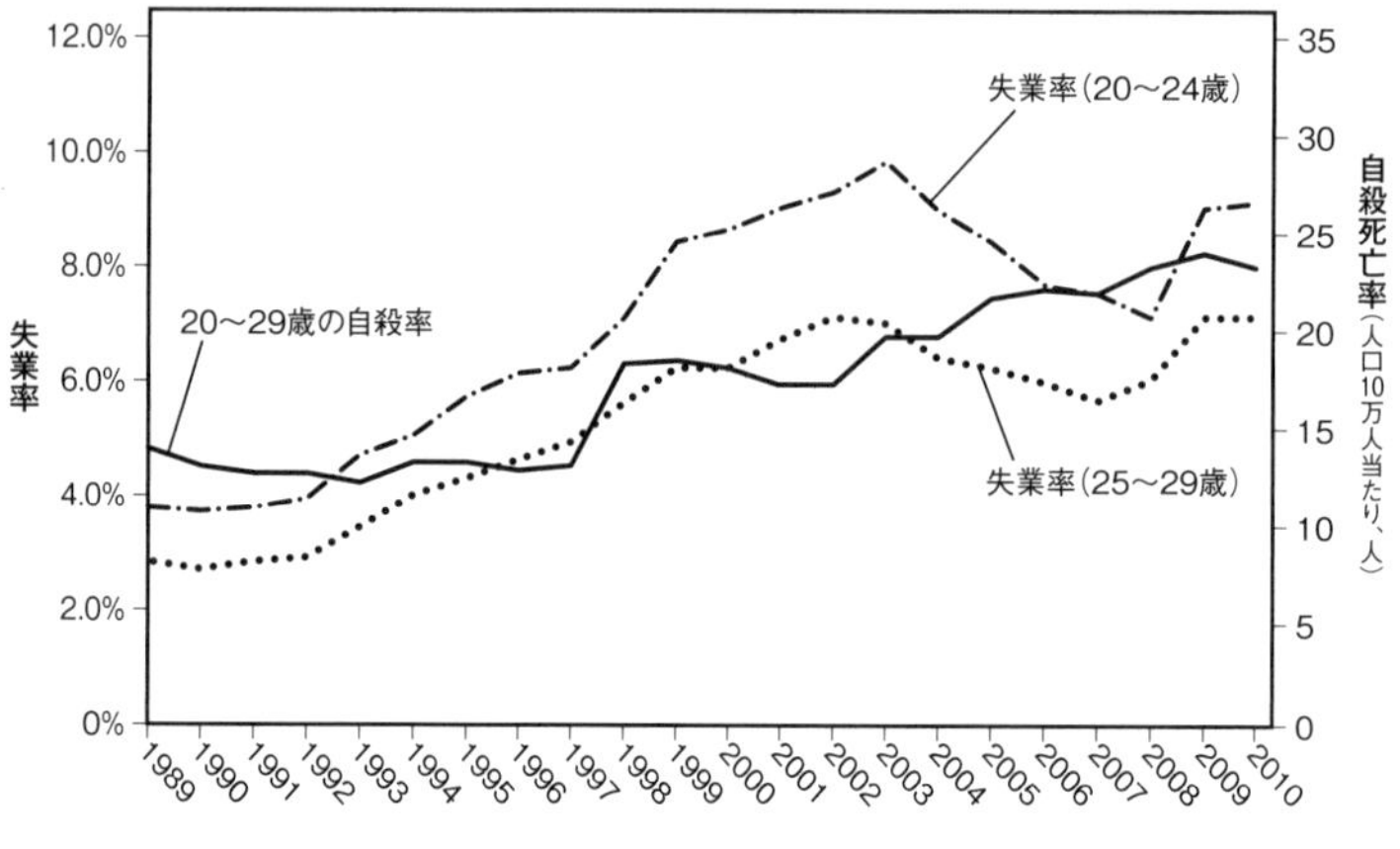

訳者あとがき図-4　20〜29歳の自殺率と若年失業率の推移（出典:平成24年版自殺対策白書）

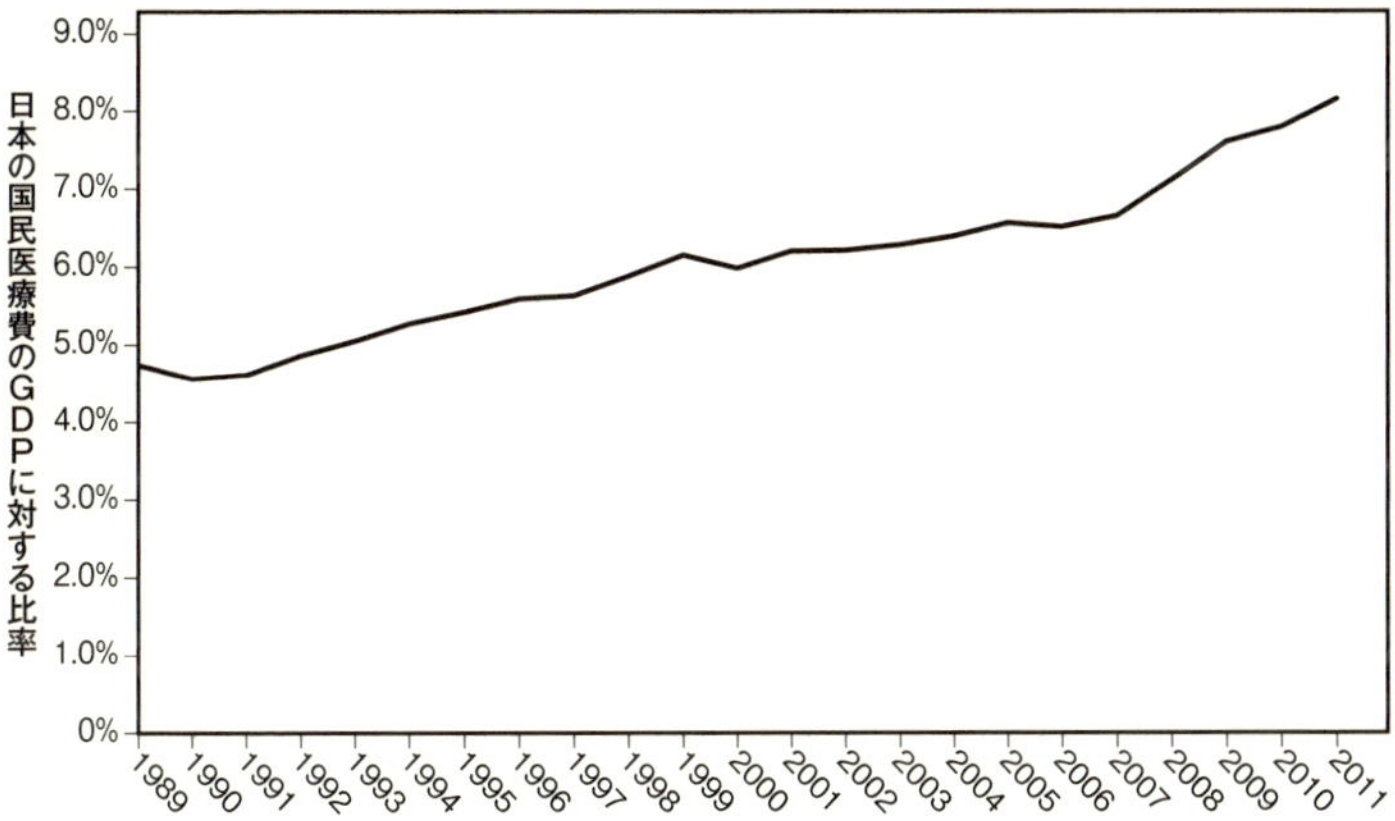

訳者あとがき図-5　日本の国民医療費のGDPに対する比率の推移（出典:厚生労働省）

原 注

まえがき

1 Robert Wood Johnson Foundation. 2009, "*Breaking Through on the Social Determinants of Health and Health Disparities : An Approach To Message Translation*", RWJF Issue brief 7を参照。誰もがいつかは死を迎える。だが数十年来の公衆衛生学の研究により、死者の半数以上はもっと長生きできた、つまり予防できたはずの原因で死んでいることが明らかにされている。「その10から15パーセントは、医療へのアクセスや医療の質がもう少しよければ救えたはず」であり、残りの85から90パーセントは住環境や喫煙といった社会的要因によるものだという。J. McGinnis , P. Williams-Russo, J. R. Knickman, "The Case for More Active Policy Attention to Health Promotion", *Health Affaires* v21(2) : 78-93 も参照。
WHO 2013, *The Determination of Health*. <http://www.who.int/hia/evidence/doh/en>.

2 図P-1情報源: EuroStat 2013 Statistics. GDPは季節調整済み、労働日数調整済み。2008年第2四半期を基準とする。

3 図P-2情報源: D. Stucker, S. Basu, M. McKee, "Budget Crises, Health, and Social Welfare Programmes", *British Medical Journal* v340 : c3311. 社会福祉支出は1人当たり、2005年を基準とする購買力平価換算USドル。

4 アメリカでは交通事故死者数が過去60年の最低を記録したが、これはガソリンを買う余裕がなくなって自動車利用者数が減ったからである。

5 *The Gospel According to RFK : Why It Matters Now*, edited with commentary by Norman MacAfee (New York, 2008), p.45

序文

1 オリヴィアはカリフォルニアの病院でサンジェイの同僚が診察した少女だが、個人情報保護のため名前と身元特定につながる情報を変更している。

2 Bor, et al. 2013, "Alcohol use during the Great Recession of 2008-2009", Alcohol and Alcoholism. この論文によると、アメリカでは今回の大不況で多量飲酒者が約77万人増加した。<http://alcalc.oxfordjournals.org/content/early/2013/01/28/alcalc.agt002.short>.

3 Niki Kitsantonis, "Pensioner's Suicide Continues to Shake Greece," *New York Times*, April 5, 2012, <http://www.nytimes.com/2012/04/06/world/europe/pensioners-sui-

cide-continues-to-shake-greece.html?_r=1&>.

4 Makis Papasimakopoulos, “Note Found on Syntagma Suicide Victim”, *Athens News*, April 5, 2012. <http://www.athensnews.gr/portal/1/54580>.

5 A. Kentikelenis, M. Karanikolos, I. Papanicolas, S. Basu, M. McKee, D. Stuckler. 2011. “Health Effects of Financial Crisis : Omens of a Greek Tragedy,” *The Lancet* 378(9801) : 1457-58.

6 M. Suhrcke and D. Stuckler. 2012. “Will the Recession Be Bad for Our Health? It Depends,” *Social Science & Medicine* v74(5) : 647-53 ; C. Ruhm. 2008. “A Healthy Economy Can Break Your Heart,” *Demography* v44(4) : 829-48 ; D. Stuckler, C. Meissner, P. Fishback, S. Basu, M. McKee. 2012. “Was the Great Depression a Cause or Correlate of Significant Mortality Declines? An Epidemiological Response to Granados,” *Journal of Epidemiology & Community Health* ; K. Smolina, et al. 2012. “Determinants of the Decline in Mortality from Acute Myocardial Infarction in England Between 2002 and 2010 : Linked National Database Study,” *British Medical Journal* v344 : d8059

7 International Monetary Fund. Oct 2012. “World Economic Outlook, Coping with high Debt and Sluggish Growth.” <http://www.imf.org/external/pubs/ft/weo/2012/02/pdf/text.pdf>.(「世界経済見通し：多額の公的債務と緩慢な成長に対処する」国際通貨基金、2012年10月)

第1部

第1章

1 J. Burns, “Atos Benefit Bullies Killed My Sick Dad, Says Devastated Kieran, 13,” Daily Record, Nov 1, 2012. <http://www.dailyrecord.co.uk/news/scottish-news/atos-killed-my-dad-says-boy-1411100>.

2 “Work Test Centres ‘Lack Disabled Access’,” BBC, Nov 21, 2012. <http://www.bbc.co.uk/news/uk-politics-20423701>; Burns, “Atos Benefit Bullies.”

3 Atos newsroom website : “The Department for Work and Pensions Awards Two of the PIP Assessment Contracts to Atos.” <http://atos.net/en-us/Newsroom/en-us/Press_Releases/2012/2012_08_02_01.htm> および <http://uk.atos.net/en-uk/careers/career_directions/systems_integration/default.htm> ; R. Ramesh, “Atos Wins £400m Deals to Carry Out Disability Benefit Tests,” *The Guardian*, Aug 2, 2012. <http://www.guardian.co.uk/society/2012/aug/02/atos-disability-benefit-tests>.

4 "Public Sector, Welfare Faces Budget Axe—Cameron," Reuters UK, June 18, 2010. <http://uk.reuters.com/article/2010/06/18/uk-britain-budget-cameron-idUKTRE65H5TC20100618>; "Conservative Conference : Cameron in Benefit Cuts Warning," BBC, Oct 7, 2012. <http://www.bbc.co.uk/news/uk-politics-19864056>. "Estimates for Fraud and Error by Client Group and Error Type and Error Reason —Overpayments (2011/2012)"を参照。Fraud and Error in the Benefit System, Department for Work & Pensions. <http://statistics.dwp.gov.uk/asd/asd2/index.php?page=fraud_error>を参照；M. D'Arcy, "Protests Against Paralympics Partner Get Senior Support," 2012, *Public Service UK*. <http://www.publicservice.co.uk/news_story.asp?id=20757> も参照。

5 J. Ball, "Welfare Fraud Is a Drop in the Ocean Compared to Tax Avoidance," *The Guardian*, Feb 3, 2013. <http://www.guardian.co.uk/commentisfree/2013/feb/01/welfare-fraud-tax-avoidance>も参照。アトスの公式回答は、「弊社は給付金の受給資格や福祉政策を決める立場にはありませんが、今後も専門性の高い、行き届いたサービスをご提供できるよう努力してまいります」というものだった。M. D'Arcy, "Protests Against Paralympics Partner Get Senior Support," *Public Service UK*, 2012より引用。<http://www.publicservice.co.uk/news_story.asp?id=20757>を参照。

6 M. Thoma, "Too Much Too Big to Fail," *Economist's View*, Sept 2, 2010. <http://economistsview.typepad.com/economistsview/2010/09/too-much-too-big-to-fail.html>.

7 S. Fleming, "UK Hit Hardest by Banking Bailout, with £1 Trillion Spent to Save the City," *Daily Mail*, Dec 17, 2009. <http://www.dailymail.co.uk/news/article-1236800/UK-hit-hardest-banking-bailout-1trillion-spent-save-City.html > 参照。また、次も参照。 <http://www.pbs.org/wnet/need-to-know/economy/the-true-cost-of-the-bank-bailout/3309/>. 政府の救済策で多くの金融機関が救われ、またその多くが2013年までに利息も含めて返済した。L. Vo and J. Goldstein, "Where the Bailouts Stand, in 1 Graphic," *NPR Planet Money*, Oct 9, 2010. <http://www.npr.org/blogs/money/2012/09/10/160886823/where-the-bailouts-stand-in-1-graphic>; "AIG Subsidiary Parties in Style in OC, Two Weeks after Bailout," *Orange County Register*, Oct 2, 2008. <http://taxdollars.ocregister.com/2008/10/02/after-federal-bailout-aig-fetes-in-style-in-oc/> 参照。

8 P. Krugman, "Inflation Lessons," *New York Times*, Aug 25, 2012. <http://krugman.blogs.nytimes.com/2012/08/25/inflation-lessons/ >.

9 P. Krugman, "Soup Kitchens Caused the Great Depression," *New York Times*, Nov 3, 2012. <http://krugman.blogs.nytimes.com/2012/11/03/soup-kitchens-caused-the-

great-depression/>.

10 D. Stuckler, S. Basu, M. McKee, M. Suhrcke. 2010. “Responding to the Economic Crisis : A Primer for Public Health Professionals,” *Journal of Public Health* v32(3) : 298–306. <http://jpubhealth.oxfordjournals.org/content/32/3/298.short> 参照。また、以下も参照。T. Pettinger, “UK National Debt,” *Economics : UK Economy Statistics*, Jan 23, 2013. <http://www.economicshelp.org/blog/334/uk-economy/uk-national-debt/>.

11 ケインズやガルブレイスはもちろん、自由主義のフリードマンらも改めて注目された。ケインズは財政支出による需要喚起を提唱したが、フリードマンは貨幣政策を重視し、一定の割合でマネー・サプライを増やすべきだと主張した。またフリードマン学派は市場の役割を重視し、市場が正しく機能するためには、判断を誤った者がその報いを受けるようでなければならないと考えた。

12 J. Hardman, “The Great Depression and the New Deal. Poverty & Prejudice : Social Security at the Crossroads.” <http://www.stanford.edu/class/e297c/poverty_prejudice/soc_sec/hgreat.htm> 参照。D. Stuckler, S. Basu, C. Meissner, P. Fishback, M. McKee. 2012. “Banking Crises and Mortality During the Great Depression : Evidence from US Urban Populations, 1929–1937,” *Journal of Epidemiology and Community Health* v66 : 410–19.

13 大富豪による投資が増えたことで、1921年から1929年の間に平均株価は4倍になった。不動産バブルも発生し、投機目的の不動産売買が盛んになった。John Kenneth Galbraith, *The Great Crash* : 1929 (Boston, 1988)（ジョン・ケネス・ガルブレイス『大暴落1929』村井章子訳、日経BP社、2008年、1997年版の邦訳); E. N. White, “Lessons from the Great American Real Estate Boom and Bust,” National Bureau of Economic Research（全米経済研究所), 2009, Working Paper 15573. <http://www.clevelandfed.org/research/seminars/2010/white.pdf>も参照。買い手のほとんどはその土地を見もせずに（それどころかその州に足を踏み入れもせずに）購入し、値が上がったところでブローカーに売らせる。ブローカーは若いカップルをバイトで雇って住人のふりをさせ、次の買い手を見つけて売りさばいた。

14 Hardman, “The Great Depression and the New Deal. Poverty & Prejudice” ; T. H. Watkins, *The Great Depression : America in the 1930s* (Boston, 1993).

15 人種間の緊張も高まった。公式の記録では1933年に黒人に対するリンチ事件が24件あったことになっているが、当時の警察はだいたい見て見ぬふりをしていたので、実際ははるかに多かったと考えられる。Centers for Disease Control : CDC, “CDC Study Finds Suicide Rates Rise and Fall with Economy,” April 14, 2011. <http://www.cdc.gov/media/releases/2011/p0414_suiciderates.html>. および以下も参照。“Did Inves-

tors Really Jump out of Windows?" <http://news.kontentkonsult.com/2008/10/did-investors-really-jump-out-of.html>, George H. Douglas, *Skyscrapers : A Social History of the Very Tall Building in America* (London, 2004) 等も参照。

16 "Death Rate Drops in North America : Mortality Figures for This Year Show Lowest Level for the United States and Canada," *New York Times*, Oct 26, 1930. ニューヨークタイムズ紙はその後さらにこう報じた。「1931年にアメリカは当代最悪の不景気に見舞われた。影響を免れた地域はなく、都市でも田舎でも、農業従事者から工場労働者まで、あらゆる人々が巻き込まれた。貧困が拡大し、家計が逼迫し、親たちは子供に食べさせるために自分の食事を削った。これまで生活に窮することなどなかった世帯までもが、慈善団体に助けを求めるようになった。この状況を過去に照らし合わせ、病人や死者の増加は避けられないと誰もが思った。ところがどうしたことか、1931年はアメリカ史上まれに見るほど健康な年になった。この事実は統計上の数値にはっきり表れている」。"No Slump in Health," *New York Times*, Jan 5, 1932からの引用。当時の分析例としては "Sees Public Health Unhurt by Slump," *New York Times*, Oct 30, 1931も挙げられる。

17 サイデンストリッカーはこうも述べている。「失業者が増え、購買力が低下し、生活水準が下がり、必需品さえ買えなくなったにもかかわらず、死者は増えなかった。これはもちろん喜ばしいことだが、なぜこうなったのかはわからない」。E. Sydenstricker. 1933. "Health and the Depression," *Milbank MemQ* v11 : 273–80を参照。

18 大恐慌でストレスが減ったとするこの説には明確な根拠がない。データを見るかぎり、恐慌期には多くの人々がストレスを抱えていて、その度合いは「狂騒の二〇年代」よりずっと高かった。なお、「肺炎が蔓延しなかったのは暖冬だったからではないか」とする医師や、「診断や治療の技術レベルが上がったからだ」と考えた医師もいたが、これらも説得力に乏しい。暖冬といっても例年とさほど変わらなかったし、そもそもスラム街の人々にとってはたとえ暖冬でも冬は厳しい。また、冬の病気による死亡率だけが下がったわけでもない。医療技術にしても、この時期に特に目立った新薬や新技術が生まれたわけではない。スルホンアミド系抗菌薬が開発されるのは1930年代後半で、ペニシリンの開発は1940年代である。Stuckler, S. Basu, et al., "Banking Crises and Mortality During the Great Depression" より引用。また、次も参照。 US Climate at a Glance, *National Climatic Data Center*. <http://www.ncdc.noaa.gov/oa/climate/research/cag3/cag3.html> ; R. Pearl, *The Rate of Living* (New York, 1928).

19 研究の詳細については Stuckler, et al., "Banking Crises and Mortality During the Great Depression." を参照。死亡率のデータは the Center for Disease Control, US Historical Mortality Database, 1929–1937 (Atlanta, 1929) による。データを提供してくれたアリゾナ大学の経済学者プライス・フィッシュバック（わたしたちの研究仲間で

もある）に礼を述べたい。銀行危機に関するデータはFederal Deposit Insurance Corporation Bank Data and Statistics, 2010による。

20 図 1-1情報源：Stuckler, et al. "Banking Crises and Mortality During the Great Depression."

21 図 1-2情報源：同上

22 A. R. Omran. 1971. "The Epidemiologic Transition : A Theory of the Epidemiology of Population Change," *Milbank Mem Fund Q* v49 : 509–38. <http://www.jstor.org/stable/10.2307/3349375>

23 大恐慌こそが健康改善の要因だとする意見もある。たとえば次を参照。J. Tapia-Granados and A. Diez-Roux. 2009. "Life and Death During the Great Depression," *Proceedings of the National Academy of Sciences* v106(41) : 17290–95. これは全米の集計データを用いた分析だが、いくつか問題があり、妥当なものとは言えない。たとえば、癌による死亡率の短期的な低下も大恐慌によるものだとしているが、当時はまだ癌の有効な治療法はなく、また大恐慌が何らかの影響を与えたとしても、それが癌による死亡率を変化させるまでには数十年かかるはずである。わたしたちは同じ分析を州ごとのデータを用いてやり直し、短期的変動と長期的変動を分離して、このような間違いを明らかにしていった。D. Stuckler, S. Basu, et al. 2012. "Was the Great Depression a Cause or Correlate of Significant Mortality Declines? An Epidemiological Response to Granados," *Journal of Epidemiology and Community Health* 参照。

24 詳細はStuckler, et al. "Banking Crises and Mortality During the Great Depression"を参照。簡単に言うと、ホドリック＝プレスコット・フィルター（HPフィルター）を用いて長期的変動と短期的変動を分けた。このフィルターは時系列データを二つのステップで短期的変動と長期的変動に分解する。第一ステップで各州の対数死亡率の平滑化されたトレンド（長期的変動）を見つけ、第二ステップでそのトレンドからの逸脱である短期的変動を見つける。なお、長期的変動の推測に当たっては複数の平滑化パラメータ（標準は6.25だが、グラナドスらは100を用いた）を試して感度分析を行ったが、結果は定性的に変わらなかった。また、得られた結果を検証するために、死亡率の短期的変化（死亡率の各年の変化率）を用いて同じ分析を行った。地理的環境等の州ごとの差異については、ダミー変数を用いて調整した。分析の結果、自殺の増加と交通事故死の減少は銀行の業務停止と関連性が高いことがわかった。逆に、心血管系疾患、肺炎、肝硬変および癌による死亡や殺人などは銀行の業務停止との関連性が低かった。全米の死亡率で言うと交通事故死が自殺よりも50パーセント高かったので、前者の減少幅が後者の増加幅を上回り、結果的に銀行の業務停止の増加とともに総死亡率が低下していた。

25 図 1-3情報源：Stuckler, et al. "Banking Crises and Mortality During the Great De-

pression."

26 1920年代にはあまりにも交通事故死が多かったため、生命保険加入の際にも車の所有について申告を求められた。"Vital Statistics." 1932. Report of the *American Journal of Public Health*. <http://ajph.aphapublications.org/doi/pdf/10.2105/AJPH.22.4.413>. また、次も参照。Associated Press, "Traffic Deaths Drop in 1932 ; First Decline in Auto History," *New York Times*, Nov 28, 1932 ; M. Kafka, "An Appalling Waste of Life Marks the Automobile," *New York Times*, Aug 28, 1932.

27 A. Reeves, D. Stuckler, M. McKee, D. Gunnell, S. S. Chang, S. Basu. 2012. "Increase in State Suicide Rates in the USA During Economic Recession," *The Lancet* v380 : 1813–14.

B. Barr, D. Taylor-Robinson, A. Scott-Samuel, M. McKee, D. Stuckler. 2012. "Suicides Associated with the 2008–10 Economic Recession in England : A Time-Trend Analysis," *British Medical Journal* v345 : e5142. <http://www.bmj.com/content/345/bmj.e5142>.

28 たとえば "U.S Highway Deaths at Lowest Level in 60 Years," *Washington Post*, Sept 9, 2010.を参照。州知事幹線道路安全協会（GHSA）によれば、「交通事故死亡者数減少の要因としては、シートベルト着用率の上昇、飲酒運転取り締まりの強化、道路の整備、車の安全性向上、また州政府と連邦政府が一致協力して交通安全に取り組んできたことなどが挙げられます。ラフッド運輸長官の〝ケータイながら運転〟の危険性に関する特別声明も、安全走行への関心を高めることにつながりました。そのおかげで多くの命が救われつつあります」とのことだが、それ以上にわかりやすい要因は大不況それ自体である。次も参照。M. Cooper, "Happy Motoring : Traffic Deaths at 61-Year Low," *New York Times*, April 1, 2011. <http://www.nytimes.com/2011/04/01/us/01driving.html?_r=0>.

NIDirect Government Services, "Lowest Number of Road Deaths on Record," Jan 3, 2013. <http://www.nidirect.gov.uk/news-jan13-lowest-number-of-road-deaths-on-record> ; アイルランドについては次を参照。Ireland's National Police Service. Garda National Traffic Bureau. Fatalities and Other Traffic Statistics. <http://www.garda.ie/Controller.aspx?Page=138>. この問題は諸外国にも飛び火した。遠く離れたインドで臓器売買の闇取引が活発になり、借金返済のために腎臓を売る農民が増加の一途をたどっている。

29 Edward Behr, *Prohibition : Thirteen Years That Changed America* (Boston, 1996), pp. 78–79. わたしたちは「ウェット派」と「ドライ派」の州を比較したが、全米の集計値から当時のアルコール消費量の経年変化を推測した研究もある。次を参照。J. A. Miron and J. Zwiebel. 1991. "Alcohol Consumption During Prohibition," *American Economic Re-*

view v81(2) : 242–47.

30 M. Davis, *Jews and Booze : Becoming American in the Age of Prohibition* (New York, 2012), p. 191.

31 図 1-4情報源：Stuckler, et al. “Banking Crises and Mortality During the Great Depression.”

32 政府総債務も1930年の162億ドルから1932年の194億ドルへと増加した。

33 Charles R. Geisst, *Wall Street : A History* (New York, 2012)（チャールズ・R・ガイスト『ウォール街の歴史』、中山良雄訳、入江吉正編、菅下清廣監修、フォレスト出版、2010年、2010年版の邦訳）

34 Maurice Sugar, *The Ford Hunger March* (Berkeley, 1980), p. 108.

35 Irving Bernstein, *A History of the American Worker 1933–1941 : The Turbulent Years* (Boston, 1970), pp. 499–571. アメリカ社会党の党員数は1928年から1932年の間に倍増した。

36 William E. Leuchtenburg, *Franklin D. Roosevelt and the New Deal 1932–1940* (New York, 1963), pp. 1–17. ニューディール政策はある意味では社会党の扇動から生まれたものだが、結果的にはこの政策によって社会党の存在意義が失われた。皮肉な話である。

37 C. E. Horn and H. S. Schaffner, *Work in America : An Encyclopedia of History, Policy, and Society* (Santa Barbara, 2003). 州によってニューディール政策の実施状況に大きな違いがあることは、プライス・フィッシュバックの研究チームから教えられた。深く感謝する。

38 選挙対策の一環として、民主党大統領候補を支持する州、ニューディール政策実施中に議会の労働委員会に多くの議員を送り出した州、民主党所属の知事がいる州には、より多くの救済資金が割り当てられた。

39 E. Amenta, K. Dunleavy, M. Bernstein. 1994. “Stolen Thunder? Huey Long's ‘Share Our Wealth,’ Political Mediation, and the Second New Deal,” *American Sociological Review* v59(5) : 678–702. <http://www.jstor.org/discover/10.2307/2096443?uid=3739560&uid=2&uid=4&uid=3739256&sid=21101670536097> ; W. I. Hair, *The Kingfish and His Realm : The Life and Times of Huey P. Long* (Baton Rouge, 1991).

40 P. Fishback, M. R. Haines, S. Kantor. 2007. “Births, Deaths and New Deal Relief During the Great Depression,” *The Review of Economics and Statistics* v89(1) : 1–14も参照。

41 G. Perrott and S. D. Collins. 1934. “Sickness and the Depression : A Preliminary Report upon a Survey of Wage-earning Families in Ten Cities,” *The Mil bank Memorial Fund Quarterly* v12(3) : 218–24. <http://www.jstor.org/discover/10.2307/3347891?uid=3739560&uid=2&uid=4&uid=3739256&sid=21101670536097>.

42 プライス・フィッシュバックも同じデータを分析し、同じような結論にたどりついた。すなわち、「ニューディール政策は幅広い社会経済問題を対象としたものだったが、その費用対効果（費用に対して何人の命が救われたか）は、メディケイドのように死亡率低減を目指した現代の政策にも引けをとらないほど優れていた」Fishback, et al., "Births, Deaths and New Deal Relief."

43 プライス・フィッシュバックらの試算では、当時の公共事業と救済措置の支出乗数はおよそ1.67だった。これは社会保護への政府支出に関するわたしたちの試算とほぼ同じである（第4章参照）。P. Fishback and V. Kachanovskaya, "In Search of the Multiplier for Federal Spending in the States During the New Deal." Working Paper. 2010. <http://econ.arizona.edu/docs/Working_Papers/2010/WP-10-09.pdf>

44 ニューディール政策には不況の再発防止のための立法も含まれていた。1933年のグラス・スティーガル法である。言うまでもないが、この法律は銀行業務と証券業務を分離し、銀行に証券取引や株の売買をさせないようにしたもので、その後60年以上も株価の大暴落や大恐慌が起きなかったのはこの法律のおかげである。だが残念ながら、金融界の長年のロビー活動が功を奏し、クリントン政権下（中間選挙以降、共和党が議会で多数を占めた）の1999年に廃止された。その結果、銀行は再びリスクの高い投資を行うようになり、金融界の再編が行われ、複雑な金融商品が生まれ、不動産バブルが起き、再び大不況がやってきた。

ルーズベルト大統領は1939年に「留保利潤税」を導入し、「企業は企業としての特権を行使するのだから、法人税はその特権から生まれた利益の対価と位置づけられる」という考えを示した。しかしこの税は連邦議会によって骨抜きにされ、あっという間に廃止に追い込まれた。"The Wall Street Fix : Mr. Weill Goes to Washington : The Long Demise of Glass-Steagall," *Frontline*, PBS, May 5, 2003.

45 M. Harhay, J. Bor, S. Basu, M. McKee, J. Mindell, N. Shelton, D. Stuckler, "Differential Impact of Economic Recession on Alcohol Use Among White British Adults, 2006–2009," unpublished analysis; J. Bor, S. Basu, A. Coutts, M. McKee, D. Stuckler. 2013. "Alcohol Use During the Great Recession of 2008–2009," *Alcohol and Alcoholism*.

第2章

1 United Nations Development Program. *The Human Cost of Transition : Human Security in South East Europe* (New York : UNDP). <http://hdr.undp.org/en/reports/regional/europethecis/name,2799,en.html>. 厳密には、ロシア連邦が成立したのは1992年である。世界銀行世界開発指標2013（World Bank World Development Indicators 2013）. < http://data.worldbank.org/indicator> 参照。J. DaVanzo and G. Farnsworth,

"Russia's Demographic 'Crisis'," RAND, 1996 も参照。ロシアの統計では1990年以降も人口が増加していることになっていた。アメリカ当局も持続的に増加していると考えていた。しかしニコラス・エバースタットなど、1980年代初頭以降のロシアの死亡データを研究していた人口統計学者たちは、死亡率がかなり前から上昇傾向にあり、1990年代に入ってから さらに急上昇したことに気づいた。

2 1989年のソ連国勢調査。 The State Committee on Statistics. *Natsional'ny Sostav Naseleniia Chast' II. Informatsionno-izdatel'ski Tsentr* (Moscow, 1989). "Abandoned Cool Mining Town in Siberia : Kadychan, Russia, *Sometimes Interesting*, July 24, 2011. <http://sometimes-interesting.com/2011/07/24/abandoned-coal-mining-town-in-siberia-kadykchan-russia/>も参照。人口統計は2002年のロシア国勢調査В сероссийская перепись населения 2002 годаを参照。

3 E. Tragakes and S. Lessof, *Healthcare Systems in Transition : Russian Federation* (Copenhagen : European Observatory on Health Systems and Policies, 2003).
1990年時点で、1.4パーセントという低い率ではあるが、失業者は存在していた。S. Rosefielde. 2000. "The Civilian Labour Force and Unemployment in the Russian Federation," *Europe-Asia Studies* v52(8) : 1433–47. <http://www.tandfonline.com/doi/pdf/10.1080/713663146>. 貧困率の推測値はロシア長期モニタリング調査（RLMS）のデータを用いた分析による。 Mosley and A. Mussurov, "Poverty and Economic Growth in Russia's Regions," Sheffield Department of Economics, 2009. <http://eprints.whiterose.ac.uk/10002/1/SERPS2009006.pdf>を参照。 London School of Hygiene & Tropical Medicine, "Living Conditions, Lifestyles, and Health Survey 2001." 詳細は以下で確認できる。<http://www.lshtm.ac.uk/centres/ecohost/research_projects/hitt.html> .

4 G. Kitching. 1998. "The Revenge of the Peasant? The Collapse of Large-Scale Russian Agriculture and the Role of the Peasant 'Private Plot' in That Collapse, 1991–97," *The Journal of Peasant Studies* v26(1) : 43–81; R. J. Struyk and K. Angelici. 1996. "The Russian Dacha Phenomenon," *Housing Studies* v11(2). <http://www.tandfonline.com/doi/abs/10.1080/02673039608720854>.

5 アメリカ国勢調査局のスティーブン・ラパウィらによる推計値。S. Rosefielde. 2000. "The Civilian Labour Force and Unemployment in the Russian Federation," *Europe-Asia Studies* v52(8) : 1433–47. <http://www.tandfonline.com/doi/pdf/10.1080/713663146>を参照。この急激な人口減少は、次の本でも明らかにされているように、死亡率上昇だけではなく出生率低下にも原因がある。G. Cornia, R. Paniccia. *The Mortality Crisis in Transitional Economies*, New York, 2000. しかし1990年以降の出生率低下は1998年の労働人口減少とは関係がない。1990年に生まれた子供

たちは1998年にはまだ労働人口に入らないからである。

6　United Nations Development Programme, “The Human Cost of Transition : Human Security in South East Europe.” <http://hdr.undp.org/en/reports/regional/europethecis/name,2799,en.html>で見られる。

7　S. Rosefielde. 2001. “Premature Deaths ; Russia's Radical Economic Transition in Soviet Perspective,” *Europe-Asia Studies* v53(8) : 1159–76.

8　図2-1情報源 ：著者。World Bank World Development Indicators 2013 edition（世界銀行世界開発指標2013版）のデータによる。

9　M. Field. 1999. “Reflections on a Painful Transition : From Socialized to Insurance Medicine in Russia,” *Croatian Medical Journal* v40(2). <http://neuron.mefst.hr/docs/CMJ/issues/1999/40/2/10234063.pdf> ; S. Sachs, “Crumbled Empire, Shattered Health,” *Newsday*, Oct 26, 1997, p. A4より引用。ソ連の1937年の国勢調査の際に、調査担当官数人が投獄され処刑された。ある地域の飢餓による死亡率上昇を隠蔽するためだったのではないかと言われている。

10　このデータは信頼性が高いと思われるが、その理由の一つに、1991年から1994年にかけて総死亡率が急上昇している一方で、乳癌と肺癌による死亡率が安定していることが挙げられる。癌の死亡率は短期では変動せず、経済の影響を直接受けるわけでもないので、内部妥当性の指標になる。V. Shkolnikov, M. McKee, D. Leon, L. Chenet. 1999. “Why Is the Death Rate from Lung Cancer Falling in the Russian Federation?” *Eur J Epidemiology* 15 : 203–6.

11　M. McKee. 1999. “Alcohol in Russia,” Alcohol and Alcoholism 34 : 824–29 ; M. McKee, A. Britton. 1998. “The Positive Relationship Between Alcohol and Heart Disease in Eastern Europe : Potential Physiological Mechanisms,” *Journal of the Royal Society of Medicine* v91; O. Nilssen, et al. 2005. “Alcohol Consumption and Its Relation to Risk Factors for Cardiovascular Disease in the North-west of Russia : The Arkhangelsk Study,” *International Journal of Epidemiology* v34(4) : 781–88. <http://ije.oxfordjournals.org/content/34/4/781.full>.

12　D. Lester. 1994. “The Association Between Alcohol Consumption and Suicide and Homicide Rates : A Study of 13 Nations,” *Alcohol and Alcoholism* v30(4) : 465–68. <http://alcalc.oxfordjournals.org/content/30/4/465.short> ; M. McKee, A. Britton. 1998. “The Positive Relationship Between Alcohol and Heart Disease in Eastern Europe : Potential Physiological Mechanisms,” *Journal of the Royal Society of Medicine* v91 ; C. S. Fusch, et al. “Alcohol Consumption and Mortality Among Women,” *New England Journal of Medicine* a332(10) : 1245–50. <http://www.ncbi.nlm.nih.gov/pubmed/7708067> ; R. Doll, et al. 1994. “Mortality in Relation to Consumption of

Alcohol: 13 Years' Observations on Male British Doctors," *BMJ* v309(6959). <http://www.ncbi.nlm.nih.gov/pmc/articles/PMC2541157/> ; A. L. Klastky, M. A. Armstrong, G. D. Friedman. 1992. "Alcohol and Mortality," *Ann Intern Med* v117(8) : 646–54. <http://www.ncbi.nlm.nih.gov/pubmed/1530196>.

13 WHO European Health for All Database 2012 edition. V. M. Shkolnikov and A. Nemtsov, "The Anti-Alcohol Campaign and Variations in Russian Mortality," Ch. 8 in *Premature Death in the New Independent States* (Washington, DC, 1997). <http://www.nap.edu/openbook.php?record_id=5530&page=239> も参照 ; V. Shkolnikov, G. Cornia, D. Leon, F. Mesle. 1998. "Causes of the Russian Mortality Crisis : Evidence and Interpretations," *World Development* v25 :1995–2011.

1990年代のロシアの死亡危機はアルコール依存症撲滅キャンペーンが終わったことによるリバウンドだと主張する経済学者もいる。アルコール依存症撲滅キャンペーンでかろうじて生き延びたロシア人は、もともと死を宣告されていたようなものだったので、キャンペーンが終わった途端に飲み過ぎて死亡したというのである（たとえば、Jay Bhattacharya, Christina Gathmann, and Grant Miller, "The Gorbachev Anti-Alcohol Campaign and Russia's Mortality Crisis," March 2011. <https://iriss.stanford.edu/sites/all/files/iriss/Russia_mortality_crisis.pdf>を参照 ）。しかしデータをよく見ると、アルコール依存症撲滅キャンペーンで命を救われた人々はキャンペーン終了後も生き延びたと考えられる。キャンペーン終了によって死亡したのなら、1985年に20歳から24歳だった人々のその後数年間の死亡率低下と、1990年に25歳から29歳になっていた人々のその後数年間の死亡率上昇がほぼ一致するはずだが、実際にはそうなっていない。後者は前者を大きく上回り、200万人以上も多かった。つまり、キャンペーン終了はロシア人男性のアルコール関連死亡率急上昇の主要因ではない。

シュコルニコフらも1990年代前半を対象にした疫学研究のなかでリバウンドの可能性を探ったが、わたしたちと同じ結論にたどりついた。彼らは1998年の論文で、1985-1987年に死亡率が低下した年齢層と1988-1992年に死亡率が上昇した年齢層がほぼ重なることを明らかにしたが、後者の増加幅は前者の減少幅より多かった。また1995年の死亡率はキャンペーン開始前の1984年よりも大幅に上がっていた（p. 1999参照）。1985-1987年と1992-1994年の死亡率の変化を比べても、前者の減少幅より後者の増加幅のほうがはるかに大きい。Shkolnikov and Nemtsov, "The Anti-Alcohol Campaign and Variations in Russian Mortality"および V. M. Shkolnikov, D. A. Leon, S. Adamets, E. Andreev, and A. Deev. 1998. "Educational Level and Adult Mortal ity in Russia : An Analysis of Routine Data 1979 to 1994," *Soc Sci Med* 47 : 357–69を参照 ; コルニアとパニッチアも、*The Mortality Crisis in Transition Economies*のなかで「1990年代の死亡率の変化をそれ以前の傾向の延長線上で語る人が多いが、実際はそうで

はない」と指摘し（Ch. 1, p. 4）、「ロシア、ウクライナ、ブルガリアの（男性の）場合、市場経済への移行前に見られた傾向によってその後の平均寿命の急変を説明することはできない。特にロシアでは市場経済への移行期に平均寿命が一気に短縮したが、その短縮幅はアルコール依存症撲滅キャンペーン時の延長幅をはるかに凌ぐものだった」としている（Ch. 1, section 5, pp. 20– 21）。具体的には「1980年代半ばの死亡率低下と1990年代前半の死亡率上昇の間に何らかの因果関係があるとしても、前者は後者の25パーセントから35パーセントにしか当たらないのだから、それだけですべてを説明することはできない」と述べている。詳しくはAppendix 1.1 and 5.5 in D. Stuckler, "Social Causes of Post-communist Mortality," doctoral dissertation, University of Cambridge, 2009を参照。

14 アルコールが原因なので、1990年代には週末に死亡する人が例年よりはるかに多かった。仕事がない土曜から月曜の朝まで、多くのロシア人が泥酔状態だったようだ。M. McKee, et al. 2006. "The Composition of Surrogate Alcohols Consumed in Russia," *Alcoholism : Clinical and Experimental Research*. <http://onlinelibrary.wiley.com/doi/10.1097/01.alc.0000183012.93303.90/abstract>. D. Leon, et al. 2007. "Hazardous Alcohol Drinking and Premature Mortality in Russia : A Population Based Case-Control Study," *The Lancet* 369 : 2001–9参照。

15 田舎では自家製蒸留酒のサモゴンが飲まれていた。M. Wines, "An Ailing Russia Lives a Tough Life That's Getting Shorter," *New York Times*, Dec 30, 2000. <http://faculty.usfsp.edu/jsokolov/ageruss1.htm>.

16 S. Tomkins, et al. 2007. "Prevalence and Socio-economic Distribution of Hazardous Patterns of Alcohol Drinking : Study of Alcohol Consumption in Men Aged 25–54 Years in Izhevsk, Russia," *Addiction* v102(4) : 544–53.

17 A. Bessudnov, M. McKee, D. Stuckler. 2012. "Inequalities in Male Mortality by Occupational Class, Perceived Status and Education in Russia, 1994–2006," *European Journal of Public Health* v22(3) : 332–37. <http://eurpub.oxfordjournals.org/ content/22/3/332.short> ; Perlman and Bobak. 2009. "Assessing the Contribution of Unstable Employment to Mortality in Posttransition Russia : Prospective Individual- Level Analyses from the Russian Longitudinal Monitoring Survey," *American Journal of Public Health* v99(10) : 1818–25.

18 こうした背景があるため、失業はもちろん、失業不安も死亡リスクを高める要因となった。F. Perlman and M. Bobak, "Assessing the Contribution."を参照。また手厚い社会保障制度を支えるため、ソ連時代には保健医療支出の対GDP比が非常に高かった。総じて、旧東側諸国の平均寿命は1人当たりGDPが同レベルの西側諸国（チリ、トルコ、ボツワナ、南アフリカなど）と比べてかなり長かった。平均すると男性が4.8歳、女性

が7.7歳長かった。

19 D. Stuckler, L. King, M. McKee. 2000. "Mass Privatization and the Postcommunist Mortality Crisis," *The Lancet* v373(9661) : 399–407. <http://www.thelancet.com/journals/lancet/article/PIIS0140-6736%2809%2960005-2/abstract> ; また、Perlman and Bobak, "Assessing the Contribution" も参照。

20 L. Balcerowicz and A. Gelb. 1995. "Macropolicies in Transition to a Market Economy : A Three-Year Perspective," *Proceedings of the World Bank Annual Conference on Development Economics 1994.* 国際復興開発銀行 (The International Bank for Reconstruction and Development) <http://www-wds.worldbank.org/servlet/WDSContentServer/IW3P/IB/1995/03/01/000009265_3970716143745/Rendered/PDF/multi0page.pdf>.

21 ジェフリー・サックスはこう書いている。「東欧諸国が直面している経済政策上の最大の課題は、民営化をいかに加速させるかである。これ以上時を失うことなく大企業の民営化に一気に拍車をかけなければ、移行プロセスそのものが失速し、長期にわたって停滞するかもしれない。民営化というのは政治的に脆いので、時間が勝負である」〔この引用はJ. Sachs, "Accelerating Privatization in Eastern Europe: The Case of Poland," *Eur L Rev*, 1992より〕。J. Sachs, "What Is to Be Done?" *The Economist*, Jan 13, 1990. <http://www.economist.com/node/13002085> ; J. Sachs, "Shock Therapy in Poland : Perspectives of five Years," <http://tannerlectures.utah.edu/lectures/documents/sachs95.pdf> .

22 ローレンス・サマーズはショック療法の骨子をこう要約した。「旧共産圏に大挙して押しかけた経済学者たちは、だいたい同じことを言っています。それは三つの〝化〟――民営化、安定化、自由化――が必要で、これらを可能なかぎり急ぐべきだということです」。つまりショック療法の第三の柱は「安定化」で、これは財政緊縮策と金融引締め策でインフレを抑制することを意味する。R. Stevens. 2004. "The Evolution of Privatisation as an Electoral Policy, c. 1970–90," *Contemporary British History* v18(2) : 47–75より引用。

23 M. Friedman, "Economic Freedom Behind the Scenes," Preface to *Economic Freedom of the World : 2002 Annual Report*, by James Gwartney and Robert Lawson, with Chris Edwards, Walter Park, Veronique de Rugy, and Smitha Wagh (Vancouver, BC, 2002). サマーズがT. Anderson, *The Concise Encyclopedia of Economics*. <http://www.econlib.org/library/Enc/EnvironmentalQuality.html>のなかで引用している。

24 Stevens, "The Evolution of Privatisation as an Electoral Policy." もちろん路線の選択についてはさまざまな意見が出された。英エコノミスト誌はショック療法派で、漸進主義を受け入れる国が増えつつあることこそ「東欧が今直面している最大の危機」だと訴

えた。米外交専門誌フォーリン・アフェアーズも同様で、「ソ連と東欧諸国がとうとう古い皮を脱ぎ捨て、われわれ民主主義国のようになろうとしているのは、西側諸国の正義と成功に感化されたからである。この機会を逃してはならない」とした。O. J. Blanchard, K. A. Froot, J. D. Sachs, *The Transition in Eastern Europe* (Chicago, 1994).

25 B. Naughton, *Growing out of the Plan : Chinese Economic Reform*, 1978–1993 (Cambridge, 1996).

26 Richard A. Melanson, *American Foreign Policy Since the Vietnam War : The Search for Consensus from Richard Nixon to George W. Bush* (New York, 2005). Graham Allison and Robert Blackwill, "On with the Grand Bargain," Washington Post, Aug 27, 1991. L. Berry, "How Boris Yeltsin Defeated the 1991 Communist Coup," *The Guardian*, Aug 18 2011. <http://www.guardian.co.uk/world/feedarticle/9803554>.

27 図 2-2情報源：著者。 P. Hamm, L. King, D. Stuckler. 2012. "Mass Privatization, State Capacity, and Economic Growth in Post-Communist Countries," *American Sociological Review* v77(2) : 295–324より。中欧および東欧（CEE）にはチェコ、ハンガリー、ポーランド、スロバキア、スロベニアが、旧ソ連諸国（FSU）にはアルメニア、アゼルバイジャン、ベラルーシ、エストニア、グルジア、ラトビア、リトアニア、カザフスタン、キルギスタン。モルドヴァ、ロシア、タジキスタン、ウクライナ、ウズベキスタンが入っている（いずれも1990年以降のデータが入手できた国）。変化率はUNICEF TransMonEE database 2008年4月版レポートと同様、1990年の1人当たりGDP（2005年を基準とする購買力平価換算USドル）を基準にしている。

28 World Bank World Development Indicators, Washington, DC, 2013 edition（世界銀行世界開発指標2013年版）; Penn World Tables. Center for International Comparisons of Production, Income and Prices. University of Pennsylvania. <https://pwt.sas.upenn.edu/>.

29 Stuckler, "Social Causes of Post-communist Mortality." P. Klebnikov, *Godfather of the Kremlin : Boris Berezovsky and the Looting of Russia* (Boston, 2000). M. Ellman. 1994参照。 "The Increase in Death and Disease Under 'Katastroika'," *Cambridge Journal of Economics* v18 : 329–55 参照 ; C. Bohlen, "Yeltsin Deputy Calls Reforms 'Economic Genocide'," *New York Times*, Feb 9, 1992. <http://www.nytimes.com/1992/02/09/world/yeltsin-deputy-calls-reforms-economic-genocide.html>.

30 次の論文が参考になる。T. Meszmann, "Poland, Trade Unions and Protest, 1988–1993," *International Encyclopedia of Revolution and Protest*, 2009. <http://www.blackwellreference.com/public/tocnode?id=g9781405184649_yr2012_chunk_g97814051846491199>.

次も参照。Stuckler, "Social Causes of Post-Communist Mortality." Klebnikov, *God-*

father of the Kremlin 参照。Ellman, "The Increase in Death and Disease Under 'Katastroika'." Polish government. Official promotional website of the Republic of Poland, Foreign Investment. <http://en.poland.gov.pl/Foreign,investment,468.html>.
ポーランド政府のウェブサイトには、外国からの投資についてこう書かれている。「民営化と経済改革の途上にあるわが国においては、外国資本が非常に大きな役割を果たしています。わが国への外国からの投資のほとんどはFDIという理想的な形をとっています。すなわち、新会社や既存の企業に出資し、経営に参加するという形で投資が行われているのです」

31 P. Hamm, L. King, D. Stuckler. 2012. "Mass Privatization, State Capacity, and Economic Growth in Post-Communist Countries," *American Sociological Review* v77(2) : 295–324.

32 当時世界銀行の仕事をしていたノリーナ・ハーツ〔イギリスの経済学者でベストセラー作家〕は、市場経済アドバイザーとしてロシアに派遣され、工場に寝泊まりしながら民営化の実施状況を世銀本部にレポートしていた。当時の様子を彼女はこう書いている。「わたしはあちらこちらの工場で寝泊まりして数カ月を過ごした。使われなくなったサナトリウムのベッドで寝たこともある。工場を回りはじめてすぐにわかったのは、ロシアの産業を一夜で民営化するという計画が実に多くの、それこそ何十万人もの人々に多大な犠牲を強いるものだということだった。民営化されても、どの工場も以前と同じものを、つまり競争市場では見向きもされないようなものを作りつづけていた。そんなやり方で大規模な解雇を避けられるはずもない。しかも工場は労働者の教育、医療から退職後の生活まで、まさに〝ゆりかごから墓場まで〟を担っていたので、解雇されればセーフティネットを丸ごと失うことになる。わたしはさっそくワシントンに懸念を伝えた。あれは政治劇以外のなにものでもなく、民営化を急ごうとした人たちは共産主義の復活を恐れるあまり、ただもう国から資産を奪うことしか念頭になかったのだと思う」

33 O. Adeyi, et al. 1997. "Health Status During the Transition in Central and Eastern Europe : Development in Reverse?" *Health Policy and Planning* v12(2) : 132–45.

34 Sachs, "Shock Therapy in Poland." ユタ大学での講演。

35 Hamm, et al., "Mass Privatization, State Capacity, and Economic Growth in Post-Communist Countries." 特に厳しい状況に置かれたのは重工業や製造業の企業である。民営化によって、態勢も整わないままいきなり自由競争という荒波に投げ出されたからである。非効率で、技術も遅れたままでは荒海を渡っていけるはずもなく、人員削減の規模も桁外れになった。また解雇された人々が身につけていたのはソ連時代の技術でしかなかったので、再就職も難しかった。L. King, P. Hamm, D. Stuckler. 2009. "Rapid Large-Scale Privatization and Death Rates in Ex-Communist Coun-

tries : An Analysis of Stress-Related and Health System Mechanisms," *International Journal of Health Services* v39(3) : 461–89 ; わたしたちの試算によれば、医療費削減で人口1万人当たりの医師の数が15人も減った。

36 A. Åslund, *Building Capitalism : The Transformation of the Former Soviet Bloc* (Cambridge, 2002) ; Anders Åslund "Is the Belarusian Economic Model Viable?" も参照。(A. Lewis, ed., *The EU and Belarus : Between Moscow and Brussels* (London, 2002), p. 182掲載)。

37 Stuckler, King, McKee, "Mass Privatization and the Postcommunist Mortality Crisis."

38 図2-3情報源：前掲書

39 P. Grigoriev, V. Shkolnikov, E. Andreev, et al. 2010. "Mortality in Belarus, Lithuania, and Russia : Divergence in Recent Trends and Possible Explanations," *European Journal of Population* v26(3) : 245–74も参照。この論文の結論は次のようなもので、わたしたちの考えと一致している。「市場経済への移行の速度と規模の違いによって、死亡率の変化も大きく異なることになった。ロシアでは1990年代前半に死亡率が急上昇したが、それはしっかりした市場制度の導入も、社会的義務を果たすという政府の約束もなく、ただやみくもに市場改革が進められた結果、大きな痛みを伴うものとなったからである。これとは対照的に、移行がゆっくり進められたベラルーシでは死亡率の上昇幅も小さかった」

40 平均18パーセントという数字（死亡率上昇）との比較で言うと、かつての東欧の軍事紛争の際に死亡率が20パーセント上昇したことがわかっている。言い換えれば、ショック療法は軍事衝突並みの打撃を与えたことになる。Stuckler, King, McKee, "Mass Privatization and the Postcommunist Mortality Crisis." L. King, P. Hamm, D. Stuckler. 2009. "Rapid Large-Scale Privatization and Death Rates in Ex-Communist Countries : An Analysis of Stress-Related and Health System Mechanisms," *International Journal of Health Services* v39(3) : 461–89.

41 L. Pritchett and L. Summers. 1996. "Wealthier Is Healthier," *The Journal of Human Resources* v31(4) : 841–68. <http://www.jstor.org/discover/10.2307/146149?uid=3739560 &uid=2129&uid=2&uid=70&uid=4&uid=3739256&sid=21101670942437>. 国という単位でも「富める国ほど健康だ」と言うことができる。ただしそれは、富める国のほうが社会保護により多くを投じることができるからだ。GDP増加と健康向上の関連性よりも、社会保護支出増加と健康向上の関連性のほうが7倍高く、統計モデルを用いて社会保護支出増加分を調整すると、GDP増加と健康向上の関連性は3分の1に低下してしまう。詳細についてはD. Stuckler, S. Basu, M. McKee. 2010. "Budget Crises, Health, and Social Welfare Programmes," *British Med-*

ical Journal v340 : c3311 を参照。

42 国の経済が倍になると平均寿命がおおむね2年延びる。だが経済が倍になるには少なくとも20年程度かかる（経済成長率が4パーセントで20年）。したがって、逆から見れば、平均寿命が2年以上縮んだということは、大規模民営化がロシアの歩みを20年以上遅らせたと言うこともできるだろう。Hamm, King, Stuckler, "Mass Privatization, State Capacity, and Economic Growth in Post-Communist Countries." 参照。

43 ショック療法派のハーバードの経済学者たちと共同研究をしていたエリザベス・ブレイナードも、わたしたちと同じ分析を行って同じ結論に達した。「国有企業の民営化の規模が、労働者の生活崩壊の度合いを示す指標の一つになっている。もちろん民営化は経済全体にとっては有益で、改革の進展を示すわかりやすい指標でもある。しかしその一方で、民営化は個々の労働者に余分なストレスと不安を与えると言えそうだ。そう考えれば、民間セクターの増大と心血管系死亡率の上昇の間に強い正の相関があることも理解できる」E. Brainerd. 1998. "Market Reform and Mortality in Transition Economies," World Development v26(11) : 2013–27. E. Brainerd. 1998. "Market Reform and Mortality in Transition Economies," *World Development* v26(11) : 2013–27より引用。 < http:// people.brandeis.edu/~ebrainer/worlddev198.pdf>. ショック療法の提唱者の一人だったスタンレー・フィッシャーも、1990年代末まで次の事実に頭を悩ませていたそうだ。「この時期に改革を一気に進めた国で、過去にないほど死亡率が急上昇しているようだが、これはどういうことだろう？」Brainerd, "Market Reform and Mortality in Transition Economies." より引用。フリードマンの言葉はM. Hirsh, *Capital Offense : How Washington's Wise Men Turned America's Future over to Wall Street* (New Jersey, 2010), p. 134より引用。

44 図 2-4情報源：著者。World Bank World Development Indicators 2012 edition（世界銀行世界開発指標2012版）

45 J. Sachs, " 'Shock Therapy' Had No Adverse Effect on Life Expectancy in Eastern Europe," *Financial Times*, Jan 19, 2009. <http://www.ft.com/cms/s/0/0b474e44-e5c9-11dd-afe4-0000779fd2ac.html> ; C. J. Gerry, T. M. Mickiewicz, Z. Nikoloski. 2010. "Did Mass Privatization Really Increase Mortality?" *The Lancet* v375 : 371. これに対するわたしたちの回答は2010. *The Lancet* v375 : 372–73にある。

46 "Mass Murder and the Market," *The Economist*, Jan 22, 2009. <http://www.economist.com/node/12972677>. D. Huff, *How to Lie with Statistics* (New York, 1993).（ダレル・ハフ『統計でウソをつく法―数式を使わない統計学入門』高木 秀玄訳、講談社、1968年）。これは統計学の古典的名著で、データを操作して騙すさまざまな方法が紹介されている。統計学を学ぶ学生たちに何をしてはいけないか、どうやって騙しを見つけるかを教える優れた入門書でもある。

47 わたしたちはショック療法を採用した国とそうでない国の比較だけではなく、採用した国同士の違いも調べた。実はそこにも差があり、たとえばウクライナはロシアほど死亡率の上昇が急ではなかった。差が出た要因の一つは、〝急激な〟民営化といっても差があり、ロシアのほうがより急激だったこと。もう一つは、ウクライナのほうがまだしも社会保護を維持できたことである。ウクライナは社会科学者が「社会関係資本」(ソーシャル・キャピタル)と呼ぶものが豊かだった。急激な民営化の際にも、教会、組合、スポーツクラブといった市民組織に属していた人は、孤立していた人より死亡リスクがずっと低かったことがわかっている。その点ではチェコも同様で、人口の半分以上がそうした市民組織に属していたため、民営化によってストレス関連の死亡リスクが高まることがなかった。これに対し、市民組織に参加している人が人口の10パーセントを切っていたルーマニアでは、急激な民営化によって死者数が約15パーセント増えた。ロバート・パットナムが『孤独なボウリング―米国コミュニティの崩壊と再生』で指摘したように、社会関係資本がもたらす恩恵は大きい。社会関係資本は困難なときに頼れる場所や人を提供してくれる。教会のベンチで眠らせてもらえたり、悩みを聞いてくれる友人がいたりすることは、一人で酒を飲むよりずっといい。

48 図 2-5情報源:“Mass Murder and the Market.”
社会学の創始者の一人であるエミール・デュルケームは、1897年の『自殺論』のなかでこう述べている。「社会秩序に大きな再調整の手が加えられるときには、それが急な経済発展によるものだろうが、予期せぬ大惨事によるものだろうが、必ず自殺を考える人が増える」Émile Durkheim “Le Suicide”, 1897.(デュルケーム『自殺論』宮島喬訳、中央公論新社、1985年)〔引用の訳は本書訳者による〕。急激な民営化はまさにこの「大きな再調整」に当たる。ショック療法を唱えた人々は短期の痛みを予測していたが、あれほど大きな被害が出るとは想像もしていなかった。経済の再編そのものはある程度急ぐことが可能だとしても、人間のほうは急な変化についていけない。健康への影響を考慮せずに政策を決めることがいかに危険か、ロシアの例を見れば明らかである。

49 World Bank World Development Indicators 2013 edition (世界銀行世界開発指標2013版)<http://data.worldbank.org/indicator/SP.DYN.LE00.IN>.

50 ただし、急激な改革への反発から、国が再び経済をコントロールすべきだと主張する勢力が生まれているため、移行が完了したとは言えないと考える人々もいる。東欧の結核の拡大についてはWHO, *Global Tuberculosis Report* , Geneva, 2012 (WHOグローバル結核レポート)を参照。<http://www.who.int/tb/publications/global_report/en/> ; D. Stuckler, S. Basu, L. King. 2008. “International Monetary Fund Programs and Tuberculosis Outcomes in Post-communist Countries,” *Public Library of Science Medicine* v5(7) : e143.

51 National Bureau of Statistics of China. 2013 (中国国家統計局、2013年) <http://

www.stats.gov.cn/english/statisticaldata/> ; World Bank World Development Indicators 2013 edition（世界銀行世界開発指標2013版）

第3章

1 W. Bello, S. Cunningham, K. Poh Li, *A Siamese Tragedy : Development and Disintegration in Modern Thailand* (Oakland, 1999).

2 World Bank. May 1996. *Managing Capital Flows in East Asia*. <http://elibrary.worldbank.org/content/book/9780821335291> および World Bank, GDP Growth annual% を参照。<http://data.worldbank.org/indicator/NY.GDP.MKTP.KD.ZG?page=3>.

3 World Bank. 1993. *The East Asian Miracle : Economic Growth and Public Policy*. World Bank Policy Research Reports（世界銀行政策研究レポート）

4 M. Brauchli, "Speak No Evil : Why the World Bank Failed to Anticipate Indonesia's Deep Crisis," *Wall Street Journal*, July 14, 1998.
<http://www.library.ohiou.edu/indopubs/1998/07/14/0013.html>. 世界銀行は1997年9月になってもまだ次のようにインドネシアを称賛し、洞察力のなさを露呈した。「インドネシアはこの10年で目覚ましい発展を遂げ、東アジアで最も期待できる国の一つになった。堅実なマクロ経済運営、いっそうの規制緩和、思い切ったインフラ投資によって、経済の多角化と民間部門の競争力強化に成功してきた」N. Bullard, W. Bello, K. Malhotra, "Taming the Tigers : The IMF and the Asian Crisis," *Third World Quarterly* 19 : 505–55. <http://focusweb.org/node/358>.

5 Paul Krugman. 1994. "The Myth of Asia's Miracle," *Foreign Affairs* v73(6) : 62–78. <http://www.ft.com/intl/cms/b8268ffe-7572-11db-aea1-0000779e2340.pdf> ; Pietro Masina, *Rethinking Development in East Asia : From Illusory Miracle to Economic Crisis* (London, 2001).

6 Brauchli, "Speak No Evil." 以下も参照。T. Ito, "Asian Currency Crisis and the International Monetary Fund, 10 Years Later : Overview." <http://www.researchgate.net/publication/4720855_Asian_Currency_Crisis_and_the_International_Monetary_Fund_10_Years_Later_Overview>.（伊藤 隆敏「アジア通貨危機とIMF」、『経済研究』一橋大学経済研究所編第50巻、第1号、1999年、P. 68-93）為替データはこのサイトで入手可能。Index Mundi : <http://www.indexmundi.com/xrates/graph.aspx?c1=IDR&c2=USD&days=5650> ; Stephen Radelet and Jeffrey Sachs, "The Onset of the East Asian Financial Crisis," NBER, August 1998. <http://online.sfsu.

edu/jgmoss/PDF/635_pdf/No_29_Radelet_Sachs.pdf> ; Iskandar Simorangkir, "Determinants of Bank Runs in Indonesia," *Bulletin of Monetary, Economics and Banking*, July 2011. <http://www.bi.go.id/NR/rdonlyres/59B51C7D-140E-405E-A67C-5ADBD2108CAE/25291/IskandarSimorang- kir.pdf>; Stanley Fischer, "Lessons from East Asia and the Pacific Rim," *Brookings Papers on Economic Activity* 2 :1999. <http://www.brookings.edu/~/media/Projects/BPEA/1996%202/1996b_bpea_fischer.PDF> ; Bello, et al., *A Siamese Tragedy* ; Brauchli, "Speak No Evil."

7 経済学者のアーヴィング・フィッシャーは大恐慌時の負債デフレについて次のように説明している。「何らかの反作用によって物価下落が妨げられでもしないかぎり、1929-33年のような大不況（債務者がいくら返済しても借金が膨れるばかりという状況）は持続し、悪循環に陥って長期化する。つまりボートは傾くばかりで元に戻らず、結局は転覆するしかない。負債は膨らみつづけ、ほとんどすべての人が破産したところでようやく膨張が止まり、収縮に転じる。そこからは回復に向かい、新たな景気循環の波に乗る。これがいわゆる不況からの〝自然な〟脱出経路で、結局のところ破産や失業、飢えなどを避けて通ることはできない」I. Fisher, "The Debt-Deflation Theory of Great Depressions." <http://fraser.stlouisfed.org/docs/meltzer/fisdeb33.pdf>.（アーヴィング・フィッシャー『大恐慌の負債デフレ説』川畑壽訳、亜細亜大学経済学紀要、亜細亜大学経済学会、1998年、P. 71-72）〔引用の訳は本書訳者による〕; International Labour Organization : ILO, "ILO Meeting Highlights Asia Jobs Challenge," 1999. <http://www.ilo.org/asia/info/public/pr/WCMS_BK_PR_1_EN/langen/index.htm> ; さらに以下も参照。Milken Institute, "Indonesia : Current Economic Conditions," Asia and the Pacific Rim, March 10, 1999. C. Peter Timmer, "Food Security in Indonesia : Current Challenges and the Long-Run Outlook," Center for Global Development, Nov 2004. <http://www.cgdev.org/files/2740_file_WP_48_Food_security_in_Indonesia.pdf> ; Report from CARE. 1998. El Niño in 1997–1998 : Impacts and CARE's Response. <http://reliefweb.int/report/world/el-ni%C3%B1o-1997–1998-impacts-and-cares-response>.　この上昇はおよそ3300万人が新たに貧困状態に陥ったことを意味する。D. Suryadarma and S. Sumarto. 2011. "Survey of Recent Developments." *Bulletin of Indonesian Economic Studies* v47(2) : 155–81. <http://www.danielsuryadarma.com/pdf/bies11.pdf>を参照。

8 Jemma Purdey, *Anti-Chinese Violence in Indonesia*, 1996–1999 (Honolulu, 2006). 人道支援団体がジャカルタ、ソロ、メダン、パレンバン、スラバヤで168件のレイプ事件を確認して報告している。そのうち少なくとも20人が死亡（その場で殺されたか、あるいは後日心的外傷により自殺）。G. Wandita, "The Tears Have Not Stopped, the Violence Has Not Ended : Political Upheaval, Ethnicity and Violence Against Women

in Indonesia," *Gender & Development* v6(3) : 34–41参照。アメリカ政府も66件のレイプ事件を確認している。Department of State Report : Indonesia Country Report on Human Rights Practices for 1998. <http://www.state.gov/www/global/human_rights/1998_hrp_report/indonesi.html> を参照。さらに、J. Purdey, "Problematizing the Place of Victims in Reformasi Indonesia : A Contested Truth About the May 1998 Violence," *Asian Survey* v42(4) : 605–22; Purdey, *Anti-Chinese Violence in Indonesia* が参考になる。

9 経済学者のロバート・ウェイドによれば、「アジア通貨危機で供給不足に陥らなかったのは外部からの助言だけである」という状況だったそうだ。IMF協定（1944年）も参照。<http://www.imf.org/external/pubs/ft/aa/index.htm>.

10 John Williamson, "What Washington Means by Policy Reform," in John Williamson (ed.), *Latin American Readjustment : How Much Has Happened* (Washington, DC, 1989). <http://www.iie.com/publications/papers/paper.cfm?researchid=486>. IMFは東アジア諸国にこれらの政策を勧告したが、融資に際してはさらに厳しい条件をつけた。たとえば、資本流出を阻止するためただちに銀行を閉鎖することや、リスクテイクを制限し、信用リスクを軽減し、借り入れを抑えるために、銀行の手元資金に基準を設けることなどを求めた。

11 IMF筆頭副専務理事のスタンレー・フィッシャーは1998年7月にこう述べた。「問題は、金融部門と企業部門の構造問題をいかに早く解決するかということです。それが早ければ早いほど、苦しみの時期は短くなり、景気回復も早まります」。スティグリッツによれば、IMFのエコノミストたちはお決まりの〝万能薬〟をあまりにも多くの国に処方していたので、文書の内容もほとんど同じで、Microsoft Wordの〝検索・置換〟機能で国名を変えるだけということさえあった。だがそこで見落としが出て、大失敗したこともあるという。「あるとき職員の一人が、ある国に関する報告書からかなりの部分をコピーして、別の国に関する報告書を作ろうとした。ばれないはずだったが、〝検索・置換〟機能がうまくいかず、元の国名が何カ所か残ってしまったそうだ。まいったね」"For Sensitive and Sensible Economics," V. Anantha-Nageswaran (ed.), *Global Financial Markets : Issues and Perspectives* (India : ICFAI Press, 2002), p. 11.
経済学者のハジュン・チャンは、〝アジアの虎〟が成功したのはIMFが示したのとは逆の道を行ったからだと言っている。つまり保護政策のおかげで幼稚産業だったハイテク産業が成長し、世界に通用するまでになったのだと。

12 IMFは実のところ誰を助けようとしているのか？　という声も上がった。たとえばタイ東北部のコンケン県では、あるコミュニティのまとめ役のクン・ブンジャンがこう言っていた。「好況でもうけたのは金持ち連中なのに、不況になったらわたしたち貧乏人につけが回ってくるんです。これまでも教育や医療を十分には受けられませんでしたが、今

やそれが全部取り上げられようとしています。こんなことでは子供たちの将来が思いやられます」C. M. Robb, "Can the Poor Influence Policy? Participatory Poverty Assessments in the Developing World," World Bank, 1999を参照。

そもそも危機の原因は短期的で一時的なものだったのに、なぜ根本的な構造改革や大幅な予算削減が求められたのだろうか？　この地域でそんなものは必要なかったはずである。むしろ拡張的な経済政策こそが求められていた。通貨危機以前の東アジア諸国は深刻な債務問題を抱えていたわけではないし、財政も比較的健全だった。経済学者のなかにも次のように言う人がいる。過度の財政支出が原因だったわけでもないのに、そこを大幅に削って問題を解決しようとするのは理屈に合わない。最大の原因は極端な投機的取引だったのに、その規制をさらに緩和して金融市場が安定するはずがない。スティグリッツも、「ラテンアメリカの場合とは異なり、軽率だったのは政府ではなく民間部門だった。銀行家や債務者、不動産バブルを利用してギャンブルまがいの投機を行った人々のことだ」と述べている。

13 IMFから融資を受けても、その大半は通貨危機の原因を作った外資系投資銀行に流れるだけだという声も多かった。だが東アジア諸国にはIMFの融資以外に差し迫った危機を乗り切る手段がなく、選択の余地はなかった。しかもIMFはアメリカをはじめとする富裕国を動かして、1100億ドルという過去最大規模の融資を用意してみせた。R. P. Buckley, S. M. Fitzgerald. 2004. "An Assessment of Malaysia's Response to the IMF During the Asian Economic Crisis," *Singapore Journal of Legal Studies*, pp. 96–116. <http://papers.ssrn.com/sol3/papers.cfm?abstract_id=1020508>.

マレーシアがIMFの支援を拒否した理由はほかにもある。1980年代に短期資本流入を抑制する措置をとっていたため、リンギットが下落しても債務負担増がある程度抑えられていた。J. K. Sundaram. 2006. "Pathways Through Financial Crisis : Malaysia," *Global Governance* v12 : 489–505. <http://www.globaleconomicgovernance.org/wp-content/uploads/sundaram-pathways_malayisa.pdf>.

一方、インドネシアの対外債務は短期投資が中心で、しかもその多くはスハルトファミリー（および関係の深い華人財閥のプロジェクト）に流れていた。そのため、ルピア切り下げによる債務負担増と、スハルト政権末期の混乱によるスハルトファミリーと華人財閥からの資本流出が重なって金融危機に陥り、IMFの支援に頼るしかない状況となった。N. Jones and H. Marsden, "Assessing the Impacts of and Responses to the 1997–98 Asian Financial Crisis Through a Child Rights Lens," UNICEF Social and Economic Policy Working Paper, 2010. <http://www2.unicef.org/socialpolicy/files/Assessing_the_Impacts_of_the_97_98_Asian_Crisis.pdf>.

14 1人当たりGDP（購買力平価換算USドル）による比較。World Bank World Development Indicators 2013 edition（世界銀行世界開発指標2013版）。Sundaram, "Pathways

Through Financial Crisis."

15 G. P. Corning, "Managing the Asian Meltdown : The IMF and South Korea. Institute for the Study of Diplomacy." <http://graduateinstitute.ch/webdav/site/political_science/shared/political_science/1849/southkorea&imf.pdf> ; S. S. Chang, D. Gunnell, J. A. C. Sterne, et al. 2009. "Was the Economic Crisis 1997–1998 Responsible for Rising Suicide Rates in East / Southeast Asia? A Time-Trend Analysis for Japan, Hong Kong, South Korea, Taiwan, Singapore, and Thailand," *Social Science & Medicine* v68 : 1322–31. <http://www.ncbi.nlm.nih.gov/pubmed/19200631> ; 韓国の自殺率は危機以前も上昇傾向にあったが、市場崩壊とともに上昇幅が大きくなった。

Ministry of Public Health Thailand. Thailand Health profile 1999–2000. (2004年1月29日にアクセス)<http://www.moph.go.th/ops/thealth44/index eng.htm>. S. Hopkins. 2006. "Economic Stability and Health Status : Evidence from East Asia Before and After the 1990s Economic Crisis," *Health Policy* v75 : 347–57に引用あり。

16 AusAID, "Impact of the Asian Financial Crisis on Health : Indonesia, Thailand, the Philippines, Vietnam, Lao PDR, 2000." (2004年2月12日にアクセス)<http://www.ausaid.gov.au/publications/pubout.cfm?Id=4105 1515 1662 2276 2647&Type=>.

J. Knowles, E. Pernia, M. Racelis, *Social Consequences of the Financial Crisis in East Asia* (Manila : Asian Development Bank, 1999) ; P. Gottret, et al., "Protecting Pro-Poor Health Services During Financial Crises : Lessons from Experience,"World Bank, 2009. Health and Nutrition Program. <http://www.google.com/url?sa=t&rct=j&q=&esrc=s&source=web&cd=3&cad=rja&ved=0CEcQFjAC&url=http%3A%2F%2Fsiteresources .worldbank .org %2FINTHSD %2FResources %2F376278-1202320704235%2FProtProPoorHealthServFin.doc&ei=MHX4UNHhDaWViAK7hYCICw&usg=AFQ jCNFWm3rlVye IDn oE VERsAf b1CMEvAg&sig2=rPmVK71IY3Z_Yi1o7s8MWw&bvm=bv.41248874,d.cGE> ; Child Rights International Network, *Harnessing Globalisation for Children : A Report to UNICEF, 2002*. <http://www.crin.org/resources/infoDetail.asp?ID=2918>.

17 "Indonesia Unrest Growing Despite IMF Bailout." *Albion Monitor News*, Jakarta, Indonesia. < http://www.monitor.net/monitor/9801a/jakartaunrest.html>.

18 S. Fischer, "A Year of Upheaval : The IMF Was Right on High Interest Rates and Immediate Restructuring," *Asia Week Magazine*. <http://www-cgi.cnn.com/ASIANOW/asiaweek/98/0717/cs_12_fischer.html>.

19 クルーグマンは、東アジア危機を機に資本移動規制に関するIMFの姿勢が変わったと説明している。IMFはそれまでの考え方を改め、新興成長市場国で近年見られるよう

になった、変動が激しい国際資本移動を直接規制する方法を受け入れるようになった。Alan Beattie, “IMF Drops Opposition to Capital Controls,” *Financial Times*, Dec 3, 2012より。

Hopkins, “Economic Stability and Health Status.”

20 H. Waters, F. Saadah, M. Pradhan. 2003. “The Impact of the 1997–1998 East Asian Economic Crisis on Health and Health Care in Indonesia,” *Health Policy and Planning* v18(2) : 179より引用。

21 Table 9 in V. Tangcharoensathien, et al. 2000. “Health Impacts of Rapid Economic Changes in Thailand,” *Social Science & Medicine* v51 : 789–807. <http://www.ncbi.nlm.nih.gov/pubmed/10972425>.

Waters, Saadah, Pradhan, “The Impact of the 1997–1998 East Asian Economic Crisis on Health and Health Care in Indonesia,” p. 174.

C. Simms and M. Rowson. 2003. “Reassessment of Health Effects of the Indonesian Economic Crisis : Donors Versus the Data,” *The Lancet* v361 : 1382–85. <http://mvw.medact.org/content/health/documents/poverty/Simms%20and%20Rowson%20-%20Reassessment%20of%20health%20effects%20Indonesia.pdf>.

22 「特に利用率が下がったのは10歳から19歳の青少年で、SUSENAS調査〔インドネシア中央統計庁の社会経済調査〕によると、1997年から1998年にかけて全体で26.8パーセント、公共医療機関では33.0パーセント利用率が減少した」Waters, Saadah, Pradhan, “The Impact of the 1997–1998 East Asian Economic Crisis on Health and Health Care in Indonesia.”

医薬品が不足し、しかも医療補助を受けられない患者が増えていたため、診療所の側としても十分な治療ができず、患者からの訴訟を恐れるようになった。

Asian Development Bank, *Assessing the Social Impact of the Financial Crisis in Asia*. Report RETA 5799. (Manila : Asian Development Bank, 1999) ; RAND Corporation, “Effects of the Indonesian Crisis—Evidence from the Indonesian Family Life Survey,” Rand Labor and Population Program Research Brief (Santa Monica, CA : RAND, 1999).

23 UNAIDS、Country profile: Thailand. <http://www.unaids.org/en/regionscountries/countries/thailand/>.

“Thailand's New Condom Crusade.” 2010. *Bulletin of the World Health Organization* v88(6) : 404–5. <http://www.who.int/bulletin/volumes/88/6/10-010610/en/index.html>.

24 <http://www.thelancet.com/journals/lancet/article/PIIS0140-6736%2808%2960091-4/fulltext>.

25 “Thailand’s New Condom Crusade.”

26 同上。

27 AusAid, *Impact of the Asian Financial Crisis on Health : Indonesia, Thailand, The Philippines, Vietnam, Lao PDR*, (AusAid, 2000). S. Hopkins, “Economic Stabil ity and Health Status,” *The Impact of the Asian Financial Crisis on the Health Sector in Thailand* (AusAid, 2000), p. 6も参照。

UN Office for the Coordination of Humanitarian Affairs, “Thailand : Activists Want Rights of HIV-Positive People Protected,” Aug 10, 2006. < http://www.irin-news.org/printreport.aspx?reportid=60176>.

28 図 3-1情報源：前掲書。

29 V. Tangcharoensathien, et al. 2000. “Health Impacts of Rapid Economic Changes in Thailand,” *Social Science & Medicine* v51 : 789–807.

タイのエイズ対策グループ（Thai Working Group on HIV/AIDS）によると、母子感染でHIVに感染した新生児は2001年だけでも4000人に上る。ネビラピン製剤を効果的に使えば、こうした感染は回避できたはずである。 Hopkins, “Economic Stability and Health Status.”

March 2001 projection of the Thai working group on HIV/AIDS; UNICEF. Chapter 1. Introduction and Summary. Long Term Socio-Economic Impact of HIV/AIDS on Children and Policy Response in Thailand.

インドネシアでもIMFの勧告によってエイズ対策関連予算が半分に削られ、性感染症やエイズの治療を受けられない女性が10パーセント増加した。Tangcharoensathien, et al. “Health Impacts of Rapid Economic Changes in Thailand.”この論文には「タイ労働社会福祉省の記録によると、通貨危機の間に捨て子（5歳未満）の人数が増えた」とある。

30 S. Aungkulanon, M. McCarron, J. Lertiendumrong, S. J. Olsen, K. Bundhamcharoen. 2012. “Infectious Disease Mortality Rates, Thailand, 1958–2009,” *Emerg Infectious Diseases* v18(11). <http://www.nc.cdc.gov/eid/article/18/11/12-0637_article.htm>.

31 Hopkins, “Economic Stability and Health Status”; “Thailand’s New Condom Crusade.”

32 Y. J. Han, S. W. Lee, Y. S. Jang, D. J. Kim, S. W. Lee, *Infant and Perinatal Mortality Rates of Korea in 1999 and 2000* (Seoul : Korea Institute for Health and Social Welfare, 2002).

C. Simms and M. Rowson. 2003. “Reassessment of Health Effects if the Indonesian Economic Crisis : Donors Versus the Data,” *The Lancet* v361 :1382–85. <http://mvw.

medact.org/content/health/documents/poverty/Simms%20and%20Rowson%20-%20Reassessment%20of%20health%20effects%20Indonesia.pdf> ; UNDP. Human Development Report 2001 (New York : UNDP). <http://hdr.undp.org/en/ reports/global/hdr2001/>. インドネシアは8州新設し、現在34州となっている。

33 Mahani Zainal-Abidin, "Malaysian Economic Recovery Measures : A Response to Crisis Management and for Long-term Economic Sustainability." <http://www.siue.edu/EASTASIA/Mahani_020400.htm>.

34 Joseph Stiglitz, "What I Learned at the World Economic Crisis," *The New Republic*, April 17, 2000.

35 D. E. Sanger, "IMF Now Admits Tactics in Indonesia Deepened the Crisis," *New York Times*, Jan 14 1998. <http://www.nytimes.com/1998/01/14/business/international-business-imf-now-admits-tactics-in-indonesia-deepened-the-crisis.html>.

36 S. Kittiprapas, N. Sanderatne, G. Abeysekera, "Financial Instability and Child Well-Being : A Comparative Analysis of the Impact of the Asian Crisis and Social Policy Response in Indonesia, Malaysia, Thailand, and South Korea," UNICEF Office for Thailand ; Ch. 9 in G. A. Cornia (ed.), *Harnessing Globalisation for Children* ; Hopkins, "Economic Stability and Health Status."
Waters, Saadah, Pradhan, "The Impact of the 1997–1998 East Asian Economic Crisis on Health and Health Care in Indonesia."

37 F. Ardiansyah, "Bearing the Consequences of Indonesia's Fuel Subsidy," East Asia Forum, May 4, 2012. <http://www.eastasiaforum.org/2012/05/04/26135/>.

38 E. Kaiser, S. Knight, "Analysis : Aid Recipients Welcome IMF's Shift on Austerity," Reuter's, Oct 14, 2012. <http://www.reuters.com/article/2012/10/14/us-imf-aid-admission-idUSBRE89D0GQ20121014>.

第2部

第4章

1 "Financial crisis ; full statement by Iceland's prime minister Geir Haarde," *The Telegraph*. <http://www.telegraph.co.uk/news/worldnews/europe/iceland/3147806/Financial-crisis-Full-statement-by-Icelands-prime-minister-Geir-Haarde.html>.

2 H. Felixson, *God Bless Iceland* (GuðblessiÍsland), 2009より引用。

3 "Iceland : Cracks in the Crust," *The Economist*, Dec 11, 2008. <http://www.economist.com/node/12762027?story_id=12762027> ; IMF Country Report, Iceland,

April 2012. <http://www.imf.org/external/pubs/ft/scr/2012/cr1291.pdf> ; H. Stewart, et al., "Five Countries That Crashed and Burned in the Credit Crunch Face a Hard Road to Recovery," *The Guardian*, Jan 3, 2010. <http://www.guardian.co.uk/business/2010/jan/03/credit-crunch-iceland-ireland-greece-dubai-spain> ; "Fighting Recession the Icelandic Way," Bloomberg, Sept 26, 2012. <http://www.bloomberg.com/news/2012-09-26/is-remedy-for-next-crisis-buried-in-iceland-view-correct-.html>.

4 J. Carlin, "No Wonder Iceland Has the Happiest People on Earth," *The Guardian*, May 18, 2008. <http://www.guardian.co.uk/world/2008/may/18/Iceland> ; Jaime Díez Medrano, "Map of Happiness," Banco de datos. <http://www.jdsurvey.net/jds/jdsurveyMaps.jsp?Idioma=I&SeccionTexto=0404& NOID=103>.

5 第二次世界大戦が始まっても、イギリスがドイツの軍事拠点になることを恐れて侵攻するまでは、どの国もこの島のことを忘れていた。

6 G. Karlsson, *Iceland's 1100 Years : History of a Marginal Society* (London, 2000).

7 Silla Sigurgeirsdóttir and Robert H. Wade, "Iceland's Loud No," *Le Monde Diplomatique*, Aug 8, 2011. < http://mondediplo.com/2011/08/02iceland>.

8 BBC. 2006. Foreign banks offer best buys. Radio 4, Money Box. <http://news.bbc.co.uk/2/hi/programmes/moneybox/6051276.stm> ; "Customers Face Anxious Wait Over Fate of Icesave Accounts," *The Guardian*, Oct 8, 2008. <http://www.guardian.co.uk/money/2008/oct/08/banks.savings> ; Sigurgeirsdóttir and Wade, "Iceland's Loud No."

9 World Bank World Development Indicators."From Capital Flow Bonanza to Financial Crash," *Vox*, Oct 23, 2008. <http://www.voxeu.org/article/capital-inflow-bonanza-financial-crash-danger-ahead-emerging-markets>.
"Better Life Index," OECD. <http://www.oecdbetterlifeindex.org/countries/iceland/>.

10 H. H. Gissurarson, "Miracle on Iceland," *Wall Street Journal*, Jan 29, 2004. <http://online.wsj.com/article/0,,SB107533182153814498,00.html>.
R. H. Wade, and S. Sigurgeirsdottir. 2011. "Iceland's Meltdown : The Rise and Fall of International Banking in the North Atlantic." *Revista de Economia Politica* v31(5)より引用。<http://www.scielo.br/scielo.php?pid=S0101-31572011000500001&script=sci_ arttext> 参照 ; また、Arthur Laffer, "Overheating Is Not Dangerous," *Morgunblaðið*, Reykjavik, Nov 17, 2007も参照。

11 Danske Bank, "Iceland : Geyser Crisis," 2006; Robert Wade. 2009. "Iceland as Icarus," *Challenge* v52(3) : 5–33 ; R. Boyes, *Meltdown Iceland : Lessons on the World Financial*

Crisis from a Small Bankrupt Island (New York, 2009) ; 2008年アイスランド中央銀行年次定例会議におけるゲイル・ホルデ首相のスピーチ。 Robert H. Wade and Silla Sigurgeirsdóttir. 2010. "Lessons from Iceland," *New Left Review* v65 : 5–29より引用。<http://newleftreview.org/II/65/robert-wade-silla-sigurgeirsdottir-lessons-from-iceland> 参照。

12 Felixson, *God Bless Iceland*.

13 EuroStat 2012 edition, Brussels, European Commission. "Hundreds in Iceland Protest Foreclosures," *Agence France Presse*, Oct 1, 2010. <http://www.google.com/hostednews/afp/article/ALeqM5ikamLDTVrWkyqkkLOHx8a89nNPQA?docId=CNG.c41a43301a2a0ba462c063759615c08e.ad1&hl=en>

14 "Iceland : Britain's Unlikely New Enemy," BBC News, Oct 15, 2008. <http://news.bbc.co.uk/1/hi/magazine/7667920.stm>. 北欧諸国からは緊急支援が得られた。

15 アイスランドでは2004年から2007年にかけて格差が広がり、上位1パーセントの人々が国民総所得に占める割合がこの期間に約10パーセントポイント増えた。アイスランドの格差拡大については以下を参照。S. Olafsson and A. S. Kristjansson. 2011. "Income Inequality in a Bubble Economy—The Case of Iceland 1992–2008." LIS—Luxembourg Income Study Conference, Inequality and the Status of the Middle Class, Luxembourg June 28–30, 2010. <http://www.lisproject.org/conference/papers/olafsson-kristjansson.pdf> ; "Iceland Faces Immigrant Exodus," BBC, Oct 21, 2008. <http://news.bbc.co.uk/2/hi/europe/7680087.stm> ; L. Veal, "Iceland : Recovering Dubiously from the Crash," *Al Jazeera*, Jan 31 2012. <http://www.aljazeera.com/indepth/features/2012/01/2012131144757624586.html>.

16 T. Gylfason, et al., "From Boom to Bust : The Iceland Story." Ch. 7 in *Nordic Countries in Global Crisis : Vulnerability and Resilience* (2010), p. 157. < http://www.etla.fi/wp-content/uploads/2012/09/B242.pdf>.

17 前掲書。金融危機直前のアイスランドでは所得格差が拡大していただけではなく、債務にも偏りがあり、債務超過額が40万ドルを超えていた世帯はわずか440世帯だった。保有資産も同様で、18万2000世帯のうち8万1000世帯は4万ドル以下で、120万ドルを超えていたのは1400世帯でしかなかった。

18 この判断は、医療支出は経済成長とともに増加する傾向があるという研究に基づくところが大きい。(J. P. Newhouse. 1977. "Medical-care Expenditure : A Cross-National Survey," *Journal of Human Resources*.) 最近の論文にも「これまでの研究では、医療支出の所得弾力性は1を上回るため、医療は贅沢品であると考えられてきた」と書かれている。J. Costa-Font, et al., "Re-visiting the Healthcare Luxury Good Hypothesis : Aggregation, Precision, and Publication Biases?" HEDG Working Paper 09/02,

2009. <http://www.york.ac.uk/media/economics/documents/herc/wp/09_02.pdf> より引用。保健・社会保障大臣はむしろ保健医療制度を強化する必要があると訴えていた。辞任に際しても、アイスセーブの返済交渉を続けようとする政府を批判し、返済のために必要になる大規模な予算削減には反対だと述べた。

19 わたし(デヴィッド)との個人的な会話。

20 ヨーロッパに関しては、防衛支出の乗数効果はむしろマイナスだと考えられる。A. Reeves, S. Basu, M. McKee, C. Meissner, D. Stuckler. "Does Investment in the Health Sector Promote or Inhibit Economic Growth?" *Health Polic*, 2013.

21 前回アイスランドで国民投票が行われたのは1944年で、デンマークからの独立の是非を問うものだった。

22 Iris Erlingsdottir, "Iceland Is Burning," *Huffington Post*, Jan 20, 2009. <http://www.huffingtonpost.com/iris-lee/iceland-is-burning_b_159552.html>.

23 同上。

24 ただし、全有権者が国民投票に参加したわけではないので、国民の93パーセントが「ノー」と言ったわけではない。アイスセーブの返済と緊縮策受け入れについては国民の間でも意見が割れ、国民投票に至るまでにさまざまな議論があった。またその間、IMFのエコノミストたちからも矛盾する意見が出されていた。民間企業の債務を国が引き受けるべきではないという人もいれば、返済と緊縮策を受け入れるべきだとする人もいた。

25 Wade and Sigurgeirsdóttir, "Lessons from Iceland."

26 Sigurgeirsdóttir and Wade, "Iceland's Loud No."

27 D. Stuckler, C. Meissner, L. King. 2008. "Can a Bank Crisis Break Your Heart?" *Globalization & Health* v4(1). < http://www.globalizationandhealth.com/content/4/1/1>を参照。G. R. Gudjonsdottir, et al. 2012. "Immediate Surge in Female Visits to the Cardiac Emergency Department Following the Economic Collapse in Iceland : An Observational Study," *Emerg Med* J v29 : 694–98を参照。

28 S. Sigurkarlsson, et al. 2011. "Prevalence of Respiratory Symptoms and Use of Asthma Drugs Are Increasing Among Young Adult Icelanders," *Laeknabladid* v97(9) : 463–67. H. K. Carlsen, et al. 2012. "A Survey of Early Health Effects of the Eyjafjallajokull 2010 Eruption in Iceland : A Population-based Study," *BMJ Open* v2 : e000343.

29 A. Kleinman, *The Illness Narratives : Suffering, Healing, and the Human Condition* (New York, 1988).

30 C. McClure, et al. 2013. "Increased Stress Among Women Following an Economic Collapse—A Prospective Cohort Study," *American Journal of Epidemiology* Advance

Access, Feb 13, 2013.

31 J. Helliwell, R. Layard, J. Sachs. *World Happiness Report* (New York, 2012). 図2.11のGWP 05–11に基づく「ポジティブな感情」の国別平均を参照。これについては、金融危機をきっかけにアイスランド国内で政治議論が自由に行われるようになったからだという指摘もある。それ以前にはあまり見られなかった議論や討論がバブル崩壊後に活発になり、そのことによって幸福度や生活満足度が上がったという解釈である。

32 T. L. Asgeirsdottir, et al. “Are Recessions Good for Your Health Behaviors? Impacts of the Economic Crisis in Iceland.” Working Paper 18233. National Bureau of Economic Research, Cambridge, MA, 2012.

33 D. Batty, “McDonald's to Quit Iceland as Big Mac Costs Rise,” *The Guardian*, Oct 27 1999. <http://www.guardian.co.uk/world/2009/oct/27/mcdonalds-to-quit-iceland> ; C. Forelle, “Fishing Industry Aids Iceland's Recovery,” *Wall Street Journal*, May 18, 2012. <http://live.wsj.com/video/fishing-industry-aids-iceland-recovery/E1ED2AC5-D98B-4760-844E-67F8BA64A136.html>.

34 2009年前半には独立党の議員からもアルコール専売制廃止案が出された。

35 EuroStat. Statistics（ユーロスタット統計）<http://epp.eurostat.ec.europa.eu/portal/page/portal/statistics/search_database> ; P. Gobry, “No, the United States Will Not Go into a Debt Crisis, Not Now, Not Ever,” *Forbes*, Oct 19, 2012. <http:// www.forbes.com/sites/pascalemmanuelgobry/2012/10/19/no-the-united-states-will-not-go-into-a-debt-crisis-not-now-not-ever/>. アイスランドは景気の自動安定化装置（ビルト・イン・スタビライザー）である社会保護制度を維持したため、社会支出がGDPに占める割合は（GDPの減少分を調整したあとでも）著しく増大した。

36 OECD. Economic Survey of Iceland, 2011. <https://community.oecd.org/docs/DOC-27221/diff?secondVersionNumber=2>.

37 EuroStat. Statistics（ユーロスタット統計）<http://epp.eurostat.ec.europa.eu/portal/page/portal/statistics/search_database> ; “Fighting Recession the Icelandic Way,” Bloomberg.

アイスランドのような救済策がなかったスペインでは、連日のように自殺の報道が新聞の見出しを飾った。以下はその例。M. Bennett-Smith, “4th Eviction-Motivated Suicide Rocks Indebted Spain ; Protesters Shout Eviction Is ‘Murder’,” *Huffington Post*, Feb 15, 2013. <http://www.huffingtonpost.com/2013/02/15/4th-eviction-suicide-spain_n_2697192.html> ; IMF Country Report No. 12/89, April 2012, 2012 Article IV Consultation and First Post-Program Monitoring Discussion. p. 6, Box 1 : Safeguarding Iceland's social welfare system参　照。<http://www.imf.org/external/pubs/ft/scr/2012/cr1289.pdf>. アイスランドの社会民主同盟主導の連立内閣は、社会

的弱者のなかでも最も弱い立場にある年金生活者を守るため、2007-2008年度に最低収入保障を引き上げ、2008-2009年度から実施した。この種の政策は金融危機以前に計画されたものだったが、危機によって棚上げされることはなかった。Welfare Watch, *The Welfare Watch Report to the Althingi*.英訳版. Ministry of Social Affairs and Social Security, Iceland, Jan 2010. <http://eng.velferdarraduneyti.is/media/velferdarvakt09/29042010The-Welfare-Watch_Report-to-the-Althingi.pdf> 参照。

38 アイスランドの社会関係資本が不況への抵抗力を高めた点については次を参照。K. Growiecz, "Social Capital During the Financial Crisis. The Case of Iceland." 2011. <https://renewal.hi.is/wp-content/uploads/2011/05/KatarzynaSocial-Capital-during-Financial-Crisis-Growiec.pdf> ; OECD, Society at a Glance 2011 : OECD Social Indicators. <http://www.oecd-ilibrary.org/sites/soc_glance-2011-en/06/01/index.html?contentType=&itemId=/content/chapter/soc_glance-2011-16-en&containerItemId=/content/serial/19991290&accessItemIds=/content/book/soc_glance-2011-en&mimeType=text/html>.

39 EDA, Oct 12, 2009. Film review. <http://www.economicdisasterarea.com/index.php/features/eda-film-review-god-bless-iceland-not-enough-mustard/>.

40 S. Lyall, "A Bruised Iceland Heals amid Europe's Malaise," *New York Times*, July 8, 2012. <http://www.nytimes.com/2012/07/08/world/europe/icelands-economy-is-mending-amid-europes-malaise.html?pagewanted=all&_r=0> ; "Fighting Recession the Icelandic Way," Bloomberg.　フィッチ・レーティングスはアイスランド国債の格付けをＢＢプラスからＢＢＢマイナスに引き上げた。BBC, "Iceland Debt 'Safe to Invest' After Ratings Upgrade," Feb 2012.　<http://www.bbc.co.uk/news/business-17075011>も参照。

41 IMFはさらにこう書いていた。「アイスランド政府は社会保護制度を維持したまま財政再建を行うことを大前提とした。金融危機によって失業率が上がり、実質賃金が下がり、深刻な影響が出ると早くから予測していて、財政再建計画立案に当たっても社会的弱者を守ることに主眼を置いた。すなわち、累進性の高い所得税を導入し、付加価値税の税率を引き上げ、予算削減は効率化が見込める分野に絞ることによって、福祉予算を維持できるようにしたのである」。IMF, "Iceland : Ex Post Evaluation of Exceptional Access Under the 2008 Stand-By Arrangement," IMF Country Report No 12/91, 2012. <http://www.imf.org/external/pubs/ft/scr/2012/cr1291.pdf> ; さらに、「深刻な危機であっても、社会福祉予算を維持しながら財政再建を図ることによって、社会的影響を抑えることができる」と明記されている。

42 Sigurgeirsdóttir and Wade, "Iceland's Loud No" ; R. Milne and J. Cumbo, "Ex-Iceland Bank Chief Convicted of fraud," *Financial Times*, Dec 30, 2012. <http://www.

ft.com/intl/cms/s/0/76ff5a36-525e-11e2-aff0-00144feab49a.html#axzz2IT1E9eU8>. 金融崩壊の原因を作った関係者（アイスランド人は「ネオ・バイキング」と呼ぶ）のなかには投獄を免れるために行方をくらます者もいたが、するとアイスランド国民は捜査員を雇って探させることまでした。Charlotte Chabas, "Comment l'Islande traque ses 'néo-vikings' de la finance, responsables de la crise," *Le Monde*, July 11, 2012. <http://www.abonnes.lemonde.fr/europe/article/2012/07/11/l-islande-traque-ses-neo-vikings-de-la-finance-responsables-de-la-crise_1728783_3214.html?xtmc=islande&xtcr=2#reactions> 参照。

43 R. Robertsson, "Voters in Iceland Back New Constitution, More Resource Control," Reuters, Oct 21, 2012. <http://www.reuters.com/article/2012/10/21/us-iceland-referendum-idUSBRE89K09C20121021>. 憲法草案作成のためのクラウドソーシングの詳細についてはPhilippa Warr, "Iceland Vites for Crowdsourced Constitution," *Wired*, Oct 23, 2012 を参照。<http://www.wired.co.uk/news/archive/2012-10/23/iceland-crowdsourced-constitution>

44 図4-1情報源: EuroStat 2013 Statistics(ユーロスタット2013)。GDPは季節調整済み、労働日数調整済み。成長率は前年度比較。ギリシャのデータは本書執筆時点で利用可能な最新データ。

45 Felixson, *God Bless Iceland*.

第5章

1 ギリシャでは、2012年4月の移民法改正（4075/11.04.2012法）で、「難民の地位の付与および撤回の手続きの加盟国における最低基準に関する理事会指令2005/85/ECに準拠し、外国人または無国籍者を難民あるいは副次的保護の受益者と認定する単一手続きの制定」（326/13.12.2005法）に関する大統領指令114/2010第13条が修正された。Human Rights Watch, Joint letter to UN Special Rapporteur on Health, May 2012より。 <http://www.hrw.org/news/2012/05/09/joint-letter-un-special-rapporteur-health>.

A. Kentikelenis, M. Karanikolos, I. Papanicolas, S. Basu, M. McKee, D. Stuckler. 2011. "Health Effects of financial Crisis : Omens of a Greek Tragedy," *The Lancet* v378(9801) : 1457–58 ; D. Paraskevis and A. Hatzakis, "An Ongoing HIV Outbreak Among Intravenous Drug Users in Greece : Preliminary Summary of Surveillance and Molecular Epidemiology Data," EMCDDA Early Warning System, 2011.

"Shocking Rise in HIV Infections, Health Ministry Reports," Athens News, Nov

21, 2011. < http://www.athensnews.gr/portal/9/50680> も参照。

2　2008年の暴動のときから、ギリシャは「ヨーロッパの病人」と呼ばれるようになった。EurActive, 2008. <http://www.euractiv.com/socialeurope/greece-appear-sick-man-eu-summit-news-220919> 参照。 A. Carassava, "Euro Crisis : Why Greece Is the Sick Man of Europe," *BBC News Europe*, 2011. <http://www.bbc.co.uk/news/world-europe-16256235>.

3　5月1日の朝、ロベルドス保健・社会福祉相は一隊を従えて売春宿を回り、315の売春宿から275人の売春婦（および数人の住所不定の移民）を拘束し、血液を採取した。そのうち29人の女性がHIV陽性と判明すると、国民に対する〝故意の傷害〟で告訴し、氏名と写真を公開した。Charlotte McDonald-Gibson, "The Women Greece Blames for Its HIV Crisis," *The Independent*, July 25, 2012. <http://www.independent.co.uk/news/world/europe/the-women-greece-blames-for-its-hiv-crisis-7973313.html> ; Rights Equality & Diversity European Network, 2012. ロベルドスは、アテネ中心部には外国人売春婦という「不衛生な爆弾」が仕掛けられているようなものだと発言。女性たちの写真は2012年5月4日にフィレレフテロス警察が公開した。<http://www.philenews.com/el-gr/Eidiseis-Ellada/23/103185/sti-dimosiotita-ta-stoicheia-allon-pente-ierodoulon-antidraseis-gia-to-metro>.で参照可能 ; D. Gatopoulos, "Greece Arrests 17 HIV-Positive Women in Brothels," *The Guardian*, May 2, 2012. <http://www.guardian.co.uk/world/feedarticle/10224544>. ; "Five of first 100 Men Checked After Unprotected Sex with HIV+ Prostitutes Test Positive," Athens New Agency, May 9, 2012. <http://www.accessmylibrary.com/article-1G1-289305377/five-first-100-men.html> ; McDonald-Gibson, "The Women Greece Blames for Its HIV Crisis."

4　Embassy Athens, 2006. "2006 Investment Climate Statement Greece." <http://www.cablegatesearch.net/cable.php?id=06ATHENS131>. A. Carassava, "In Athens, Museum Is an Olympian Feat," *New York Times*, June 20, 2009. <http://www.nytimes.com/2009/06/20/arts/design/20acropolis.html?_r=0>. エルギン・マーブルは19世紀初頭にエルギン卿によってアテネのアクロポリスから持ち去られ、現在はロンドンの大英博物館に展示されている。ギリシアや歴史学者たちは返還を求めている。

5　D. Decloet, "As Greece Has Found, Foreign Investors Are No Cure," *Global and Mail*, Sept 6, 2012. <http://m.theglobeandmail.com/report-on-business/rob-commentary/as-greece-has-found-foreign-investors-are-no-cure/article4318255/?service=mobile>.

6　アテネ証券取引所の「アテネ総合指数」は、2008年5月2日には4214だったが、2009年3月3日に1507まで下落した。Bloomberg. Athens Stock Exchange General Index. <http://www.bloomberg.com/quote/ASE:IND/chart/>.

7 B. Rauch, et al. 2011. "Fact and Fiction in EU-Governmental Economic Data," *German Economic Review* v12(3) : 243–55 参照。

8 だがこれに対し、今度は逆にギリシャ検察庁が「緊縮政策導入によって得をする人々の手で、政府債務の数字が故意に水増しされた疑いがある」として2013年1月に捜査を開始している。N. Kitsantonis, "Prosecutors Call for Investigation on Greek Deficit," *New York Times*, Jan 22, 2013. <http://www.nytimes.com/2013/01/23/world/europe/greek-prosecutors-seek-inquiry-over-deficit-claims.html>.

9 "Greek Bonds Rated 'Junk' by Standard & Poor's," BBC, April 27, 2010. <http://news.bbc.co.uk/1/hi/business/8647441.stm>.

10 M. Boesler, "The Controversial 'Lagarde List' Has Leaked, and It's Bad News for the Greek Prime Minister," *Business Insider*, Oct 27, 2012. <http://www.businessinsider.com/lagarde-list-of-swiss-bank-accounts-leaked-2012-10>.

11 ギリシャの債務はヨーロッパ全体の4パーセントにすぎないのだから免除したらどうかという声や、ユーロ圏共同債（ユーロボンド）を発行して債務危機解決を図ってはどうかといった寛大な声も出ていたが、結局そうした案は採用されなかった。ギリシャの運命を握っていたのは一部のヨーロッパ諸国と国際金融業界で、いずれもギリシャに同情的ではなかった。

12 H. Smith, "Greece's George Papandreou Announced €140bn Bailout Deal," *The Guardian*, May 2, 2010. <http://www.guardian.co.uk/world/2010/may/02/greece-economy-bailout-euro-eu-imf> 参照。

13 G. Thesing and F. Krause-Jackson, "Greece Gets $146 Billion Rescue in EU, IMF Package," Bloomberg, 2010. <http://www.bloomberg.com/apps/news?pid=2065100&sid=aqUKEXajkSzk>. アムネスティ・インターナショナルは、警察が発癌性のある化学物質や必要以上に大量の催涙ガスを使用した疑いもあるとしている。 N. Kosmatopoulos, "Europe's Last Sick Man. Greek Austerity Measures Result in Cuts of Public Sectors Services with One Exception—The Police Force," Al Jazeera, 2011. <http://www.aljazeera.com/indepth/opinion/2011/09/20119269954438617.html> を参照。
ギリシャ在住のアメリカの詩人アリシア・スターリングスは、2012年12月にPBSニュースアワーのインタビューを受けた際、自作の一節を披露した。「ペリクレスよ泣きたまえ。さもなくば酔うがいい／われらはパンを手にするために、パルテノンさえ売らねばならぬ／ニュースが報じるとおりなら、もはやわれらに希望はない／誇り高きこの国は、今や〝ジャンク〟となりはてた」

2011年のヴェネチア・ビエンナーレ国際美術展では、ギリシャ人アーティストのディオハンディが『はかなきものは永遠なり：改革を乗り越えて（The Ephemeral Is Eternal : Beyond Reform)』というタイトルの作品を展示した。これは部屋に水が張られ、その

上に通路が渡されていて、出入り口以外には壁に一筋の光の取り入れ口があるだけというインスタレーションで、多くの鑑賞者は「これは何だろう？」という顔でこの部屋から出てきた。キュレーターを務めた美術評論家のマリア・マラングーは、ギリシャの観光文化省を代表してこの作品を次のように解説した。「このインスタレーションは、ある意味では現在のヨーロッパあるいは世界の政治状況を映したものです。そしてもちろん、ギリシャが今置かれている状況とIMFの管理に対する一つの答えでもあります。闇と衰退のなかに光が見え、それが精神的かつ社会政治的な再興への希望をかろうじてつなぎとめようとしている。つまり、究極のカタルシスのように、明晰な精神をもたらすに違いない光のビジョンをつなぎとめようとしているのです」"Greek Pavilion at the Venice Biennale," Greek Ministry of Tourism and Culture, June 2, 2011. <http://www.e-flux.com/announcements/greek-pavilion-at-the-54th-venice-biennale/>

14 L. Alderman, "Greek Unemployed Cut Off from Medical Treatment," *New York Times*, Oct 24, 2012. <http://www.nytimes.com/2012/10/25/world/europe/greek-unemployed-cut-off-from-medical-treatment.html?pagewanted=all&_r=0>.

15 E. Mossialos. 1997. "Citizens' Views on Health Care Systems in the 15 Member States of the European Union," *Health Econ* v6 :109–16.

16 C. Boyle, "What's the Solution to Chronic Greek Corruption?" CNBC, June 16, 2012. <http://www.cnbc.com/id/47830137/Whatrsquos_the_Solution_to_Chronic_Greek_Corruption>.

17 "Insulin Giant Pulls Medicine from Greece Over Price Cut," BBC, May 29, 2010. <http://www.bbc.co.uk/news/10189367>. こうした事態に驚き、わたしたちはギリシャの国立公衆衛生学校に対し、急いで現状を調査し、被害拡大を食い止める策を練るべきだと訴えた。影響を受けそうな社会的弱者を明確にして、予算が直接その人々に向けられるようにするべきだと考えたからである。学校側も最初は関心を示し、一緒に分析すべきデータをリストアップするところまでいったのだが、英ランセット誌上でわたしたちとギリシャ当局側の専門家との対立が明らかになると、急に身を引いてしまった。電子メールにも返事が来なくなり、もはや協力を得られないことは明らかだったので、わたしたちは代わりに「国境なき医師団」に調査を依頼した。調査結果は2012年にまとめられ、ギリシャにはこうした問題に取り組む能力があったにもかかわらず、〝意思〟がなかったことが明らかにされた。医薬品に関しては、その後もギリシャ政府の製薬会社への支払が滞ったため、200種類以上の医薬品がギリシャ市場から引き揚げられた。"Over 200 Medicines Taken Off Greek Market Because of Low Price," *Ekathimerini*, March 8, 2013. <http://ekathimerini.com/4dcgi/_w_articles_wsite1_1_07/03/2013_486155>.

18 2007年、2009年ともに1万人以上のギリシャ人を対象に調査が行われた。EU Statis-

tics on Income and Living Conditions.

19 2010年には、ギリシャは医療費の自己負担率が最も高い国の一つになっていた(38パーセント): OECD Health at a Glance in Europe 2012, OECD. <http://ec.europa.eu/health/reports/docs/health_glance_2012_en.pdf>. 医師が患者から賄賂をとる例はロシアでも見られた。「腹を空かせた医師には診てもらわないほうがいい」といったところだろうか。

20 WHO, European Health for All Database, Copenhagen, Denmark, 2012.

21 S. Bonovas and G. Nikolopoulos. 2012. "High-Burden Epidemics in Greece in the Era of Economic Crisis. Early Signs of a Public Health Tragedy," *J Prev Med Hyg* v53 : 169–71.

P. Andriopoulos, A. Economopoulou, G. Spanakos, G. Assimakopoulos. 2012. "A Local Outbreak of Autochthonous Plasmodium Vivax Malaria in Laconia, Greece—A Re-Emerging Infection in the Southern Borders of Europe?" *Int J Infect Dis* v17(2) : e125–28.

22 欧州内でギリシャ以外にエイズ感染率が上がったのはルーマニアである。原因はやはり麻薬用注射針の使いまわしと、感染予防活動の打ち切りだった。

23 2人の疫学者が「公衆衛生への緊急対応」の必要性を訴えた。D. Paraskevis and A. Hatzakis, "An Ongoing HIV Outbreak Among Intravenous Drug Users in Greece : Preliminary Summary of Surveillance and Molecular Epidemiology Data." EMCDDA Early Warning System, 2011. D. Paraskevis, G. Nikolopoulos, C. Tsiara, et al. 2011. "HIV-1 Outbreak Among Injecting Drug Users in Greece, 2011 : A Preliminary Report," *EuroSurveillance* 16 :19962も参照。; A. Fotiou, et al., *HIV Outbreak Among Injecting Drug Users in Greece : An Updated Report for the EMCDDA on the Recent Outbreak of HIV Infections Among Drug Injectors in Greece* (Athens : European Monitoring Centre for Drugs and Drug Addiction, 2012).

24 CDC Fact Sheets. 2005. *Syringe Exchange Programs.* <http://www.cdc.gov/idu/facts/aed_idu_syr.pdf> ; UCSF Fact Sheet. 1998. "Does HIV Needle Exchange Work?" <http://caps.ucsf.edu/factsheets/needle-exchange-programs-nep/ EKTEPN>. Annual Report on the State of the Drugs and Alcohol Problem. Athens: Greek Documentation and Monitoring Centre for Drugs, 2010.

25 Kentikelenis, et al., "Health Effects of Financial Crisis : Omens of a Greek Tragedy."

26 国民が苦境にあえぐなか、ギリシャ経済も悪化の一途をたどった。GDPは2011年にさらに6.9パーセント落ち込み、2012年には若年層失業率が50パーセントを超えた。パパンドレウ首相については、すでに支持率が落ちていたので、国民投票の件がなくても早晩辞任に追い込まれていただろうとする見方もある。

27 N. Polyzos. 2012. "Health and the Financial Crisis in Greece," *The Lancet* v379(9820) : 1000を参照。アテネ大学の精神科医と社会科学者からなるチームが、第三者的な立場で精神疾患に関する全国規模の調査とスクリーニング検査を行った。このチームは2820人のギリシャ人を対象に継続的調査を続けていて、大不況以前にも同じ調査と検査を行っていたので、前後比較が可能になった。すると、大不況前には3パーセントだった大うつ病性障害の患者が、2011年には8パーセントまで上がっていたことがわかった。そしてその8パーセントは、やはり経済的苦境に陥りながら社会的支援を受けられずにいる人々だった。

28 L. Liaropoulos. 2012. "Greek Economic Crisis : Not a Tragedy for Health," *British Medical Journal* v345 : e7988.

29 K. Kelland, "Basic Hygiene at Risk in Debt-Stricken Greek Hospitals," Reuters, Dec 4, 2012. <http://newsle.com/article/0/48972507/> ; K. Kelland, "Health Officials Tell Greece to Act Fast to Control HIV," Reuters, Nov 29, 2012. <http://www.reuters.com/article/2012/11/29/greece -health-hiv-idUSL5E8MT71H20121129>.

30 Polyzos, "Health and the Financial Crisis in Greece."

31 "Health Scourge Hits Greece : Malaria, Once Mostly Eradicated, Returns as Crisis Erodes Government Safety Net," *Wall Street Journal*, Nov 14, 2012. <http://online.wsj.com/article/SB10001424052970204789304578089463387817162.html>.

32 2012年1月にBBCワールドサービスはこう報じた。「クリスマスの数週間前のこと、アテネのある幼稚園の教員が1枚のメモを見つけました。それは4歳の園児の母親からのものでした。『もうアンナを迎えに行かれません。経済的な余裕がなく、育てることができません。どうか娘の面倒をみてやってください。申し訳ありません』」C. Hadjimatheou, "The Greek Parents Too Poor to Care for Their Children," BBC, Jan 10, 2012.

"Shocking Rise in HIV Infections, Health Ministry Reports," Athens News, Nov 21, 2011. <http://www.athensnews.gr/portal/9/50680>.

33 "Shocking Rise in HIV Infections."

IMF, *IMF Staff Country Report. Greece : Fourth Review Under the Stand-by Arrangement and Request for Modification and Waiver of Applicability of Performance Criteria* (Washington, DC, July 2011). <http://www.imf.org/external/pubs/ft/scr/2011/cr11175.pdf> ; Andrew Jack and Kerin Hope, "Greek Crisis Gets Under Skin of Vulnerable," *Financial Times*, May 12, 2012. <http://www.ft.com/intl/cms/s/0/d1cc3256-78c3-11e1-9f49-00144feab49a.html#axzz2KBJ3FFxp>.

34 H. Smith, "IMF Official Admits Austerity Is Harming Greece," *The Guardian*, Feb 1, 2012. <http://www.guardian.co.uk/business/2012/feb/01/imf-austerity-harming-

greeve>.

O. Blanchard, and D. Leigh, "Growth Forecast Errors and Fiscal Multipliers." <http://www.imf.org/external/pubs/cat/longres.aspx?sk=40200.0>. B. Scoble, "The IMF Admits That Austerity Was a Miscalculation," *L'Humanité*, Jan 11, 2013. <http://www.humaniteinenglish.com/spip.php?article2212>も参照。

35 これは筋の通らない話である。アイスランド国民は「破綻するにまかせる」という選択をしたが、その破綻とは銀行のことであって、国民ではなかった。BBC. "Eurozone Approves Massive Greece Bail-out," 2010. <http://news.bbc.co.uk/2/hi/europe/8656649.stm>.

36 "Iceland : Cracks in the Crust," *The Economist*, Dec 11, 2008.

K. Connolly, "Germany Approves 50 Billion Euro Stimulus Package," *The Guardian*, Jan 27, 2009. <http://www.guardian.co.uk/world/2009/jan/27/germany-europe >.

2012年の世界保健サミットで、ダニエル・バールは「社会保護制度がなければ、ドイツは経済成長を遂げることなどできませんでした」と述べた。UHC Forward. Nov 11, 2012. <http://uhcforward.org/headline/german-federal-minister-health-daniel-bahrs-opening-remarks-world-health-summit-focus-stron>.

37 D. Stuckler and M. McKee, "There Is an Alternative : Public Health Professionals Must Not Remain Silent at a Time of financial Crisis," *European Journal of Public Health* v22(1) : 2–3より引用。 クルーグマンもこの緊縮政策を〝集団処罰〟だと言っている。 D. Aitkenhead and Paul Krugman, "I'm Sick of Being Cassandra. I'd Like to Win for Once," *The Guardian*, June 3, 2012. <http://www.guardian.co.uk/business/2012/jun/03/paul-krugman-cassandra-economist-crisis>.

38 イギリスの元労働党下院議員の一人は、「ドイツは第二次世界大戦でヨーロッパを破壊したが、現在も同じようなことをしている」とまで言った。"Athens Police Fire Tear Gas in Crackdown Clashes at Anti-Merkel Protest," RT, Oct 8, 2012. <http://rt.com/news/greece-protests-germany-merkel-946/>.

第3部

第6章

1 個人情報保護のため氏名を変更している。

2 J. Steinhauer, "California Budget Deal Closes $26 Billion Gap," *New York Times*, July 25, 2009. <http://www.nytimes.com/2009/07/25/us/25calif.html?hp> ; IRS, Administrative, Procedural and Miscellaneous. <http://www.irs.gov/pub/irs-drop/rp-

09–29.pdf>.
多くの保険は日常的な診療をカバーしていたが、どこまでカバーされるかを理解している人は少なかった。C. Fleming. “New Health Affairs: High-Deductible Health Plan Enrollees Avoid Preventive Care Unnecessarily.” Health Affairs Blog, Dec 3, 2012. 参　照。<http://healthaffairs.org/blog/2012/12/03/new-health-affairs-high-deductible-health-plan-enrollees-avoid-preventive-care-unnecessarily/>.

3　A. Wilper, et al. 2009. “Health Insurance and Mortality in US Adults,” *American Journal of Public Health* v99(12): 2289–95.

4　同上。無保険者は一度でも緊急治療室に運ばれたら、それだけで破産である。今回の大不況の間に無保険者のおよそ4人に1人が医療費のために貯金を使いはたした。また現在、アメリカ人のおよそ4人に1人は医療費のために、あるいは医療のために背負った借金のために苦労しているが、これは住宅ローンに苦しむ人より多い。New Hampshire Medicaid Enrollment Forecast, SFY 2011–2013 Update. <http://www.dhhs.nh.gov/ombp/documents/forecast.pdf>. K. Carollo, 2010. American Medical Association condemns insurance “purging.” <http://abcnews.go.com/Health/HealthCare/american-medical-association-condemns-insurance-purging/story?id=10920504>.

5　PPACA成立以前、メディケイドの受給資格を得るには所得条件以外に以下のいずれかの条件を満たす必要があった。a) 特定の条件（障害があるなど）に該当する児童を養育している家庭、b) 高齢者、障害者または視覚障害者、c) 妊婦あるいは1歳未満の乳児の母親、d)19歳未満の児童がいる家庭。

6　Kaiser Commission of Medicaid and the Uninsured, State Fiscal Conditions and Medicaid Program Changes, FY 2012–2013, Nov 28, 2012. <http://www.kff.org/medicaid/7580.cfm> ; Erica Williams, Michael Leachman, and Nicholas Johnson, “State Budget Cuts in the New Fiscal Year Are Unnecessarily Harmful—Cuts Are Hitting Hard at Education, Health Care, and State Economies,” Center for Budget and Policy Priorities, updated July 28, 2011. <http://www.cbpp.org/cms/index.cfm?fa=view&id=3550>.

7　A. Haviland, et al. “High-Deductible Health Plans Cut Spending but Also Reduce Preventive Care.” RAND Health Fact Sheet, 2011. <http://www.rand.org/pubs/research_briefs/RB9588.html> ; M. Buntin, et al. 2011. “Healthcare Spending and Preventive Care in High-Deductible and Consumer-Directed Health Plans,” *The American Journal of Managed Care* v17(3): 222–30.

8　The Commonwealth Fund, “Help on the Horizon,” March 2011. <http://www.commonwealthfund.org/~/media/Files/Publications/Fund%20Report/2011/Mar/1486_

Collins_help_on_the_horizon_2010_biennial_survey_report_FINAL_v2.pdf> ; S. Dorn, et al. 2012. "Impact of the 2008–2009 Economic Recession on Screening Colonoscopy Utilization Among the Insured," Clinical Gastroenterology and Hepatology v10(3): 278–84. <http://www.sciencedirect.com/science/article/pii/S154235651101278X> ; J. D. Piette, et al. 2011. "Medication Cost Problems Among Chronically Ill Adults in the US : Did the Financial Crisis Make a Bad Situation Even Worse?" *Patient Preference and Adherence* v5 : 187.

9 2008年以降に、国や州の公共医療機関の人員が4万9000人以上も削減された。"Kaiser Commission on Medicaid and the Uninsured. Emergency Departments Under Growing Pressures," 2009. < http://www.kff.org/uninsured/ upload/7960.pdf>.

10 Emily Walker, "Health Insurers Post Record Profits," ABC News, Feb 12, 2010. <http://abcnews.go.com/Health/HealthCare/health-insurers-post-record-profits/story?id=9818699>.例として以下を参照。Emily Berry, "Health Plans Say They'll Risk Losing Members to Protect Profit Margins," *American Medical News*, May 19, 2008. <http://www.ama-assn.org/amednews/2008/05/19/bil10519.htm>.

表6-1 営利保険会社の2010年第3四半期決算利益

会社名	収益 (2010年度 第3四半期決算)	収益 (2009年度 第3四半期決算)	収益比較 (第3四半期決算)	収益増加率
ユナイテッド・ヘルスケア	35億9000万ドル	28億8000万ドル	+7億1300万ドル	+24.8%
ウェルポイント	23億4000万ドル	20億ドル	+3億3400億ドル	+16.7%
エトナ	15億5000万ドル	11億1000万ドル	+4億4100万ドル	+39.7%
ヒューマナ	9億9200万ドル	7億8900万ドル	+2億300万ドル	+25.7%
コヴェントリー	2億8800万ドル	1億3300万ドル	+1億5500万ドル	+116.4%
アメリグループ	1億9400万ドル	1億900万ドル	+8460万ドル	+77.5%
ヘルススプリング	1億4300万ドル	9480万ドル	+4860万ドル	+51.3%
ヘルスネット	1億2400万ドル	-3800万ドル	+1億2760万ドル	-
センテネ	6940万ドル	6000万ドル	+940万ドル	+15.7%
モリーナ	3730万ドル	3530万ドル	+20万ドル	+5.7%

情報源：ピート・スターク下院議員事務所作成　第3四半期決算収益レポート

11 Kenneth J. Arrow, "Uncertainty and the Welfare Economics of Medical Care," The *American Economic Review*, Dec 1963 ; P. Krugman, "Why Markets Can't Cure Healthcare," *New York Times*, 2009. <http://krugman.blogs.nytimes.

com/2009/07/25/why-markets-cant-cure-healthcare/>.

12 J. Hart. 1971. “The Inverse Care Law,” *The Lancet* v297(7696): 405–12. この論文にあるように、「さかさま医療ケアの法則は、医療ケアが市場原理にさらされる度合いが高いほど強く作用し、度合いが低ければ作用も弱まる」。

13 一般的なイメージに反して、アメリカ人は実はそれほど医者にかからないし、先進・高度医療の利用率も高くない。MRIを受ける率は日本より低く、股関節手術（高額）を受ける率もヨーロッパより少ない。ところが、同じMRIの費用がアメリカでは高くなる。ちなみに、介護施設の利用者も他の国々に比べると少ない。 Institute of Medicine. “U.S. Health in International Perspective: Shorter Lives, Poorer Health,” 2013. <http://www.iom.edu/Reports/2013/US-Health-in-International-Perspective-Shorter-Lives-Poorer-Health.aspx>. アメリカの医療支出が膨らむ理由はコモンウェルス基金のレポートにまとめられている。<http://www.commonwealthfund.org/Publications/Issue-Briefs/2012/May/High-Health-Care-Spending.aspx>. 医薬品の研究開発支出のデータについては次を参照。 Families USA. “Profiting from Pain: Where Prescription Drug Dollars Go,” 2009. <http://www.policyarchive.org/handle/10207/6305>.

14 Institute of Medicine, “U.S. Health In International Perspective : Shorter Lives, Poorer Health,” 2013. <http://www.iom.edu/Reports/2013/US-Health-in-International-Perspective-Shorter-Lives-Poorer-Health.aspx>. 現在、アメリカ合衆国の男性の平均寿命は先進国のなかで最も短い（アメリカは銃による死亡率が飛び抜けて高いが、その分を差し引いても平均寿命の順位は変わらない）。

15 A. Lusardi, D. Schneider, P. Tufano, “The Economic Crisis and Medical Care Usage,” Dartmouth College. <http://www.dartmouth.edu/~alusardi/Papers/healthcare_031610.pdf>.

16 NHS設立にはほかにも多くの要因があったが、基本的には戦後の福祉国家政策の下で行われた諸改革の一つである。D. Stuckler, A. Feigl, S. Basu, M. McKee, “The Political Economy of Universal Health Coverage. First Global Symposium on Health Systems Research,” Nov 2009 参照。 <http://www.pacifichealthsummit.org/downloads/UHC/the%20political%20economy%20of%20uhc.PDF>.

17 Jeremy Laurance, “NHS Watchdog Is Winning the Price War with Drug Companies,” *The Independent*, Dec 21, 2009. <http://www.independent.co.uk/life-style/health-and-families/health-news/nhs-watchdog-is-winning-the-price-war-with-drug-companies-1846352.html>. NHS core principles, 2013 参照。<http:// www.nhs.uk/NHSEngland/thenhs/about/Pages/nhscoreprinciples.aspx>.

18 コモンウェルス基金とOECDは、NHSを世界で最も効率的かつ効果的で、ニーズにす

ばやく対応できるシステムだと評価してきた。しかし現在、イギリスの保守政権はこれを反応が遅く、市場本位の、アメリカの医療制度のようなものに変えようとしている。

19 Sunny Hundal, "Revealed : The Pamphlet Underpinning Tory Plans to Privatise the NHS," *Liberal Conspiracy*, June 3, 2011. <http://liberalconspiracy.org/2011/06/03/revealed-the-pamphlet-underpinning-tory-plans-to-privatise-the-nhs/>.
Andy McSmith, "Letwin : 'NHS Will Not Exist Under Tories'," *The Independent*, June 6, 2004. <http://www.independent.co.uk/life-style/health-and-families/health-news/letwin-nhs-will-not-exist-under-tories-6168295.html>. 緊縮策はさらに推し進められた。「だれでも持っている人は更に与えられて豊かになるが、持っていない人は持っているものまでも取り上げられる」〔マタイによる福音書25章29節、新共同訳〕

20 この4カ国の間に、特にアメリカとの間に大きな開きがあるのは、主として民間の差による。これらの数字のうちの民間の保険医療支出分は、イギリス1.6パーセント、フランス2.6パーセント、ドイツ2.7パーセント、そしてアメリカ9.1パーセントである。The Commonwealth Fund 2010 International Health Policy Survey. 以下も参照。Rita O' Brien, "Kent, Keep Our NHS Public." <http://www.keepournhspublic.com/pdf/howdoestheNHScompare.pdf>.

21 英国医師会は20年ぶりに緊急会議を開き、法案の撤回を求めた。
Helen Duffett, "Nick Clegg's Speech on NHS Reform," *Liberal Democratic Voice*, May 26, 2011. <http://www.libdemvoice.org/nick-cleggs-speech-on-nhs-reform-24260.html>.

22 Tom Jennings, "Action to Turn Round Health Centre Wins Praise," *Oxford Times*, Jan 16, 2013. <http://www.oxfordtimes.co.uk/news/yourtown/witney/10162757.print/>.

23 "Further Privatisation Is Inevitable Under the Proposed NHS Reforms," *British Medical Journal*, May 17, 12012. <http://www.bmj.com/content/342/bmj.d2996>.

24 Randeep Ramsh, "Public Satisfaction with NHS Slumped During Reforms Debate, Thinktank Finds," *The Guardian*, June 11, 2012. <http://www.guardian.co.uk/society/2012/jun/12/public-satisfaction-nhs-thinktank>. イタリアの自然実験でも同じような結果が見られ、医療の民営化を積極的に進めた地域ほど効率や質が下がっていた。
C. Quercioli, G. Messina, S. Basu, M. McKee, N. Nante, D. Stuckler. 2013. "The Effect of Health Care Delivery Privatization on Avoidable Mortality: Longitudinal Cross-Regional Results from Italy, 1993–2003," *Journal of Epidemiology & Community Health* v67(2) : 132–38.

25 "A&E Waits Highest for a Decade," BBC News, Feb 13, 2012. <http://www.bbc.

co.uk/news/health-21444444>.

26 "NHS Shakeup Spells 'Unprecedented Chaos,' Warns Lancet Editor," *The Guardian*, March 24, 2012. <http://www.guardian.co.uk/society/2012/mar/24/nhs-shakeup-chaos-lancet>.

27 現行のEU競争法の下では、NHSは完全競争市場のなかに置かれることになり、逆に民間企業にも政府の補助金の受給資格が与えられることになる。

28 F. Ponsar, K.Tayler-Smith, M. Philips, S. Gerard, M. Van Herp, T. Reid, R. Zachariah, "No Cash, No Care : How User Fees Endanger Health—Lessons Learnt Regarding Financial Barriers to Healthcare Services in Burundi, Sierra Leone, Democratic Republic of Congo, Chad, Haiti and Mali," *International Health*, 2011. <http://fieldresearch.msf.org/msf/bitstream/10144/203642/1/Ponsar%20No%20cash,%20No%20care.pdf>.

29 D. Stuckler, A. Feigl, S. Basu, M. McKee. "The Political Economy of Universal Health Coverage." First Global Symposium on Heath Systems Research, 2009. <http://www.pacifichealthsummit.org/downloads/UHC/the%20political%20economy%20of%20uhc.PDF>.

第7章

1 B. Wedeman, "Death and Taxes in Italy," CNN, Sept 9, 2010. <http://edition.cnn.com/2012/09/10/business/italy-economy-suicide/index.html> ; A. Vogt, "Widows of Italian Suicide Victims Make Protest March Against Economic Strife." *The Guardian*, 2012. <http://www.guardian.co.uk/world/2012/may/04/widows-italian-businessmen-march>.

2 "May Day: Italy's 'White Widows' Give Private Pain a Public Face." <http://thefreelancedesk.com/?p=543> ; A. Vogt, "Italian Women Whose Husbands Killed Themselves in Recession Stage March," *The Guardian*, April 30, 2012. <http://www.guardian.co.uk/world/2012/apr/30/italian-women-husbands-recession-march>.

3 K. N. Fountoulakis, et al., "Economic Crisis-Related Increased Suicidality in Greece and Italy : A Premature Overinterpretation,"*Journal of Epidemiology and Community Health*, March 12, 2012. <http://jech.bmj.com/content/early/2012/12/03/jech-2012-201902.full.pdf+html> ;これに対しわたしたちは以下の論文で反論した。R. De Vogli, M. Marmot, D. Stuckler. 2013. "Strong Evidence That the Economic Crisis Caused a Rise in Suicides in Europe : The Need for Social Protection." *Journal of Epidemiology*

and Community Health. <http://jech.bmj.com/content/early/2013/01/14/jech-2012-202112>.

4 "In Debt or Jobless, Many Italians Choose Suicide," NBC News, May 9, 2012. <http://worldblog.nbcnews.com/_news/2012/05/09/11621840-in-debt-or-jobless-many-italians-choose-suicide?lite>.

5 CDCの州別内訳を見ると、各州の自殺率の上昇は時期も上昇幅も各州の失業率の上昇と重なっている。

6 図7-1情報源：著者。R. De Vogli, M. Marmot, D. Stuckler. 2012. "Excess Suicides and Attempted Suicides in Italy Attributable to the Great Recession," *Journal of Epidemiology & Community Health*. doi : 10.1136/jech-2012-201607.

7 G. Lewis and A. Sloggett. 1998. "Suicide, Deprivation, and Unemployment; Record Linkage Study," *British Medical Journal* v317:1283. <http://www.bmj.com/content/317/7168/1283>.

8 図7-2情報源：A. Reeves, D. Stuckler, M. McKee, D. Gunnell, S. Chang, S. Basu. November 2012. "Increase in State Suicide Rates in the USA During Economic Recession," *The Lancet* v380(9856) : 1813–14.を基に著者が作成。

9 この問題を提起した一人であるヒュー・グラヴェルは、失業したから病気になるのではなく、病気のせいで失業するのだと主張した。これに対して社会疫学者のメル・バートリーは、英ブリティッシュ・メディカル・ジャーナル誌で、300万人もの失業者を出すような伝染病でも発生したと言うのかと反論し、「精神疾患やアルコール依存症の増加によって全国レベルで失業が増加したなどと、もっともらしく主張することはできない」とした。

K. Moser, P. Goldblatt, A. Fox, et al. 1987. "Unemployment and Mortality : Comparison of the 1971 and 1981 Longitudinal Study Census Samples," *British Medical Journal* v294 : 86–90.

自殺リスクについては次を参照。Lewis and Sloggett, "Suicide, Deprivation, and Unemployment ; Record Linkage Study"; T. Blakely, S. C. D. Collings, J. Atkinson, "Unemployment and Suicide : Evidence for a Causal Association?" *Journal of Epidemiology & Community Health* v57(8) : 594–600.

モンゴメリーらの研究によると、うつ病や不安症の患者は発症前に失業していた。S. Montgomery, D. Cook, M. Bartley, et al. 1999. "Unemployment Predates Symptoms of Depression and Anxiety Resulting in Medical Consultation in Young Men," *Int J Epidemiol* v28 : 95–100参照。

10 メル・バートリーは1994年に*the Journal of Epidemiology and Community Health*でこう説明している。「今日では、(失業と疾病が) 無関係だなどという主張がまかり通ることは

ない。年齢、性別を問わず、失業すると精神的充足度が下がることはすでに多くの研究によって明らかにされている。そもそも充足度に大きな差が出てくるのは人々が労働市場に入ってからのことで、就学中の若者には見られない」。<http://jech.bmj.com/content/48/4/333.full.pdf>. うつ病の発症率は女性のほうが高いが、自殺率は男性のほうが高く、女性の3倍にもなる。理由は多々あるが、女性のほうが助けを求めやすいというのもその一つである。

R. Davis, "Antidepressant Use Rises as Recession Feeds Wave of Worry," *The Guardian*, June 11, 2010. <http://www.guardian.co.uk/society/2010/jun/11/antidepressant-prescriptions-rise-nhs-recession>.

11 "Workers Turn to Antidepressants as Recession Takes Its Toll," *Mind*, May 17, 2010. <http://www.mind.org.uk/news/3372_workers_turn_to_antidepressants_as_recession_takes_its_toll>.

デイリー・テレグラフ紙は大不況の間に抗うつ薬の処方数が700万増加したと伝えている。Martin Evans, "Recession Linked to Huge Rise in Use of Antidepressants," *Telegraph*, April 7, 2011. <http://www.telegraph.co.uk/health/8434106/Recession-linked-to-huge-rise-in-use-of-antidepressants.html>.

12 鎮痛剤や胃潰瘍薬の処方率にも失業率との相関が見られた。F. Jespersen and M. Tirrell, "Stress-Medication Sales Hold Up as Economy Gives Heartburn to U.S. Jobless," *Bloomberg*, Dec 27, 2011. <http://www.bloomberg.com/news/2011-12-27/stress-medications-holding-up-through-economic-doldrums-study-suggests.html>.

13 失業そのものと同様に、失業不安も精神的健康に悪影響をもたらす。従来の研究でもわかっていたことが、わたしたちも独自の研究で再確認した。

14 これは失業者だけでなく失業者の家族にも当てはまる。 M. Gili, M. Roca, S. Basu, M. McKee, D. Stuckler. 2013. "The Mental Health Risks of Economic Crisis in Spain: Evidence from Primary Care Centres, 2006 and 2010," *European Journal of Public Health* v23(1): 103–8. <http://eurpub.oxfordjournals.org/content/23/1/103>. また、立ち退きも精神疾患のリスク要因の一つである。

15 OECDは加盟国のALMPについて次のような傾向が見られると指摘している。第一は、失業者が積極的な求職活動や職業訓練に取り組んでいることを失業手当支給継続の条件にしようとする動きであり、第二は、失業者の再就職支援のために、就職前就業体験などの幅広いサービスと助言を積極的に提供しようとする動きである。消極的労働市場政策と積極的労働市場政策については以下を参照。J. P. Martin, "What Works Among Active Labour Market Policies: Evidence from OECD Countries' Experiences." <http://www.rba.gov.au/publications/confs/1998/martin.pdf>.

16 J. Vuori and J. Silvonen, et al. 2002. "The Tyohon Job Search Program in Finland:

Benefits for the Unemployed with Risk of Depression or Discouragement," *J Occup Health Psychol* v7(1) : 5–19 ; J. Vuori and J Silvonen. 2005. "The Benefits of a Preventive Job Search Program on Re-employment and Mental Health at 2-year Follow-up," *Journal of Occupational and Organizational Psychology* v78(1): 43–52. テュエヘンプログラムは失業者とジョブトレーナーの二人三脚で行われる。トレーナーは半日研修を5回行い、求職データベースへの入力や就職活動のスキルアップ——面接の受け方、ソーシャル・ネットワークを利用した職探し、履歴書の書き方など——を助ける。二人三脚の態勢をとることで、失業者が気力を失うことがないようにし、慢性的な失業状態に陥るのを防いでいる。なお、ALMPは未経験の仕事へのチャレンジも後押ししており、パートタイムでの体験就職や職業訓練の機会が得られるように支援する。失業手当という金銭的支援ももちろんALMPの一部ではあるが、給付には再就職支援プログラムへの参加が条件とされていて、それがよい結果に結びついている。また失業後数年以内に再就職した人々を見ると、プログラムに参加しなかった人よりも参加した人のほうがより質の高い仕事、より収入の高い仕事に就いている。また、ALMPがうつ病の防止に役立つことは、アメリカの研究でも明らかにされている。

A. Vinokur, R. Price, and Y. Schul. 1995. "Impact of the JOBS Intervention on Unemployed Workers Varying in Risk for Depression," *American Journal of Community Psychology* v23(1) : 39–74 ; A. Vinokur, et al. 2000. "Two Years After a Job Loss: Longterm Impact of the JOBS Program on Reemployment and Mental Health," *J Occup Health Psychol* v5(1): 32–47. この論文はミシガン予防研究センターが行ったALMPに関する実験の結果報告である。研究者たちは独自の求職支援プログラムを用意し、1801人の失業者から無作為に選んだ671人をこれに参加させ、残りを対照群とし、彼らの就職活動とその成果を追った。2年後の結果を比べると、プログラム参加者のほうが再就職率が高く、収入も高く、かつうつ病の罹患率が低いことがわかった。さらにその後の研究で、この結果が単なる偶然ではないことが確認されている。どの国においても、ALMPは総合的に就職率を押し上げる役に立っている。

17 ALMPが完全雇用を促すという点だが、一部のALMPには企業の雇用継続を支援するプログラムも用意されている。不況時の雇用削減を少しでも食い止め、失業という危険な状態に陥る人数を最小限にとどめるための施策である。世界銀行の定義にもあるように、「ALMPには二つの基本目的がある。一つは経済的目的で、失業者の再就職率を上げ、ひいては生産性と所得も上げること。もう一つは社会的目的で、生産的雇用によって社会参加を促進することである。その結果として、ALMPは雇用機会拡大に貢献するとともに、高失業率に伴うさまざまな社会問題の解決にも役立ちうる」

18 OECD Database on Social Expenditure. <http://www.google.co.uk/url?sa=t&rct=j&q=&esrc=s&source=web&cd=2&cad=rja&ved=0CDoQFjAB&url=http%3A%2F

%2Fstats.oecd.org%2Ffileview2.aspx%3FIDFile%3D91c26892-ed0b-41f6-bf61-fd46e39a40e8&ei=gZMOUc2JJqnD0QX75oCgDA&usg=AFQjCNGfaugVqOyVi1uaA1OX_9ZlYwMQ&sig2=qOCNRgH_F7x2unphGfzd8w&bvm=bv.4 1867550,d.d2k> ; <http://www.oecd.org/els/employmentpoliciesanddata/36780874.pdf>.

19 L. Jonung and T. Hagberg, "How Costly Was the Crisis of the 1990s? A Comparative Analysis of the Deepest Crises in Finland and Sweden over the Last 130 Years," *European Commission. Economic Papers*, 2005. <http://ec.europa.eu/economy_finance/publications/publication692_en.pdf>.

L. Jonung, "The Swedish Model for Resolving the Banking Crisis of 1991–93. Seven Reasons Why It Was Successful."（『スウェーデンにおける金融危機対応：1991—93年——成功した7つの理由』全国銀行協会訳、『金融』2009年5月号746、25-47ページ）<http://ec.europa.eu/economy_finance/publications/publication14098_en.pdf>.

20 OECD Social Expenditure Database 2008 edition.

21 図7-3情報源：D. Stuckler S. Basu M. Suhrcke, A. Coutts, M. McKee. 2009. "The Public Health Effect of Economic Crises and Alternative Policy Responses in Europe : an empirical analysis," The Lancet v374:315–23.

22 図7-4情報源：Stuckler, et al. "The Public Health Effect of Economic Crises and Alternative Policy Responses in Europe : an empirical analysis."

23 Jonung and Haberg, "How Costly Was the Crisis of the 1990s?"

24 イギリスの状況は深刻で、2011年にはロンドン大学疫学教授のマイケル・マーモット卿が、政治家への警告として「今日の若年層の失業率の高さは公衆衛生上の緊急事態である」と述べた。Michael Marmot. 2011. "Scale of Youth Unemployment Is a Public Health Emergency, Marmot Says," *British Medical Journal*. <http://www.bmj.com/ content/343/bmj.d7608?tab=related> 参照。

25 当時の記事はここで見ることができる。"Recession and Unemployment Could Be Blamed for 1,000 More Suicides," *London Evening Standard*, 2012. <http://www.standard.co.uk/news/health/recession-and-unemployment-could-be-blamed-for-1000-more-suicides-8049459.html>.

26 B. Barr, D. Taylor-Robinson, A. Scott-Samuel, M. McKee, D. Stuckler. 2012. "Suicides Associated With the 2008–10 Economic Recession in England : A Time-Trend Analysis," *British Medical Journal* v345:e5142. <http://www.ncbi.nlm.nih.gov/pmc/articles/PMC3419273/>.

27 H. Stewart, "Osborne's Austerity Drive Cut 270,000 Public Sector Jobs Last Year," *The Guardian*, March 14, 2012. <http://www.guardian.co.uk/business/2012/mar/14/osborne-austerity-270000-public-sector-jobs>.

EUでもイギリスと同じような反応が見られた。欧州議会で議員たちが自殺率上昇への懸念を9度も提起したのに対し、ジョン・ダリ欧州委員会保健・消費者政策局長はこう答えた。「デヴィッド・スタックラーらの論文のことは委員会も承知しています。しかしながら、この問題にはさまざまな経済、社会、保健上の要因が絡んでいて、それが国ごとに大きく異なることを忘れてはなりません」。言い換えれば、この問題はあまりにも複雑なのでできることは何もないということで、ジョン・ダリは官僚的答弁でこの問題を葬り去った。実際、EUがほとんど何の手も打っていないことはアンドール雇用コミッショナーの発言からもわかる。「加盟各国の精神保健の支援体制については、委員会も細部までは把握していませんし、失業に伴う精神健康問題といった特定の問題を取り上げるべき立場にありません。各国の雇用関連サービスで対応すべき問題で、委員会はそうしたサービスの拡充に期待します」

28 今回の大不況もまた、ALMPの強弱と自殺の増減の相関関係を確認する場となった。イギリス、アメリカ、スペインでは自殺率が上昇したが、スウェーデンではそうならなかった。大不況でスウェーデンのGDPもアメリカと同程度の落ち込みを見せ、失業率も2007年の6.1パーセントから少し上がったものの、ALMPのおかげで極端な上昇はなく、不況のピークの2010年でも9.1パーセントにとどまった。しかもその間、自殺率は上がるどころか少し下がっていた。65歳未満の人口10万人当たりの自殺者数は、2007年が11.4人、2010年が11.1人だった。

29 D. Wasserman. Mental Health and Suicidal Behaviour in Times of Economic Crisis: *Impact and Prevention*. Mental Health and Suicidal Behaviour in Times of Economic Crisis : Impact and Prevention, Stockholm, Sweden, 2009.

第8章

1 あるバプテスト教会の日曜のミサでは、信者の一人が「(鳥たちの死は)終末の前兆だ」と騒いだそうだ。"Local Men Suffer State's First West Nile Deaths," *Bakersfield Californian*, Oct 3, 2011. <http://www.bakersfieldcalifornian.com/local/x651158822/Two-local-men-suffer-states-first-West-Nile-deaths>.

2 CDC. Symptoms of West Nile Virus. <http://www.cdc.gov/ncidod/dvbid/westnile/qa/symptoms.htm>.

3 "Heat Death in Kern Country," *Bakersfield Californian*, June 21, 2007. <http://www.bakersfieldcalifornian.com /local /x1756813242/Heat-death-in-Kern-County>.

4 M. Engel, "Virus Linked to Foreclosures," *Los Angeles Times*, Oct 31, 2008. <http://articles.latimes.com/2008/oct/31/science/sci-westnile31>.

5 “Governor Declares State of Emergency for Kern County over West Nile,” *Bakersfield Californian*, Aug 2, 2007. <http://www.bakersfieldcalifornian.com/local/x1018063026/Governor-declares-state-of-emergency-for-Kern-County-over-West-Nile-virus>.

W. K. Reisen, R. M. Takahashi, B. D. Carroll, R. Quiring. 2008. “Delinquent Mortgages, Neglected Swimming Pools, and West Nile Virus, California,” *Emerging Infectious Diseases* v14(11): 1747–49. <http://www.ncbi.nlm.nih.gov/pmc/articles/PMC2630753/>.

6 “Fight the Bite! City Gets Sprayed for West Nile Virus.” <http:// fightthebite.blogspot.com/2007/08/bakersfield-prepare-to-be-sprayed.html>.

7 S. Russell, “West Nile Virus Upturn Traced to Dry Climate,” SFGate, July 21, 2007. <http://www.sfgate.com/health/article/CALIFORNIA-West-Nile-virus-upturn-traced-to-dry-2551675.php>.

8 リアルティ・トラック社〔米不動産情報・仲介会社〕の2009年のデータによると、全米の差し押さえ件数は2008年に81パーセント増加した。<http://www.realtytrac.com/ContentManagement/pressrelease.aspx?ChannelID=9& ItemID=5681>.（2009年5月5日時点のサイト）

“Foreclosure Statistics for US, Mass., During Recession,” *Boston Globe*, Dec 2, 2012. <http://www.bostonglobe.com/business/2012/12/02/foreclosure-statistics-for-mass-during-recession/GUf8zjEWw0xM3DQjhuYarN/story.html>.

L. Christie, “California Cities Fill Top 10 Foreclosure List,” *CNN Money*, July 14, 2007. <http://money.cnn.com/2007/08/14/real_estate/California_cities_lead_foreclosure/index.htm>. Reisen, Takashi, Carroll, Quiring, “Delinquent Mortgages, Neglected Swimming Pools, and West Nile Virus.”

マーガライト・ウィルソンという96歳の女性もこのときウイルスに感染して死亡した。ベーカーズフィールド北東部に住んでいて、自宅にはプールもバードバスもなかったが、町のどこかで蚊に刺されたことは間違いない。マーガライトは40代で大学を卒業し、70代で連邦議会のインターンとなり、90代で世界中を旅してまわったという驚きの女性で、彼女をよく知る議員によれば「年齢に挑戦した人」だそうである。孫に当たる女性は「96年も生き抜いてきたのに、蚊に刺されただけで死ぬなんて、まったく信じられません」と言い、旅行仲間だった女性は「せめてこれで蚊の駆除への関心が高まればと願っています」と述べた。

9 空き家の増加に伴う問題は蚊だけではない。2008年7月にはインディアナ州エイボンで5歳の女の子が隣家のプールに落ちて死亡した。隣家は銀行に差し押さえられ、荒

れるがままに放置されていた。裏庭のプールも水を張ったままで、カバーも外れて水に沈んでいた。NBCニュースのリポーターは、「フォークロージャーは思わぬところでも悲劇を呼んでいます。そのなかでもこれは最悪の例でしょう」と報じた。M. Celizic, "Foreclosed Homes' Pools Can Be Death Traps," NBC News, 2009. <http://today.msnbc.msn.com/id/31795988/ns/today-money/t/foreclosed-homes-pools-can-be-death-traps/>.

10 住む場所があるかないかだけではなく、住宅の質や環境も健康にかかわる。標準以下の住宅の場合には、湿気やカビが小児喘息を悪化させることがあり、冬に寒さから身を守れずに死者が出るといった危険性さえある。また、風通しの悪い住宅密集地では結核のような空気感染性疾患が蔓延しやすい。ランド研究所が1990年代に行った調査では、貧困の程度が同じでも、標準以下の住宅に暮らす人々は早死にのリスクがはるかに高いことがわかった。また、標準以下の住宅や貧困地域といった住環境が、幼児死亡率、あるいはエイズ、性感染症、糖尿病、心血管疾患等の発症率、さらには非業の死を遂げる率まで高めることもわかった。ある系統的レビューにこんな結論が述べられている。「家を建てる、あるいは買うということは、単なるレンガとモルタルへの投資ではない。それはそこで暮らす人の将来の健康と幸福への投資にほかならない」。詳細についてはp. 11, Department of Health, 2010. <http://www.dh.gov.uk/prod_consum_dh/groups/dh_digitalassets/@dh/@en/@ps/documents/digitalasset/dh_114369.pdf> を参照。

11 G. G. Bennett, M. Scharoun-Lee, R. Tucker-Seeley, "Will the Public's Health Fall Victim to the Home Foreclosure Epidemic?" *PLoS Medicine*, 2009. <http://www.plosmedicine.org/article/info%3Adoi%2F10.1371%2Fjournal.pmed.1000087> ;
D. Alley, et al. 2011. "Mortgage Delinquency and Changes in Access to Health Resources and Depressive Symptoms in a Nationally Representative Cohort of Americans Older Than 50 Years," *American Journal of Public Health* v101(12) : 2293–98. <http://ajph.aphapublications.org/doi/abs/10.2105/AJPH.2011.300245>.
既存の症状や性状による影響を調整した数字である（つまり純粋に住宅ローンの返済滞納との相関だと考えられる）。

12 C. E. Pollack, et al. 2011. "A Case-Control Study of Home Foreclosure, Health Conditions, and Health Care Utilization," *Journal of Urban Health* v88(3): 469–78. <http://link.springer.com/article/10.1007%2Fs11524-011-9564-7?LI=true>.

13 J. Currie and E. Tekin, "Is There a Link Between Foreclosure and Health?" NBER Working Paper No. 17310, 2012. <http://www.nber.org/papers/w17310.pdf> ; S. M. Kalita, "Tying Health Problems to Rise in Home Foreclosures," *Wall Street Journal*, 2011. <http://online.wsj.com/article/SB1000142405311190419940457653829377l8

70006.html>.
イギリスでもER利用者が増えたが、アメリカほどではなく、1230万人から1380万人への増加にとどまった。<http://www.hesonline.nhs.uk/Ease/servlet/ContentServer?siteID=1937&categoryID=1834>.

14 J. Nye, "How Foreclosures Ate America," *Daily Mail*, Oct 2, 2012. <http://www.dailymail.co.uk/news/article-2212071/How-foreclosures-ate-America-Incredible-interactive-map -shows-wave-property-repossession-past-years.html#axzz2KA5qnpGS>. バラク・オバマが大統領に就任した2009年1月には、全米で住宅差し押さえが27万4399件あった。その後も増えつづけ、2010年3月には34万1180件あった。

15 US Conference of Mayors (全米市長会), *A Hunger and Homelessness Survey*, 2007. <http://usmayors.org/uscm/home.asp> ; 次も参照。<http://www.nationalhomeless.org/fact sheets/How_Many.html>. ; P. Markee, "The Unfathomable Cuts in Housing Aid," *The Nation*, Dec 4, 2011. <http://www.thenation.com/article/165161/unfathomable-cuts-housing-aid>より引用。

16 不況時にホームレスが増える理由のトップスリーは、失業、貧困、差し押さえである。他の要因としては、アルコール、薬物、精神衛生上の問題、家庭内暴力などが挙げられる。National Alliance to End Homelessness. Foreclosure and Homelessness, 2013. <http://www.endhomelessness.org/pages/foreclosure> 参照。2009年に実施されたホームレス支援組織の調査によると、差し押さえが原因でホームレスになった人は、支援を受けた人の5パーセント(ホームレスシェルターで働く人々による推定値)から20パーセント(サービス提供機関による推定値)を占めるという。Foreclosures and Homelessness : Understanding the Connection. Institute for Children, Poverty, and Homelessness, 2013. <http://www.icphusa.org/filelibrary/ICPH_policybrief_ForeclosuresandHomelessness.pdf>.
"Hunger and Homelessness Survey : A Status Report on Hunger and Homelessness in America's Cities : A 25-City Survey," The United States Conference of Mayors, 2008, p. 22.
HUD : US Department of Housing and Urban Development (アメリカ合衆国住宅都市開発省). *The Third Annual Homeless Assessment Report to Congress* (Washington, DC : US Department of Housing and Urban Development, 2007). 2006年から2007年にかけてホームレスは11パーセント減ったが、その後の差し押さえの増加に伴って再び増え、2009年には新たなピークに達した。アメリカの25の都市の長を対象に、差し押さえによるホームレス化を防ぐ措置をとっていたかどうかを訊いた調査によると、とっていたのが13、とっていなかったのが10、残りの2都市は不明との回答だった。
M. W. Sermons and P. Witte, "State of Homelessness in America," National Alliance

to End Homelessness. <http://b.3cdn.net/naeh/4813d7680e4580020f_ky 2m6ocx1.pdf>. この報告書の場合、「ホームレス化防止と迅速な住宅供給政策」(HPRP) の導入に伴う分類変更のため、避難所にも入っていない路上生活者の人数の推定方法が通常とは少し異なる。ホームレス人口の推定方法は大きく二つに分けられる。時点評価調査 (ある時点でのホームレスの人数を調べる方法) と、より長期のある一定期間内にホームレス状態を経験した人の人数を調べる方法である。前者の場合は「一時的または過渡的ホームレス」の人数が過小評価される傾向があるため、より正確な推定には後者も必要とされる。後者についてはUS Department of Housing and Urban Development, The Annual Homeless Assessment Report to Congress. <http://www.huduser.org/Publications/pdf/ahar.pdf> を参照。

P. S. Goodman, "Foreclosures Force Ex-Homeowners to Turn to Shelters," *New York Times*, 2009. <http://www.nytimes.com/2009/10/19/business/economy/19foreclosed.html?pagewanted=all&_r=0>.

17 "Homeless Children : The Hard Times Generation," CBS News, March 6, 2011. <http://www.cbsnews.com/8301-18560_162-20038927.html>.

18 J. J. O'Connell, *Premature Mortality in Homeless Populations:* A Review of the Literature (Nashville, 2005). イギリスでも類似の状況が報告されている。独身のホームレス〔家族の支えがない人々〕を研究対象にするグループが、1995年9月から1996年8月までの1年間を対象に、都市部 (ロンドン、マンチェスター、ブリストル) の検死法廷の記録を精査し、ホームレス状態と疾病の関係を明らかにした。彼らは365人のホームレスについて、検死法廷の記録にある年齢、性別、死亡した場所、死因および死に至る経緯をデータ化し、それを病院の記録と結びつけていった。病院側の記録では、住所不定者のデータは郵便番号の代わりに〝ZZ99 3VZ〟という特別なコードに分類されるため、突き合わせが可能だった。

英国監査局の調査でも、ホームレスの約5分の4に身体上の、約4分の3に精神上の健康問題があることがわかった。健康問題の内訳もアメリカと似ている。

19 "Hunger and Homelessness Survey," p. 45 ; Institute for Children, Poverty and Homelessness, "Foreclosures and Homelessness : Understanding the Connection," 2013. <http://www.icphusa.org/filelibrary/ICPH_policybrief_ForeclosureandHomelessness.pdf>. 全米では、差し押さえ1000件当たり25人程度がホームレスになったと考えられる。

20 Homeless Assistance, US Department of Housing and Urban Development. <http://portal.hud.gov/hudportal/HUD?src=/program_offices/comm_planning/homeless>. A. Lowrey, "Homeless Rates in the U.S. Held Level Amid Recession, Study Says, but Big Gains Are Elusive," *New York Times*, Dec 10, 2012. <http://www.nytimes.

com/2012/12/10/us/homeless-rates-steady-despite-recession-hud-says.html?_r=0>.

21 ただし、このようなプログラムの多くは本人がしらふであることが登録の条件になっていて、重度のアルコール依存症患者や薬物常習者といった人々は資格を得られなかった。

この点に関して、シアトルで心強い研究結果が出ている。2005年12月にシアトルで「ハウジング・ファースト」の考え方に基づいたプログラムが一つ始まったのだが、その目的はダウンタウンの路上にたむろしていたおよそ500人の慢性的〝酔っ払い〟を救うことだった。このプログラムは「イーストレイク1811番地」とも呼ばれたが、それはこの住所に彼らのための住居が用意されたからである。とはいえ、用意できたのは75戸で、500人には到底足りず、入れなかった人も大勢いた。それが研究者たちにとってはチャンスとなり、重度のアルコール依存症患者を果たしてこのようなプログラムで救えるのか(こうした住居では禁酒を強要できない)、また入居できた人とできなかった人にどのような差が出るのかについて答えが得られた。

結果から言えば、安定した住居がアルコール依存症からの脱出の大きな助けになることがわかった。また、長期的には予算の節約になることもわかった。シアトル市にとってこの人々は、医療費、刑務所の運営費、住居費などをひっくるめて1人当たり月に4066ドルの負担になっていたが、プログラム開始後半年でそれが1492ドルに、1年後には958ドルにまで下がった。そのいちばんの理由は、住む場所を与えられた人々の飲酒量が減ったことにある。

22 Fairmount Ventures Inc. *Evaluation of Pathways to Housing Philadelphia*, 2011. <https://www.pathwaystohousing.org/uploads/PTHPA-ProgramEvaluation>.住む場所があれば健康被害を避けることができる。だが長期的かつ根本的な観点から言えば、居住環境の質も問題になる。これについては2011年に英ニューイングランド・ジャーナル・オブ・メディシン誌に発表された研究が参考になる。貧困率の高い地域に住む母親たち4498人を対象にした研究で、この女性たちを無作為に三つのグループに分けてその後の健康状態の変化を追ったものである。第1グループ(1788人)には貧困率の低い地域に転居することを条件として住宅バウチャー(住宅手当の受給券)を渡し、第2グループ(1312人)には条件をつけずに住宅バウチャーを渡し、第3グループ(1398人)には何も渡さなかった(つまり対照群)。2008年から2010年にかけて各グループの健康状態を追跡調査したところ、第1グループに大きな変化が見られた。貧困率の高い地域から低い地域に転居しただけで、肥満と糖尿病が著しく減少していた。その理由の一つは、生活水準の高い地域ではより健康的な食品が売られているからで、もう一つは、犯罪を恐れることなく外に出て、緑の多い通りを頻繁に歩くことができるからだった。

23 J. Eng, "Homeless Numbers Down, but Risks Rise," NBC News, Jan 18, 2012.

<http://usnews.nbcnews.com/_news/2012/01/18/10177017-homeless-numbers-down-but-risks-rise?lite>.
HPRPの思い切った予算投入により、長期型支援住宅のベッド数は2008年の19万5724床から2012年の27万4786床へと増加した。<https://www.onecpd.info/resources/documents/2012AHAR_PITestimates.pdf> 参照。

24 V. Busch-Geertsema and S. Fitzpatrick. 2009. "Effective Homelessness Prevention? Explaining Reductions in Homelessness in Germany and England," *European Journal of Homelessness* v2:69–96. UK Housing benefit fact sheet. <https://www.gov.uk/housing-benefit/what-youll-get> ; 住宅給付金ではどうにもならない場合には、不足分を補うために追加で任意住宅手当（discretionary housing payments, DHP）を申請することもできた。
住宅は以前から公衆衛生政策の柱の一つだった。エール大学公衆衛生大学院の創設者であるC. E. A.ウィンズローも、1936年に米国公衆衛生協会でその点を強調するスピーチを行った。そのタイトルは「公衆衛生問題としての住宅」〔1937年1月号に米公衆衛生ジャーナルに掲載〕で、まさに住宅は公衆衛生の基本目標の一つだった。ウィンズローはこう訴えた。「今日皆さんに申し上げたいのは、これまで以上に困難な闘いに乗り出してほしいということです。それは、アメリカ人のために衛生的でまともな住宅を確保するという闘いです」。またイギリスを引き合いに出し、「イギリスの保健衛生官は、年次報告書を書く際に必ず住宅に一章割いています。今やわが国でも、イギリスと同様の社会の進歩に伴い、当然のことながら同じ考え方が求められているのです」と述べた。

25 R. Ramesh, "Warning on Benefit Cuts amid Rise in Homelessness," *The Guardian*, Dec 4, 2012. <http://www.guardian.co.uk/society/2012/dec/04/benefit-cuts-rise-homelessness>.
削減額はその後若干修正され、2014-5年度までに合計810億ポンドの支出削減を目指すことになった。これには福祉改革による110億ポンドの削減と、公共部門職員の給与の2年間凍結による33億ポンドの削減が含まれる。HM Treasury Spending Review 2010. Cm 7942. UK Treasury, Oct 2010.
R. Bury, "Social Housing to Be Hit With £8bn Cuts," *Inside Housing*, 2010. <http://www.insidehousing.co.uk/social-housing-%E2%80%98to-be-hit-with-%C2%A38bn-cuts%E2%80%99/6512119.article>.
"Housing Benefit Cuts," *Crisis UK*, 2012. <http://www.crisis.org.uk/data/files/publications/Crisis%20Briefing%20-%20Housing%20Benefit%20cuts.pdf>. スコットランド政府もこれに追随し、アフォーダブル住宅政策予算を31パーセント削減した。
"Social Housing Budget 'To Be Cut In Half'," BBC, Oct 19, 2010. <http://www.

bbc.co.uk/news/uk-politics-11570923>.

26 US Department of Housing and Urban Development, *Point-in-Time Estimates of Homelessness: Volume I of the 2012 Annual Homeless Assessment Report* (AHAR), 2012. <https://www.onecpd.info/resource/2753/2012-pit-estimates-of-homelessness-volume-1-2012-ahar/>; UK Government, "Live Tables on Homelessness." <https://www.gov.uk/government/statistical-data-sets/live-tables-on-homelessness>.ロンドンのホームレス人口は2010年の9700世帯から2011年の1万1680世帯へと増加した（コミュニティ・地方自治省の発表による）。特に若年層の増加が著しく、ホームレス人口のおよそ3分の1は25歳未満だという。

27 SSAC (November 2010) Report on S.I. No 2010/2835 and S.I. No. 2010/2836. <http://www.crisis.org.uk/data/files/publications/Crisis%20Briefing%20-%20Housing%20Bnefit%20cuts.pdf > の最後に引用されている。

28 "Homelessness: A Silent Killer," *Crisis UK*, 2011. <http://www.crisis.org.uk/data/files/publications/Homelessness%20-%20a%20silent%20killer.pdf>.
疫学の進歩により、ホームレスの人々の健康問題からホームレス生活による影響だけを取り出すこともできるようになってきた。たとえば本文で取り上げた早死にのリスクの件は、6323人の成人ホームレスを5年にわたって追跡調査し、同じ年齢・性別の1万2451人の一般市民と比較した結果である。この調査により、ホームレスの人々はそうでない人々に比べて早死にのリスクが4.4倍にもなることがわかった。だがさらに重要なのは、この結果からさらに過去の入院歴や持病からくるリスクを調整してもなお、ホームレスの人々の早死にのリスクが著しく高いということである。要するに、健康な人であっても、家を失って路上生活を強いられればやがて健康を損なう。

2010年の保健省の報告によれば、イギリスのホームレス1人当たりの医療費は年間約2115ポンドと推定される。Department of Health. March 2010. Healthcare for single homeless people. March 2010. つまり新たに1万人がホームレスになれば、費用は年間2000万ポンド増える。 Unison Briefing on the Coalition Government's Housing Policies, Unison, London. <http://www.unison.org.uk/acrobat/B5199.pdf>.
S. Salman, "How Have the Cuts Affected Housing?" *The Guardian*, Mar 30, 2011. <http://www.guardian.co.uk/society/2011/mar/30/cuts-housing>.

29 "Tuberculosis Rises 8% in London—HPA Figures," BBC News, 2012. <http://www.bbc.co.uk/news/uk-england-london-17485728>.
A. Gerlin, "Ancient Killer Bug Thrives in Shadow of London's Canary Wharf," Bloomberg, Feb 23, 2012. <http://www.bloomberg.com/news/2012-02-23/ancient-killer-bug-thrives-in-shadow-of-london-s-canary-wharf-skyscrapers.html>.

30 "Homeless Crisis as 400 Youths a Day Face Life on the Streets of Britain," *Mirror*,

2011. <http://www.mirror.co.uk/news/uk-news/homeless-crisis-as-400-youths-a-day-95173>.

L. Moran, "Is Greece Becoming a Third World Country? HIV, Malaria, and TB Rates Soar as Health Services Are Slashed by Savage Cuts," *The Mail*, 2012. <http://www.dailymail.co.uk/news/article-2115992/Is-Greece-world-country-HIV-Malaria-TB-rates-soar-health-services-slashed-savage-cuts.html>.

31 ECDC, "West Nile Virus Infection Outbreak in Humans in Central Macedonia, Greece," ECDC Mission Report, July–August 2010. <http://www.ecdc.europa.eu/en/publications/publications/1001_mir_west_nile_virus_infection_outbreak_humans_central_macedonia_greece.pdf>.

32 ギリシャではホームレス人口が2009年から2011年にかけて25パーセント増加し、2万人に達した。アイルランドのホームレス世帯数も2008年の1394世帯から2011年の2348世帯へと増加した。"Major Increase in Homelessness," *Irish Times*, Dec 19, 2012. <http://www.irishtimes.com/newspaper/breaking/2012/1219/breaking53.html>参照。また、以下も参照。"On the Way Home?" FEANTA Monitoring report on homelessness and homeless policies in Europe. The European Federation of National Organisations Working with the Homeless, 2012. <http://www.feantsa.org/IMG/pdf/on_the_way_home.pdf>

33 "On the Way Home?"を参照。

34 Markee, "Unfathomable Cuts in Housing Aid."

35 "Stampede Chaos as Thousands of Dallas Residents Apply for Housing Vouchers," *Above Top Secret*, July 16, 2011. <http://www.abovetopsecret.com/forum/thread729362/pg1>.

"Oakland Opens Waiting List for Section 8 Vouchers," SFGate, Jan 26, 2011. <http://www.sfgate.com/bayarea/article/Oakland-opens-waiting-list-for-Section-8-vouchers-2478260.php>.

"City's Homeless Count Tops 40,000," *Wall Street Journal*, Nov 9, 2011. <http://online.wsj.com/article/SB10001424052970204190704577026511791881118.html?mod=googlenews_wsj>.

36 RealtyTrac, January 2013 Foreclosure Rate Heat Map, 2013. <http://www.realtytrac.com/trendcenter/default.aspx?address=Duval%20county%2C%20FL&parsed=1&cn=duval%20county&stc=fl>.

Council on Homelessness. 2011年6月にリック・スコット知事に提出された2011 Report. p. E-2. <http://www.dcf.state.fl.us/programs/homelessness/docs/2011CouncilReport.pdf>.

37 CDCの報告によれば、「今回の結核感染は、1990年代初頭以降にCDCが援助要請を受けたもののなかで、規模においても拡大速度においても最大級である」。フロリダでは移民が病気を持ちこんだとする声もあったが、CDCの調査では99人の患者のうち96人がアメリカ国民だった。

38 K. Q. Seelye, "Public Health Departments Shrinking, Survey Finds," *New York Times*, March 1, 2010. <http://prescriptions.blogs.nytimes.com/2010/03/01/public-health-departments-shrinking-survey-finds/>.

結論

1 *Merriam Webster Collegiate Dictionary*.

2 Naomi Klein, *The Shock Doctrine* (New York, 2007)（ナオミ・クライン『ショック・ドクトリン』（上・下）幾島幸子・村上由美子訳、岩波書店、2011年）

3 図C-1情報源：EuroStat 2013 Statistics. Gross domestic product is per capita, purchasing-power-parity adjusted and constant 2005 dollars. 1人当たりGDPの単位は2005年を基準とした購買力平価換算USドル。エストニア、ラトビア、リトアニア、ハンガリーは緊縮政策の導入が早かったので、その結果がわかりやすくなるように、2008年から2010年までの間の山と谷の差を用いた。支出額の変化とGDPの変化の間には、不況の程度の差を調整したあとでも、統計的に有意な関連性が認められる。

4 Laura Tiehan, Dean Jolliffe, Craig Gundersen, "Alleviating Poverty in the United States : The Critical Role of SNAP Benefits," US Department of Agriculture, ERR-132, April 2012. <http://www.ers.usda.gov/publications/err-economic-research-report/err132.aspx> ; Parke E. Wilde, "Measuring the Effect of food Stamps on Food Insecurity and Hunger : Research and Policy Considerations," *Journal of Nutrition*, Feb 2007. <http://jn.nutrition.org/content/137/2/307.full>.

5 英国では2010年の連立政権発足以前に、労働党政府によって健康影響評価（HIA）が制度化されていた。なお「健康責任局」というアイディアを出してくれたのはクリム・マクファーソンである。ここに感謝する。

6 A. Reeves, S. Basu, M. Mckee, C. Meissner, D. Stuckler. "Does Investment in the Health Sector Promote or Inhibit Economic Growth?" *Health Policy*, 2013.

研究文献一覧

B. Barr, D. Taylor-Robinson, A. Scott-Samuel, M. McKee, D. Stuckler. "Suicides associated with the 2008–2010 recession in the UK: a time-trend analysis." *British Medical Journal*. August 2012, v345: e5142.

A. Bessudnov, M. McKee, and D. Stuckler. "Inequalities in male mortality by occupational class, perceived social status, and education in Russia, 1994–2006." *European Journal of Public Health*. June 2012, v22(3): 332–37.

J. Bor, S. Basu, A. Coutts, M. McKee, D. Stuckler. "Alcohol use during the Great Recession of 2008–2009." *Alcohol and Alcoholism*. January 2013. In press.

M. Bordo, C. Meissner, and D. Stuckler. "Foreign currency debt, financial crises and economic growth: A long run view." *Journal of International Money and Finance*. May 2010, v29: 642–65.

R. De Vogli, M. Marmot, and D. Stuckler. "Excess suicides and attempted suicides in Italy attributable to the Great Recession." *Journal of Epidemiology and Community Health*. August 2012. In press.

R. De Vogli, M. Marmot, and D. Stuckler. "Strong evidence that the economic crisis caused a rise in suicides in Europe: the need for social protection." *Journal of Epidemiology and Community Health*. January 2013. In press.

M. Gili, M. Roca, S. Basu, M. McKee, D. Stuckler. "The mental health risks of unemployment, housing payment difficulties, and evictions in Spain: evidence from primary care centres, 2006 and 2010." *European Journal of Public Health*. February 2013, v23(1): 103–8.

P. Hamm, L. King, and D. Stuckler. "Mass privatization, state capacity, and economic growth in post-communist countries: firm-and country-level evidence." *American Sociological Review*. April 2012, v77(2): 295– 324.

M. Karanikolos, P. Mladovsky, J. Cylus, S. Thomson, S. Basu, D. Stuckler, J. P. Mackenbach, M. McKee. "Financial crisis, austerity, and health in Europe." *The Lancet*. In press.

A. Kentikelenis, M. Karanikolos, I. Papanicolas, S. Basu, M. McKee, D. Stuckler. "Effects of Greek economic crisis on health are real." *British Medical Journal*. December 2012, v345: e8602.

A. Kentikelenis, M. Karanikolos, I. Papanicolas, S. Basu, M. McKee, D. Stuckler. "Health effects of financial crisis: omens of a Greek tragedy." *The Lancet*. October

2011, v378(9801): 1457–58.

A. Kentikelenis, M. Karanikolos, I. Papanicolas, S. Basu, M. McKee, D. Stuckler. "Reply to Polyzos." *The Lancet*. March 2012, v379: 1002.

L. King, P. Hamm, and D. Stuckler. "Rapid large-scale privatization and death rates in ex-communist countries: an analysis of stress-related and health system mechanisms. *International Journal of Health Services*. July 2009, 39(3): 461–89.

M. McKee and D. Stuckler. "The assault on universalism: How to destroy the welfare state." *British Medical Journal*. December 2011, v343: d7973.

M. McKee and D. Stuckler. "The consequences for health and health care of the financial crisis: a new Dark Age?" In Finnish. *Sosiaalilaaketieteellinen Aikakauslehti*. March 2012, v49: 69– 74.

M. McKee and D. Stuckler. "Older people in the United Kingdom: under attack from all directions." *Age and Ageing*. January 2013, v42(1): 11–13.

M. McKee, S. Basu, and D. Stuckler. "Health systems, health and wealth: the argument for investment applies now more than ever." *Social Science & Medicine*. March 2012, v74(5): 684–87.

M. McKee, M. Karanikolos, P. Belcher, D. Stuckler. "Austerity: a failed experiment on the people of Europe." *Clinical Medicine*. August 2012, v12(4): 346–50.

M. McKee, D. Stuckler, J. M. Martin-Moreno. "Protecting health in hard times." *British Medical Journal*. September 2010. v341: c5308.

C. Quercioli, G. Messina, S. Basu, M. McKee, N. Nante, D. Stuckler. "The effect of health care delivery privatization on avoidable mortality: longitudinal cross- regional results from Italy, 1993–2003." *Journal of Epidemiology & Community Health*. 2013, v67(2): 132–38.

B. Rechel, M. Suhrcke, S. Tsolova, J. Suk, M. Desai, M. McKee, D. Stuckler, I. Abubakar, P. Hunter, M. Senek, J. Semenza. "Economic crisis and communicable disease control in Europe: A scoping study among national experts." *Health Policy*. December 2011, v103(2– 3): 168–75.

A. Reeves, D. Stuckler, M. McKee, D. Gunnell, S. Chang, S. Basu. "Increase in state suicide rates in the USA during economic recession." *The Lancet*. November 2012, v380(9856): 1813–14.

D. Stuckler and S. Basu. "International Monetary Fund's effects on global health: before and after the 2008 financial crisis." *International Journal of Health Services*. September 2009, 39(4): 771–81.

D. Stuckler, S. Basu, P. Fishback, C. Meissner, M. McKee. "Banking crises and mortality

during the Great Depression: Evidence from U.S. urban populations, 1929–1937." *Journal of Epidemiology and Community Health*. June 2012, 66(5): 410–19.

D. Stuckler, S. Basu, P. Fishback, C. Meissner, M. McKee. "Was the Great Depression a cause or correlate of falling mortality?" *Journal of Epidemiology and Community Health*. November 2012. In press.

D. Stuckler, S. Basu, and M. McKee. "Bud get crises, health, and social welfare." *British Medical Journal*. July 2010, 340: c3311.

D. Stuckler, S. Basu, and M. McKee. "Effects of the 2008 financial crisis on health: A first look at European data." *The Lancet*. July 2011, v378(9876): 124–25.

D. Stuckler, S. Basu, and M. McKee. "How government spending cuts put lives at risk." *Nature*. May 2010, v465: 289.

D. Stuckler, S. Basu, and M. McKee. "Public health in Europe: Power, politics, and where next?" *Public Health Reviews*. July 2010, v1: 214–42.

D. Stuckler, S. Basu, M. McKee, M. Suhrcke. "Responding to the economic crisis: A primer for public health professionals." *Journal of Public Health*. August 2010, v32(3): 298–306.

D. Stuckler, S. Basu, M. McKee, et al. "An evaluation of the International Monetary Fund's claims about public health." *International Journal of Health Services*. March 2010, v40(2): 327–32.

D. Stuckler, S. Basu, M. Suhrcke, A. Coutts, M. McKee. "Financial crisis and health policy." *Medicine & Health*. September 2009, pp. 194–95.

D. Stuckler, S. Basu, M. Suhrcke, A. Coutts, M. McKee. "The public health effect of economic crises and alternative policy responses in Europe: an empirical analysis." *The Lancet*. July 2009, 374(9686): 315–32.

D. Stuckler, S. Basu, M. Suhrcke, M. McKee. "The health implications of financial crisis: A review of the evidence" *Ulster Medical Journal*. September 2009, 78(3): 142–45.

D. Stuckler, S. Basu, S. Wang, M. McKee. "Does recession reduce global health aid? Evidence from 15 countries, 1975–2007." *Bulletin of the World Health Organization*. April 2011, v89: 252–57.

D. Stuckler, L. King and S. Basu. "International Monetary Fund programs and tuberculosis outcomes in post-communist countries." *PLoS Medicine*. July 2008, 5(7): e143.

D. Stuckler, L. King, and S. Basu. "Reply to Murray and King." *PLoS Medicine*. July 2008, 5(7): e143.

D. Stuckler, L. King, and A. Coutts. "Understanding privatisation's impacts on health: Lessons from the Soviet Experience." *Journal of Epidemiology and Community Health*.

July 2008, 62(7): 664.
D. Stuckler, L. King, and M. McKee. "The disappearing health effects of rapid privatization:a case of statistical obscurantism?" *Social Science & Medicine*, March 2012, 75: 23–31.
D. Stuckler, L. King, and M. McKee. "Mass privatisation and mortality." *The Lancet*. April 2009, 373(9671): 1247–48.
D. Stuckler, L. King, and M. McKee. "Mass privatisation and the post-communist mortality crisis: a cross-national analysis." *The Lancet*. January 2009, 373(9661): 399–407.
D. Stuckler, L. King, and M. McKee. "Reply to Earle and Gerry." *The Lancet*. January 2010, v375(9712): 372–74.
D. Stuckler, L. King, and M. McKee. "Response to Gentile: Mass privatization, unemployment, and mortality." *Europe- Asia Studies*. June 2012, v64(5): 949–53.
D. Stuckler and M. McKee. "There is an alternative: public health professionals must not remain silent at a time of financial crisis." *European Journal of Public Health*. February 2012, v22(1): 2–3.
D. Stuckler, C. Meissner, and L. King. "Can a bank crisis break your heart?" *Globalization and Health*, January 2008, 4(1): 1–12.
M. Suhrcke, M. McKee, D. Stuckler, et al. "Contribution of health to the economy of the European Union." *Public Health*. October 2006, 120: 994–1001.
M. Suhrcke, M. McKee, D. Stuckler, et al. "The economic crisis and infectious disease control." *Euro Surveillance*. November 2009, v14(45).
M. Suhrcke and D. Stuckler. "Will the recession be bad for our health? It depends."*Social Science & Medicine*. March 2012, v74(5): 647–53.
M. Suhrcke, D. Stuckler, J. Suk, et al. "The impact of economic crises on communicable disease transmission and control: a systematic review of the evidence." *PLoS One*. June 2011, v6(6): e20724.

※著者の論文についてはこちらも参照。
<http://users.ox.ac.uk/~chri3110/Detail/publications.html>

カバーイラスト　中村隆
本文デザイン　Malpu Design（佐野佳子）
図版トレース　広田正康

著者略歴――――

デヴィッド・スタックラー　David Stuckler

公衆衛生学修士、政治社会学博士。王立職業技能検定協会特別会員。イェール大学、ケンブリッジ大学、オックスフォード大学などで研究を重ね、現在、オックスフォード大学教授、ロンドン大学衛生学熱帯医学大学院（LSHTM）名誉特別研究員。著書にSick Societies: Responding to the Global Challenge of Chronic Diseaseがある。オックスフォード在住。

サンジェイ・バス　Sanjay Basu

医師、医学博士。オックスフォード大学大学院にローズ奨学生として学ぶ。現在、スタンフォード大学予防医学研究所助教、また同大学にて疫学者として従事。サンフランシスコ在住。

訳者略歴――――

橘　明美　たちばな・あけみ

英語・フランス語翻訳家。お茶の水女子大学文教育学部卒。訳書にチャールズ・マレー『階級「断絶」社会アメリカ』、ユベール・ヴェドリーヌ『「国家」の復権』（ともに草思社）、マイケル・ラルゴ『図説　死因百科』（紀伊國屋書店）ほか多数。

臼井美子　うすい・よしこ

英語・フランス語翻訳家。大阪大学文学部卒。訳書にカトリーヌ・パンコール『月曜日のリスはさびしい』（早川書房）、クリストフ・アンドレ『精神科医がこころの病になったとき』（共訳、紀伊國屋書店）ほか。

経済政策で人は死ぬか？
――公衆衛生学から見た不況対策

2014年10月15日　第1刷発行
2020年 4 月21日　第5刷発行

著　者　デヴィッド・スタックラー、
サンジェイ・バス
訳　者　橘　明美、臼井美子
装幀者　Malpu Design（清水良洋）
発行者　藤田　博
発行所　株式会社 草思社
〒160-0022　東京都新宿区新宿1-10-1
電話　営業 03(4580)7676　編集 03(4580)7680
振替　00170-9-23552

本文組版　株式会社 キャップス
印刷所　株式会社三陽社
付物印刷　日経印刷株式会社
製本所　大口製本印刷株式会社

ISBN978-4-7942-2086-8　Printed in Japan　検印省略

http://www.soshisha.com/